Overtuigingskracht

Enkele andere boeken van Nieuwezijds

GAWANDE Het checklist-manifest
TALEB De Zwarte Zwaan
TALEB Over robuustheid
TALEB Misleid door toeval
SUTHERLAND Irrationaliteit
MLODINOW De dronkemanswandeling
IACOBONI Het spiegelende brein
EKMAN Gegrepen door emoties

De boeken van Uitgeverij Nieuwezijds zijn verkrijgbaar in de boekhandel en via www.nieuwezijds.nl.

OVERTUIGINGSKRACHT

50 geheimen van de psychologie van het beïnvloeden

Noah J. Goldstein, Steve J. Martin en Robert B. Cialdini

UITGEVERIJ NIEUWEZIJDS

Oorspronkelijke titel: *Yes! 50 Secrets from the Science of Persuasion*. Profile books, Londen, 2007.

Eerste oplage april 2008
Tweede oplage mei 2008
Derde oplage juni 2008
Vierde oplage september 2008
Vijfde oplage november 2008
Zesde oplage juli 2009
Zevende oplage juni 2010
Achtste oplage november 2010

Uitgegeven door: Uitgeverij Nieuwezijds, Amsterdam
Vertaling: Jan Willem Reitsma en Miebeth van Horn
Zetwerk: Holland Graphics, Amsterdam
Omslag: Marjo Starink, Amsterdam

Copyright © 2007, 2008, 2009, 2010, Noah J. Goldstein, Steve J. Martin en Robert B. Cialdini
Copyright Nederlandse vertaling © 2008, 2009, 2010, Uitgeverij Nieuwezijds

Copyright afbeelding omslag © 2008, Benelux / Zefa / Corbis

ISBN 978 90 5712 272 9
NUR 780

Bij de productie van dit boek is gebruikgemaakt van papier dat het keurmerk van de Forest Stewardship Counsil (FSC) mag dragen. Bij dit papier is het zeker dat de productie niet tot bosvernietiging heeft geleid.

Niets uit deze uitgave mag worden verveelvoudigd en/of openbaar gemaakt door middel van druk, fotokopie, microfilm, geluidsband, elektronisch of op welke andere wijze ook en evenmin in een retrieval system worden opgeslagen zonder voorafgaande schriftelijke toestemming van de uitgever.

Hoewel dit boek met veel zorg is samengesteld, aanvaarden schrijver(s) noch uitgever enige aansprakelijkheid voor schade ontstaan door eventuele fouten en/of onvolkomenheden in dit boek.

Inhoud

	Inleiding	9
1	Hoe vergroot je je overtuigingskracht door het je publiek lastig te maken?	15
2	Waardoor gaan mensen harder meelopen?	20
3	Welke veel gemaakte fout zorgt ervoor dat boodschappen zichzelf vernietigen?	23
4	Hoe vermijd je het magnetische middelpunt als overtuigingskracht averechts uitpakt?	27
5	Wanneer zorgt meer aanbod ervoor dat mensen minder willen?	30
6	Wanneer wordt een gegeven paard tot last?	34
7	Hoe kan een nieuw, verbeterd product de verkoop van een slechter product verhogen?	37
8	Angst: overtuigend of verlammend?	40
9	Wat kan de schaaksport ons leren over overtuigende zetten doen?	43
10	Welk kantoorartikel zorgt ervoor dat je invloed beklijft?	48
11	Waarom moeten restaurants hun mandje pepermuntjes wegdoen?	51
12	Wat win je met onvoorwaardelijkheid?	54
13	Gedragen bewezen diensten zich als brood of als wijn?	57
14	Hoe kan een voet tussen de deur tot grote stappen leiden?	60
15	Hoe word je een Jedi-meester van sociale beïnvloeding?	64
16	Hoe vergroot een simpele vraag de steun voor jou en je ideeën?	67
17	Wat is het werkzame bestanddeel van langdurige relaties?	70
18	Hoe bestrijd je consequentheid met consequentheid?	73

19	Welke overtuigende tips kun je aan Benjamin Franklin ontlenen?	76
20	Wanneer kan een klein beetje vragen veel opleveren?	79
21	Hoog of laag beginnen? Wat maakt dat mensen kopen?	81
22	Hoe schep je op zonder dat ze je een opschepper vinden?	84
23	Wat is het verborgen gevaar van de slimste van het gezelschap zijn?	88
24	Wat kan captainitis je leren?	91
25	Waarom draait de aard van groepsvergaderingen soms uit op een onaardse ramp?	94
26	Wie is overtuigender? De advocaat van de duivel of de dwarsligger?	97
27	Wanneer is de juiste aanpak de verkeerde aanpak?	100
28	Hoe maak je van een zwak punt een sterk punt?	102
29	Welke gebreken zijn de sleutel tot andermans kluis?	105
30	Wat is het juiste moment om toe te geven dat je verkeerd zat?	108
31	Wanneer moet je blij zijn dat de server platligt?	111
32	Hoe kunnen gelijkenissen het verschil maken?	114
33	Wanneer bepaalt je naam je carrière?	117
34	Welke tip heeft de ober voor jou?	121
35	Welke glimlach doet de wereld teruglachen?	125
36	Wat kun je opsteken van het hamsteren van theedoeken?	128
37	Wat kun je winnen bij verlies?	132
38	Door welk woordje word je een stuk overtuigender?	137
39	Wanneer is het een slecht idee om naar alle redenen te vragen?	141
40	Hoe kan een eenvoudige merknaam ervoor zorgen dat het product waardevoller lijkt?	144
41	Hoe kan dichten anderen doen zwichten?	148
42	Wat kan een slagman je leren over overtuigen?	151
43	Hoe krijg je een voorsprong in de race om een trouwe klantenkring?	154
44	Wat kan een doos kleurkrijt ons leren over overtuigingskracht?	157
45	Hoe kun je je boodschap zo verpakken dat die maar blijft doorgaan en doorgaan en doorgaan?	159

INHOUD

46	Welk voorwerp kan mensen overhalen om over hun normen en waarden na te denken?	164
47	Gaat onderhandelen niet bij tegenslag of verdriet?	167
48	Hoe stel je met emoties je overtuigingskracht in werking?	170
49	Wat maakt dat mensen alles geloven wat ze lezen?	172
50	Kun je je invloed aanzwengelen dankzij trimeth-labs?	175
	Beïnvloeding in de eenentwintigste eeuw	177
	Ethisch verantwoord beïnvloeden	199
	Overtuigingskracht in actie	203
	Influence At Work	211
	Geraadpleegde bronnen	213
	Dankwoord	229
	Index	231
	Over de auteurs	239

Inleiding

Als de wereld een schouwtoneel is, kunnen kleine veranderingen in je tekst vergaande consequenties hebben.

Er is een oude mop die de komiek Henny Youngman steevast vertelde over de plek waar hij die nacht had geslapen: 'Wat een hotel! De handdoeken waren zo groot en donzig dat ik mijn koffer met moeite dicht kreeg.'

Sinds een paar jaar staan hotelgasten echter voor een ander moreel dilemma. De vraag is niet langer of je de handdoeken mag *meenemen*, maar of je de handdoeken tijdens je verblijf al dan niet moet *hergebruiken*. Nu steeds meer hotels een milieubewust beleid hanteren, worden reizigers steeds vaker verzocht hun handdoeken te hergebruiken om het milieu te ontzien, energie te besparen en ervoor te zorgen dat minder vervuilende chemicaliën uit de wasmiddelen in het milieu belanden. Dit verzoek neemt meestal de vorm aan van een kaartje dat in de badkamer wordt neergelegd.

Deze kaartjes bieden ons een opmerkelijk inzicht in de veelal geheimzinnige wetenschap van het overtuigen.

Het vrijwel onbeperkte aantal invalshoeken dat je kunt kiezen en motiverende touwtjes waar je aan kunt trekken, roept de vraag op welke tekst je op het kaartje zou moeten afdrukken om het verzoek aan de hotelgasten zo overtuigend mogelijk te maken. Voordat we die vraag in de volgende twee hoofdstukken van dit boek gaan beantwoorden, moeten we eerst eens kijken hoe de schrijvers van de boodschap op deze kaartjes normaal gesproken hotelgasten aansporen om aan deze campagnes mee te werken. Uit een studie van de boodschappen op tientallen kaartjes uit hotels van over de hele wereld blijkt dat ze het hergebruik van handdoeken doorgaans proberen te bevorderen door de aandacht van de gasten vrijwel uitsluitend te richten op het milieu. In bijna alle gevallen wordt de gasten meegedeeld dat ze door hun handdoek te hergebruiken, helpen de natuurlijke grondstoffen te sparen en te voorkomen dat het milieu uitgeput en verstoord raakt. Om hun aandacht te vestigen op het belang van hergebruik voor het milieu wordt deze informatie veelal geïllustreerd met opvallende natuurtafereeltjes, van regenbogen en regendruppels tot regenwouden... en zelfs rendieren.

Deze overtuigingsstrategie lijkt doorgaans heel effectief te zijn. Zo meldt een van de grootste fabrikanten van deze kaartjes dat de meeste hotelgasten die in de gelegenheid zijn om tijdens hun verblijf mee te werken aan deze campagnes daadwerkelijk hun handdoek minstens één keer hergebruiken. Het deelnameniveau dat met deze kaartjes bereikt wordt, is vrij indrukwekkend.

Sociaal-psychologen zijn vaak op zoek naar toepassingsmogelijkheden voor hun wetenschappelijke kennis, om beleid en de uitvoering ervan nog doeltreffender te maken. Net als een reclamebord langs de weg met de tekst 'Hier had uw reclame kunnen staan' leken deze kaartjes over het hergebruik van handdoeken tot ons te spreken. Ze smeekten ons haast: 'Test je ideeën hier'. Dus dat hebben we gedaan. Zoals we zullen uitleggen, bewezen we daarmee dat hotelketens veel beter af zijn met slechts een kleine wijziging in de presentatie van hun verzoek.

Hoe je de effectiviteit van zulke milieucampagnes kunt verhogen is natuurlijk maar één probleem. In algemenere zin zullen we laten zien dat iedereen zijn vermogen om anderen te overtuigen kan vergroten door gebruik te leren maken van overtuigingsstrategieën waarvan de effectiviteit wetenschappelijk bewezen is. Dit boek zal je openbaren dat je een boodschap door middel van kleine, eenvoudige veranderingen veel overtuigender kunt maken. We zullen je vertellen over tientallen onderzoeken, sommige van onszelf en sommige van andere wetenschappers, die de juistheid van deze bewering in allerlei verschillende contexten aantonen. Daarbij zullen we ingaan op de principes die achter deze bevindingen schuilgaan. Ons voornaamste doel is om de lezer meer inzicht te geven in de psychologische processen waarmee we andere mensen kunnen bewegen hun houding of gedrag te veranderen in een richting die voor beide partijen positieve resultaten oplevert. We presenteren niet alleen verschillende doeltreffende en ethische overtuigingsstrategieën, maar vertellen ook op welke dingen je moet letten om beter weerstand te kunnen bieden aan de subtiele en openlijke beïnvloeding van je eigen besluitvorming.

In plaats van ons te verlaten op populaire psychologie of de al te alledaagse 'persoonlijke ondervinding' zullen we de psychologische processen die de basis vormen van succesvolle sociale beïnvloedingsstrategieën bezien in het licht van degelijk bewijs uit wetenschappelijk onderzoek. We zullen hierbij wijzen op een aantal raadselachtige verschijnselen die je kunt verklaren met een diepgaander begrip van de psychologie van de sociale beïnvloeding. Hoe komt het bijvoorbeeld dat direct na het bekend worden van het overlijden van een van de populairste pausen uit de moderne geschiedenis hele mensenmassa's duizenden kilometers verderop de winkels bestormen om souvenirs te kopen die niets met de paus, Vaticaanstad of de katholieke kerk te maken hadden? We zullen je duidelijk maken welk kantoorartikel je pogingen om anderen te overtuigen veel doeltreffender kan maken, wat Luke Skywalker ons kan leren over leiderschap, welke veel gemaakte communicatiefout ervoor zorgt dat boodschappen een averechts effect hebben, hoe je van je zwakke plekken overtuigende eigenschappen maakt, en waarom het soms zo gevaarlijk is om jezelf als een deskundige te beschouwen – en door anderen deskundig geacht te worden.

Overtuigen als wetenschap, niet als kunst

De wetenschappelijke bestudering van de overtuigingskracht is inmiddels alweer ruim een halve eeuw oud. Toch is het onderzoek naar overtuigingskracht een vrij onbekende wetenschap, die vaak een verborgen leven leidt op de bladzijden van wetenschappelijke tijdschriften. Omdat er zoveel onderzoek over dit onderwerp is geproduceerd, is het wellicht zinvol om even stil te staan bij de reden waarom dit onderzoek zo vaak over het hoofd wordt gezien. Het zal niemand verbazen dat mensen die keuzen moeten maken over de manier waarop ze anderen beïnvloeden, hun beslissing veelal nemen op basis van ideeën die gebaseerd zijn op vakgebieden als de economie, de politicologie en de bestuurskunde. Het is echter wel raadselachtig waarom zo weinig beslissers zich bij hun keuzen laten leiden door algemeen aanvaarde theorieën en toepassingen van de psychologie.

Misschien komt dat doordat de meeste mensen de psychologie met andere ogen bekijken dan vakgebieden zoals economie, politicologie en bestuurskunde. Daarvoor moet je doorgaans veel van anderen leren om zelfs maar een minimaal competentieniveau te bereiken. Veel mensen geloven echter dat ze reeds een intuïtief inzicht in psychologische principes hebben, enkel en alleen omdat ze hun leven leiden en met andere mensen omgaan. Dat maakt het minder waarschijnlijk dat ze psychologisch onderzoek zullen raadplegen tijdens hun besluitvorming. Als gevolg van deze zelfoverschatting laten mensen gouden kansen voor psychologisch onderbouwde sociale beïnvloeding liggen, of – erger nog – ze passen principes uit de psychologie verkeerd toe en benadelen daarmee zichzelf en anderen.

Mensen vertrouwen niet alleen te veel op hun eigen ervaring met andere mensen, ze vertrouwen ook te veel op zelfonderzoek. Waarom richten de marketingmensen die opdracht kregen om kaartjes voor het hergebruik van handdoeken te ontwerpen zich vrijwel uitsluitend op de effecten van deze campagnes voor het milieu? Omdat ze deden wat wij waarschijnlijk allemaal zouden doen. Ze vroegen zich af: 'Wat zou *mij* aanmoedigen om zo'n campagne te steunen en mijn handdoek te hergebruiken?' Door hun eigen drijfveren te onderzoeken, realiseerden ze zich dat een kaartje dat een appèl deed op hun normen en waarden en hun identiteit als milieubewust individu sterk motiverend zou werken. Maar door zo te werk te gaan, beseften ze niet hoe ze de deelname zouden kunnen vergroten door een paar woorden in hun verzoek te veranderen.

Overtuigen is een wetenschap. Het wordt vaak een kunst genoemd, maar dat is een vergissing. Hoewel het absoluut mogelijk is om talentvolle kunstenaars vaardigheden bij te brengen om hun aangeboren vermogens verder te ontwikkelen, bezit de werkelijk opmerkelijke kunstenaar een talent en een creativiteit die geen enkele docent iemand kan bijbrengen. Gelukkig ligt dat bij overtuigingskracht anders. Zelfs mensen die vinden dat ze maar weinig overwicht hebben en het gevoel hebben dat ze nog geen kind zouden kunnen overhalen om met speelgoed te spelen, kunnen hun overredingskracht tot grote hoogte opstuwen als ze de psychologie van het overtuigen begrijpen en gebruikmaken van strategieën waarvan de werking wetenschappelijk is bewezen.

Of je nu manager, jurist, verpleger, beleidsmaker, ober, vertegenwoordiger, leraar of iets heel anders bent, dit boek is bedoeld om jou te helpen een meester in het overtuigen te worden. We zullen bepaalde technieken beschrijven die zijn gebaseerd op wat een van ons drieën (Robert Cialdini) in zijn boek *Invloed: Theorie en praktijk* de zes universele principes van sociale beïnvloeding noemt: wederkerigheid (we voelen ons verplicht om iemand die ons geholpen heeft een wederdienst te bewijzen), autoriteit (we verwachten dat deskundigen ons de weg wijzen), commitment en consistentie (we willen handelen in overeenstemming met onze eerder gemaakte keuzes en onze normen en waarden), schaarste (hoe minder iets voorhanden is, hoe meer we het willen), sympathie (hoe sympathieker we iemand vinden, hoe vaker we 'ja' tegen hem willen zeggen) en sociale bewijskracht (we kijken wat anderen doen en baseren ons gedrag daarop).

We zullen nader ingaan op de betekenis van deze principes en hoe ze werken, maar daar laten we het niet bij. Hoewel de zes principes ten grondslag liggen aan de meeste succesvolle sociale beïnvloedingsstrategieën, bestaan er ook veel overtuigingstechnieken die zijn gebaseerd op andere psychologische factoren. Die zullen we eveneens blootleggen.

We zullen ook nadruk leggen op het effect van deze strategieën in een aantal verschillende situaties. Daarbij zullen we niet alleen kijken naar de werkvloer, maar ook naar relaties in de privésfeer – bijvoorbeeld met je kinderen, je buren en je vrienden. Onze adviezen zullen praktisch, doelgericht, ethisch en gemakkelijk toepasbaar zijn, waardoor jij met slechts iets meer inspanning of geringe extra kosten enorm veel resultaat bereikt.

Als je dit boek uit hebt, verwachten we – met excuses aan Henny Youngman – dat jouw koffer zo zit volgepropt met wetenschappelijk onderbouwde sociale beïnvloedingsstrategieën dat je hem maar moeilijk dicht zult krijgen.

1

Hoe vergroot je je overtuigingskracht door het je publiek lastig te maken?

Ingekochte zendtijd in de vorm van 'infomercials' is een steeds bekender verschijnsel op het almaar groeiende aantal televisiezenders dat we tegenwoordig tot onze beschikking hebben. Colleen Szot is een van de meest succesvolle schrijvers van zulke infomercials. En dat is niet voor niets: behalve verschillende bekende infomercials in de VS schreef ze onlangs een programma dat een bijna twintig jaar oud verkooprecord op het gebied van homeshoppingprogramma's brak. Hoewel haar programma's gebruikmaken van veel elementen die in de meeste infomercials voorkomen, zoals pakkende oneliners, een onwaarschijnlijk enthousiast publiek en de aanprijzing door beroemdheden, veranderde Szot een paar woorden in een standaard infomercial-zinnetje, wat leidde tot een enorme toename van het aantal mensen dat haar product kocht. Nog opmerkelijker is het feit dat deze aanpassing potentiële kopers duidelijk maakte dat het misschien vrij lastig zou zijn om het product te bestellen. Wat waren die paar woorden, en hoe zorgden ze ervoor dat de verkoop omhoogschoot?

Szot veranderde de overbekende oproep 'Bel nu, onze telefonistes zitten voor u klaar' in 'Als onze telefonistes in gesprek zijn, probeert u het dan later nog eens.' Op het eerste gezicht lijkt dat een roekeloze verandering. Per slot van rekening wijst deze boodschap op de kans dat potentiële klanten hun tijd moeten verdoen met het herhaaldelijk bellen van het gratis nummer tot ze eindelijk een verkoopmedewerker aan de lijn krijgen. Die sceptische blik onderschat echter de kracht van het principe van de sociale bewijskracht. Kort gezegd: als mensen niet zeker weten wat ze moeten doen, richten ze hun blik doorgaans naar buiten, op de mensen om hen heen, om te bepalen wat ze gaan doen. Denk bij dit voorbeeld van

Colleen Szot aan het beeld dat de tekst 'de telefonisten wachten op u' waarschijnlijk bij je oproept: tientallen vervelde medewerksters zitten hun nagels te vijlen of in tijdschriften te bladeren wachtend tot hun telefoon overgaat – een beeld dat duidt op weinig vraag en weinig verkoop.

En bedenk nu eens hoe je gedachten over de populariteit van het product veranderen als je de volgende uitspraak hoort: 'Als onze telefonistes in gesprek zijn, probeert u het dan later nog eens.' In plaats van die vervelde, lusteloze verkoopsters krijg je nu waarschijnlijk een beeld voor ogen van telefonistes die zonder een moment rust het ene telefoontje na het andere afwerken. Toen de tekst veranderd was, imiteerden de kijkers thuis hun geestelijke voorstelling van wat andere mensen deden, ook al waren die anderen volstrekt anoniem. Immers: 'Als de telefonistes in gesprek zijn, wordt er gebeld door andere mensen zoals ik, die ook naar deze infomercial zitten te kijken.'

Veel klassieke ontdekkingen van de sociale psychologie laten zien dat sociaal bewijs in staat is om het doen en laten van anderen te beïnvloeden. Om slechts een voorbeeld te noemen: in een experiment van onderzoeker Stanley Milgram en zijn collega's bleef een medewerker in New York op een drukke stoep stilstaan om 60 seconden lang omhoog te kijken. De meeste passanten liepen gewoon om de man heen, zonder ook maar een blik omhoog te werpen om te kijken wat hij zag. Maar toen de onderzoekers vier mannen aan die groep hemelschouwers toevoegden, verviervoudigde het aantal passanten dat hun voorbeeld volgde.

Het lijdt weinig twijfel dat het gedrag van andere mensen een sterke bron van sociale beïnvloeding is. Toen wij aan de deelnemers aan onze eigen onderzoeken vroegen of ze zich lieten beïnvloeden door het gedrag van anderen, beweerden ze met grote stelligheid van niet. Maar experimentele sociaal-psychologen weten wel beter. We weten dat mensen verbazingwekkend slecht in staat zijn om aan te geven welke factoren hun gedrag beïnvloeden. Misschien is dat een van de redenen waarom de makers van die kaartjes die hotelgasten aansporen om hun handdoek te hergebruiken niet op het idee kwamen om gebruik te maken van het principe van sociale bewijskracht. Omdat ze zichzelf afvroegen: 'Wat zou *mij* motiveren?' hielden ze waarschijnlijk geen rekening met de zeer reële invloed die andere mensen op hun gedrag uitoefenen. Daarom richtten ze al hun aandacht op de milieuvriendelijkheid van het hergebruik van handdoeken, een motiverende factor die in elk geval oppervlakkig gezien het meest relevant leek voor het gewenste gedrag.

Denk nu even terug aan de ontdekking dat de meeste hotelgasten die zulke kaartjes over het hergebruik van handdoeken tegenkomen hun handdoek ten minste één keer tijdens hun verblijf hergebruiken. Stel nu dat we dat gewoon aan de gasten zouden meedelen. Zou dat invloed hebben op hun medewerking aan de milieucampagne, afgezet tegen het deelnamepercentage dat zou worden bereikt met alleen een beroep op hun milieubewustzijn? Twee van ons besloten samen met een andere onderzoeker te testen of een kaartje met deze informatie over het hergebruik van handdoeken overtuigender zou zijn dan het kaartje dat in talloze hotels gebruikt werd.

We maakten twee van zulke kaartjes en met toestemming van een hoteleigenaar legden we deze in de hotelkamers. Het ene kaartje leek sprekend op de eenvoudige boodschap over milieubescherming die in een groot deel van de hotelbranche gebruikt werd. Hierop stond een verzoek om iets te doen voor het milieu en respect voor de natuur te betonen door deze campagne te steunen. Het tweede kaartje maakte gebruik van onze kennis over sociaal bewijs, en bracht de eerlijke boodschap over dat de meeste gasten van het hotel hun handdoeken tijdens hun verblijf minstens één keer hergebruikten. Deze kaartjes, net als andere die we later in het boek zullen bespreken, werden willekeurig over de verschillende hotelkamers verspreid.

Nu hebben sociaal-psychologen doorgaans het geluk dat ze kunnen beschikken over een heel team enthousiaste studentassistenten die hen helpen met het verzamelen van data. Maar uiteraard zouden de hotelgasten het niet zo prettig hebben gevonden als de student-assistenten in de badkamers hadden rondgesnuffeld om onze data te verzamelen, en de ethische commissie van onze universiteit al evenmin (om nog maar te zwijgen over onze moeder). Gelukkig was het hotelpersoneel zo vriendelijk om aan te bieden data voor ons te verzamelen. Op de eerste dag dat de kamer van een gast werd schoongemaakt, noteerden ze gewoon of die gast wel of niet had besloten minstens één handdoek te hergebruiken.

Tijdens het analyseren van de data ontdekten we dat gasten aan wie was verteld dat de meeste andere gasten hun handdoek hadden hergebruikt (het beroep op het sociaal bewijs), een boodschap die bij ons weten nog nooit door een hotel gebruikt was, 26 procent meer kans hadden om hun handdoek opnieuw te gebruiken dan zij die alleen de eenvoudige boodschap hadden gelezen over het hergebruiken van handdoeken om het milieu te sparen. Die verhoging van 26 procent ten opzichte van wat in de hotelbranche gangbaar is, hadden we simpelweg bereikt door *een paar woorden* op het kaartje te veranderen, door te vermelden wat andere mensen deden. Geen slechte verbetering voor een factor waarvan de mensen beweren dat hij geen enkele invloed op hen heeft!

Deze bevindingen laten zien dat het lonend kan zijn om aandacht te besteden aan de kracht van het sociaal bewijs als je anderen probeert te overreden. Uiteraard moet je het belang van de manier waarop je die informatie overbrengt niet onderschatten. Je publiek zal hoogstwaarschijnlijk niet erg enthousiast reageren op een uitspraak als: 'Hé, jij daar. Wees een schaap en sluit je aan bij de kudde. Mèèh!' Een meer positief geformuleerde uitspraak als: 'Sluit je aan bij al die andere mensen en zorg voor het milieu!' zal waarschijnlijk in betere aarde vallen.

Sociaal bewijs kan niet alleen grote invloed hebben op het maatschappelijke vlak, maar ook op je werk. Naast het bejubelen van je best verkopende producten met imposante cijfers waaruit blijkt hoe populair ze zijn ('Velen gingen u voor'), is het verstandig om altijd te vragen naar aanbevelingen van tevreden klanten. Het is ook belangrijk om die aanbevelingen een prominente plaats te geven als je een presentatie houdt voor potentiële klanten die overtuigd moeten worden van de voordelen die jouw bedrijf biedt. Of beter nog: je kunt een situatie creëren waarin je huidige klanten de kans krijgen om hoogstpersoonlijk aan potentiële klanten te vertellen hoe tevreden ze zijn over jou en het bedrijf waarvoor je werkt. Een van de manieren om dat te doen is huidige en potentiële klanten uit te nodigen voor een lunch of seminar en de tafelschikking zo in te delen dat ze gemakkelijk met elkaar in contact kunnen komen. In dat geval is er een grote kans dat ze uit zichzelf met elkaar in gesprek raken over de voordelen van de samenwerking met jouw organisatie. Als je potentiële klanten uitnodigt voor de lunch en ze zeggen dat ze je zullen terugbellen om hun komst te bevestigen, vergeet hun dan niet te zeggen dat ze het nog eens moeten proberen als je in gesprek bent...

2

Waardoor gaan mensen harder meelopen?

Onze boodschap met sociaal bewijs verhoogde het hergebruik van handdoeken door hotelgasten ten opzichte van het gemiddelde in de hotelbranche, dus we weten dat mensen gemotiveerd zijn om het gedrag van anderen na te volgen. Maar die ontdekking roept weer een andere vraag op: *wiens* gedragingen volgen mensen met de grootste waarschijnlijkheid na?

Zijn mensen bijvoorbeeld gemakkelijker over te halen tot hergebruik van hun handdoeken door informatie te verstrekken over sociaal bewijs dat het gedrag van mensen die eerder in *hun specifieke kamer* verbleven beschrijft, in plaats van het gedrag van alle hotelgasten? Er zijn goede redenen om dat niet te verwachten. In feite is het om twee redenen irrationeel om meer geloof te hechten aan de normen die voor je eigen kamer gelden. Ten eerste is het logisch gezien onwaarschijnlijk dat je erg positief zult denken over de vorige gebruikers van je hotelkamer. Tenslotte zijn dat de mensen die enkel en alleen door eerder in dezelfde kamer te hebben verbleven, meer hebben bijgedragen aan de kwaliteitsvermindering van je kamer en de faciliteiten dan enige andere gast van het hotel. Ten tweede is het rationeel gezien onlogisch dat het gedrag van mensen die eerder in deze kamer hebben overnacht belangrijker is dan bijvoorbeeld het gedrag van de mensen die hebben overnacht in de kamer ernaast. Toch blijkt, zoals we eerder hebben gezegd, uit veel psychologisch onderzoek dat mensen zich vaak vergissen in de beweegredenen voor hun gedrag.

Je herinnert je vast nog wel dat de boodschap inclusief sociaal bewijs uit het hotelonderzoek de gasten duidelijk maakte dat andere, met hen vergelijkbare mensen – om precies te zijn: de meeste gasten die eerder in het hotel overnacht hadden – hun handdoek tijdens hun verblijf minstens één keer hadden hergebruikt. Wij besloten om de vergelijkbaarheid in een vervolgonderzoek iets verder uit te breiden. In een hotel werden sommige hotelgasten verzocht om hun handdoeken te hergebruiken, onder vermelding van sociaal bewijs van gasten die in *dezelfde kamer* hadden verbleven als zij. Dus naast het gebruikelijke beroep op het milieubewustzijn en het beroep op sociaal bewijs uit het vorige onderzoek, lazen sommige gasten nu ook een kaartje waarop stond dat de meeste mensen die eerder in deze specifieke kamer hadden verbleven op enig moment tijdens hun verblijf hadden meegewerkt aan de campagne voor het hergebruik van handdoeken.

Toen we de data analyseerden, merkten we dat de gasten aan wie verteld was dat de meeste gasten in precies dezelfde kamer hadden meegewerkt, gemiddeld nóg vaker meewerkten dan gasten die waren geïnformeerd over de norm voor alle hotelgasten. Vergeleken met het gebruikelijke beroep op het milieubewustzijn was dat een verhoogde deelname van 33 procent. Deze resultaten doen vermoeden dat als Henny Youngman in zijn badkamer een kaartje was tegengekomen met de mededeling dat niemand die vóór hem in deze specifieke kamer had overnacht ooit een handdoek had gestolen, hij waarschijnlijk minder moeite had gehad om zijn koffer dicht te krijgen bij zijn vertrek. Maar hoe komt dat?

Het is voor ons mensen doorgaans gunstig om je te houden aan de gedragsnormen die gelden voor de omgeving, situatie of omstandigheden die het meest lijken op die van jezelf. Wat doe je bijvoorbeeld in de openbare bibliotheek, gedraag je je conform de normen van andere bibliotheekbezoekers, kijk je rustig rond op de afdeling Literatuur en fluister je af en toe iets tegen je vrienden? Of houd je je aan de normen van de stamgasten van je favoriete kroeg, sla je boeken kapot tegen je voorhoofd omdat je vrienden je uitdagen en speel je spelletjes waarbij je elke keer als je een woord met de letter 'e' leest een drankje moet bestellen? Als je niet wilt dat de toegang tot de bibliotheek je levenslang wordt ontzegd, wat zal gebeuren als de bibliothecaris je betrapt terwijl je dat boek tegen je voorhoofd kapot probeert te slaan, kies je uiteraard voor de eerste optie.

Eerder beschreven we het belang van aanbevelingen bij pogingen om de mening van anderen in jouw richting om te buigen. De resultaten van dit experiment suggereren dat hoe meer de persoon die de aanbeveling doet op het nieuwe beoogde publiek lijkt, hoe overtuigender de boodschap wordt. Dat betekent dat je je trots even moet inslikken wanneer je beslist welke aanbevelingen je aan een potentiële nieuwe klant laat zien. Je moet niet beginnen met de tevreden klant waar je zelf het meest trots op bent, maar met iemand wiens omstandigheden het meest lijken op die van je publiek. Zo moet een leraar die een leerling probeert te overreden om vaker naar school te komen geen uitspraken over de voordelen van het schoolgaan ontlokken aan brave leerlingen op de voorste rij, maar juist aan leerlingen die meer lijken op de leerling waar het om gaat.

Een ander voorbeeld: als je software verkoopt aan de eigenaar van een bescheiden keten schoonheidssalons, zal die zich eerder laten leiden door informatie over andere saloneigenaren die tevreden zijn over je software dan door de tevredenheid van de grote jongens bij de KLM. Er is tenslotte een grote kans dat de saloneigenaar zal denken: 'Als andere mensen *zoals ik* goede ervaringen met dit product hebben, is het vast iets voor mij.'

En als je een leidinggevende of manager bent die werknemers probeert over te halen om op een ander systeem over te stappen, moet je informeren naar verhalen over positieve ervaringen van anderen binnen dezelfde afdeling die de overstap reeds hebben gemaakt. Maar stel dat je dat geprobeerd hebt, en er toch één weerspannige werknemer overblijft – misschien degene die het langst met het oude systeem heeft gewerkt – die je nog steeds niet kunt overhalen? Een fout die veel managers in zo'n situatie maken, is om de meest welsprekende collega de voordelen aan zijn of haar koppige collega uit te laten leggen, zelfs als hij of zij in een aantal belangrijke opzichten totaal van de dwarsligger verschilt. Die manager zou er beter aan doen om te informeren naar de ervaringen van een andere collega – misschien iemand die ook langdurig met het systeem heeft gewerkt – zelfs als die persoon niet zo goedgebekt of wat minder populair is.

3

Welke veel gemaakte fout zorgt ervoor dat boodschappen zichzelf vernietigen?

Reclamespotjes zijn in de regel bedoeld om producten te slijten, en niet om mensen te ontroeren. Maar begin jaren 1970 maakte de organisatie Keep America Beautiful een spotje dat velen zo ontroerde dat veel Amerikanen het beschouwen als de meest effectieve ideële reclame aller tijden. Dit spotje, dat bedoeld was om de dagelijkse portie tv-kijken van Amerika met een moreel verantwoord toetje uit te breiden, toonde hoe een Indiaan met één enkele, alleszeggende traan reageerde op de ver opgerukte milieuvervuiling die hij om zich heen zag. Vele jaren later gebruikte dezelfde organisatie deze oude bekende nog een keer. Dit keer registreerde de camera een aantal mensen die bij een bushalte stonden te wachten, druk in de weer met alledaagse activiteiten zoals koffie drinken, de krant lezen en sigaretten roken. Nadat de bus was gearriveerd en ze allemaal waren ingestapt, liet de camera de uitgestorven bushalte zien, die nu was bezaaid met bekertjes, kranten en peuken. De camera bewoog zich van links naar rechts en zoomde langzaam in op een affiche van de Indiaan die de vervuilde bushalte aanschouwde, terwijl er nog altijd een traan over zijn wang biggelde. Toen het beeld op zwart ging, verscheen de moraal van het verhaal: 'Terug wegens algehele verwaarlozing.'

Terug wegens *algehele* verwaarlozing. Wat voor boodschap gaat er uit van deze zin en de met vuilnis bezaaide omgeving die in dit reclamespotje wordt getoond? De kijker wordt verteld dat ondanks de sterke afkeuring van vervuilend gedag veel mensen dit gedrag toch echt vertonen. Hoewel de sterke afkeuring van dit gedrag beslist motiverend zou kunnen zijn, kan het uiten van de gedachte dat veel mensen dit ongewenste gedrag vertonen juist functioneren als sterk sociaal bewijs vóór het vertonen van dit gedrag. Omdat het principe van sociale bewijskracht zegt dat mensen geneigd zijn om de meest populaire vorm van gedrag na te volgen, kan dat zowel schadelijke als gunstige effecten hebben.

Het dagelijks leven is rijk aan andere voorbeelden. Medische centra en ziekenhuizen hangen in wachtkamers affiches aan de muur waarop wordt geklaagd over de vele patiënten die niet op hun afspraak verschijnen, en raken gefrustreerd wanneer de absentiepercentages vervolgens nog verder stijgen. Politieke partijen begrijpen de impact van hun uitspraken niet wanneer ze de apathie van de kiezers afkeuren, met als enige gevolg dat steeds meer kiezers wegblijven uit het stemhokje. In Arizona wordt bezoekers van het *Petrified Forest*, een nationaal park met een versteend bos, al snel door opvallende borden verteld dat het voortbestaan van het park onzeker is omdat zo veel bezoekers stukjes versteend hout meenemen: *Uw erfgoed wordt elke dag beschadigd door de diefstal van 14 ton versteend hout per jaar, doorgaans in kleine stukjes.*

Het kan best zijn dat deze uitspraken overeenkomen met de werkelijkheid en door goede bedoelingen zijn ingegeven. De bedenkers van deze campagnes beseffen echter niet dat ze door negatief sociaal bewijs in hun waarschuwing te gebruiken de aandacht van het publiek onbedoeld vestigen op de alomtegenwoordigheid van dat gedrag, en niet op de onwenselijkheid ervan. Wij hoorden over het probleem van de houtdiefstal in het versteende bos via een verhaal dat een oud-student aan ons vertelde. Hij bezocht het versteende bos met zijn verloofde, een vrouw die hij omschreef als de meest eerlijke persoon die hij kende, iemand die zelfs geen paperclip zou lenen zonder hem terug te geven. Ze stuitten in het park al gauw op het eerder genoemde bord dat de bezoekers maande om geen versteend hout te stelen. Terwijl hij het bord nog stond te lezen, porde zijn anders zo ontzettend brave verloofde hem tot zijn grote verbazing in de zij en fluisterde: 'Laten we onze stukjes dan nu maar pakken.'

Om te onderzoeken welke rol negatief sociaal bewijs speelt (en om te zien of we een effectievere boodschap konden verzinnen) maakte een van ons, samen met een team van andere gedragswetenschappers, twee borden die potentiële houtdieven in het versteende bos moesten afschrikken. Het bord met negatief sociaal bewijs bevatte de boodschap dat veel andere bezoekers houtdiefstal hadden gepleegd. De tekst luidde: 'In het verleden hebben veel bezoekers versteend hout uit het park meegenomen, waardoor de natuurlijke toestand van het *Petrified Forest* is veranderd.' Bij deze tekst stond een afbeelding van verschillende bezoekers van het park die een stukje hout oppakten. Het tweede bord verstrekte geen informatie over sociaal bewijs, maar vermeldde alleen dat hout stelen onfatsoenlijk en afkeurenswaardig is: 'Verwijder alstublieft geen versteend hout uit het park, zodat de natuurlijke toestand van het Petrified Forest behouden blijft.' Op dat bord stond een afbeelding van een eenzame bezoeker die een stuk hout steelt, met een rode cirkel met een schuine streep (het universele verbodsteken) over zijn hand. We hadden ook een controlesituatie waarin we geen van beide borden plaatsten.

Zonder dat de bezoekers van het park het wisten, legden we gemarkeerde stukjes versteend hout langs de wandelpaden. We varieerden ook de borden die bij het begin van elke wandelroute geplaatst werden, en soms plaatsten we helemaal geen bord. Dankzij deze aanpak konden we observeren welk effect de verschillende borden hadden op de diefstal van versteend hout.

We deden een ontdekking die de bestuurders van het park zou moeten doen verstenen. Ten opzichte van een controlesituatie zonder bord, waarbij 2,92 procent van de stukjes werden gestolen, leidde het opschrift met sociaal bewijs tot *meer diefstal* (7,92 procent), bijna een verdrievoudiging. Dit was geen strategie voor misdaadpreventie, maar voor *misdaadbevordering*. De andere tekst, waarin de bezoekers alleen gevraagd werd om geen hout te stelen, leidde tot iets minder diefstal (1,67 procent) dan de controlesituatie. Deze uitkomsten zijn consistent met de gedachte dat wanneer het sociaal bewijs aangeeft dat onwenselijk gedrag betreurenswaardig veel voorkomt in een bepaalde situatie, onbedoeld schade kan worden aangericht door deze informatie bekend te maken. Dus in plaats van informatie te verstrekken over negatief sociaal bewijs moeten uitingen in zulke situaties de aandacht van het publiek vestigen op het gedrag dat in die context wel of niet gewenst is. Je kunt ook, als de situatie dat toelaat, de aandacht vestigen op alle mensen die dit positieve gedrag vertonen. Soms kun je dat gewoon doen door de statistische gegevens anders te presenteren. Bijvoorbeeld, hoewel er jaarlijks 14 ton hout uit het park gestolen wordt, is het feitelijke aantal dieven minuscuul (slechts 2,92 procent van het totale aantal bezoekers) in verhouding tot het enorme aantal mensen dat zich aan de regels van het park houdt en kiest voor het behoud van zijn natuurlijke toestand.

Wat betekent dit voor je streven om overtuigender te worden? Stel je voor dat je een manager bent die merkt dat de opkomst bij de maandelijkse vergaderingen is afgenomen. In plaats van de aandacht te vestigen op het feit dat zo veel mensen afwezig zijn, kun je niet alleen je afkeuring laten blijken, maar ook de aandacht vestigen op het feit dat zij die de vergaderingen niet bijwonen in de minderheid zijn en wijzen op het grote aantal mensen dat wél komt opdagen. Op eenzelfde wijze zouden bestuurders in het bedrijfsleven er beter aan doen om ruchtbaarheid te geven aan het aantal afdelingen, werknemers en/of collega's dat wel al is overgestapt op een nieuwe manier van werken, nieuwe software of een nieuw klantenservicebeleid. Op die manier kunnen ze er zeker van zijn dat ze de kracht van het sociaal bewijs benutten, in plaats van door te klagen over de mensen die nog niet overstag zijn een averechts effect te sorteren.

4

Hoe vermijd je het magnetische middelpunt als overtuigingskracht averechts uitpakt?

Het onderzoek in het versteende bos maakt duidelijk dat mensen van nature geneigd zijn om te doen wat de meeste andere mensen doen, zelfs als dat gedrag sociaal onwenselijk is. Hoewel wij je aanraden om je boodschap zodanig te formuleren dat hij vooral gaat over alle mensen die zich in zulke situaties op een meer wenselijke manier gedragen, is dat helaas niet altijd mogelijk. Wat moet je in zulke gevallen doen om anderen te overtuigen?

In een onderzoek dat twee van ons samen met de sociaal-psycholoog Wes Schultz en een aantal andere collega's uitvoerden, kregen we van zo'n driehonderd huishoudens in Californië toestemming om hun wekelijkse energieverbruik te meten. We stuurden onderzoeksmedewerkers naar de zijkant of de achtertuin van de deelnemende huizen om daar de gas- en elektriciteitsmeters op te nemen, waarbij ze de hoeveelheid energie noteerden die de huishoudens per week verbruikten.* Vervolgens hingen we aan de voordeur van ieder huis een kaartje waarop we de huiseigenaren feedback gaven over hun energieverbruik in verhouding tot het gemiddelde van de gehele wijk. Uiteraard verbruikte de helft van de huishoudens meer energie dan gemiddeld, terwijl de andere helft minder verbruikte.

In de weken die daarop volgden ontdekten we dat degenen die meer energie hadden verbruikt dan hun buren hun energieverbruik

---

* Lezers die bezorgd zijn over het welzijn van onze meteropnemers moeten weten dat ze deze werkzaamheden bij daglicht uitvoeren en dat we hen geen toestemming gaven om achtertuinen met niet aangelijnde honden te betreden. Dus wees niet ongerust, er zijn geen medewerkers gewond geraakt tijdens de uitvoering van dit onderzoek.

met 5,7 procent verminderden. Dat was geen grote verrassing. Veel interessanter was de ontdekking dat degenen die *minder* energie dan hun buren hadden geconsumeerd hun energieverbruik met 8,6 procent *verhoogden*. Deze uitkomst laat zien dat wat de meeste anderen doen fungeert als een soort 'magnetisch middelpunt'. Dat betekent dat mensen die van de norm afwijken doorgaans naar het gemiddelde toe worden gezogen – ze veranderen hun doen en laten zodat het beter overeenstemt met het gemiddelde, ongeacht of ze zich van tevoren op een sociaal wenselijke of onwenselijke manier hadden gedragen.

Hoe voorkomen we dus het ongewenste effect dat optreedt wanneer mensen die zich reeds sociaal verantwoord gedragen, vernemen dat ze afwijken van de (minder wenselijke) norm? Misschien helpt de toevoeging van een klein embleem dat symbool staat voor de maatschappelijke waardering van hun positieve gedrag, niet alleen om ze te herinneren aan de sociale wenselijkheid van hun gedrag, maar ook als positieve bekrachtiging in de vorm van een compliment. Maar wat voor symbool moeten we daarvoor gebruiken? Een plaatje van een opgestoken duim? Een letterlijk stempel van goedkeuring?

Of misschien een gewone *smiley*? Om dit idee uit te proberen voegden we nog een experimentele voorwaarde aan ons onderzoek toe. Bij deze huishoudens werd de feedback op het kaartje geïllustreerd met ofwel een blij (☺) ofwel een boos gezichtje (☹), uiteraard afhankelijk van het feit of ze meer of minder energie hadden verbruikt dan het wijkgemiddelde. Uit de data bleek dat de toevoeging van een boos gezichtje tot weinig verschil leidde. Met andere woorden: huishoudens die relatief veel stroom hadden verbruikt, verlaagden hun energieverbruik met ruim vijf procent, ongeacht of er wel of geen boos gezichtje bij de feedback zat. We stonden echter wel te kijken van het effect van de toevoeging van een blij gezichtje op de feedback aan de bewoners die relatief weinig stroom hadden verbruikt. Anders dan bij de andere laagverbruikers bleef het energieverbruik in de huizen met een smiley op de feedback op hetzelfde lage niveau als vóór de feedback.

De uitkomst van dit onderzoek geeft niet alleen aan hoe goed de sociale norm in staat is om het gedrag van mensen als een magneet naar zich toe te trekken, maar ook hoe we de kans kunnen verkleinen dat onze goedkeurende boodschap over wenselijk gedrag een ongewenst effect heeft op de helft van de populatie die deze boodschap ontvangt.

Om nog een voorbeeld te noemen: stel dat binnen een groot bedrijf een intern rapport uitlekt, waarin staat dat de gemiddelde werknemer op 5,3 procent van zijn werkdagen te laat komt. Het goede nieuws is dat zij die bovengemiddeld te laat komen waarschijnlijk hun gedrag zullen aanpassen zodat het beter met de norm overeenstemt. Het slechte nieuws is dat de mensen die doorgaans op tijd komen dat ook zullen doen. Dit onderzoek maakt duidelijk dat de mensen die doorgaans op tijd komen onmiddellijk moeten worden geprezen voor hun positieve gedrag en dat hen duidelijk moet worden gemaakt hoezeer hun punctualiteit op prijs wordt gesteld.

Ambtenaren zouden ook rekening moeten houden met het effect van hun boodschappen. Ook al neemt het schoolverzuim bijvoorbeeld toe, toch moeten leraren publiekelijk verkondigen dat de meeste ouders ervoor zorgen dat hun kinderen wél gewoon naar school gaan, en dit feit toejuichen. Daarnaast moeten ze uitgebreid hun afkeuring uitspreken over het kleine aantal ouders dat dit niet doet.

5

Wanneer zorgt meer aanbod ervoor dat mensen minder willen?

We kennen het gevoel allemaal wel. We beginnen bij een nieuwe werkgever en worden onmiddellijk bedolven onder stapels papieren die ons dwingen om allerlei belangrijke beslissingen te nemen. Voor veel Amerikanen is een van die beslissingen of ze wel of niet moeten deelnemen aan een pensioenregeling, waarbij een deel van het salaris automatisch wordt overgeschreven naar een aandelenfonds waar je op hogere leeftijd de vruchten van plukt. Als je besluit om je in te schrijven, krijg je doorgaans te maken met allerlei opties waaruit je er een moet kiezen die bij je past. Ondanks de talrijke prikkels om je voor zo'n pensioenregeling in te schrijven, waaronder belastingvoordelen en een financiële bijdrage van de werkgever, kiezen veel mensen er toch niet voor. Hoe komt dat? Is het mogelijk dat werkgevers, zonder het te beseffen, de inschrijving ontmoedigen door hun werknemers *te veel* keus te bieden?

Gedragswetenschapper Sheena Iyengar denkt van wel. Ze analyseerde met een aantal collega's de pensioenregelingen die door bedrijven werden aangeboden aan bijna 800.000 werknemers. Ze bekeken hoe de deelnamepercentages varieerden als functie van het aantal pensioenfondsen dat de werkgever als keuzemogelijkheid aanbood. Uiteraard constateerden de onderzoekers dat naarmate meer opties werden aangeboden, de kans kleiner was dat de werknemers zich voor een pensioenregeling inschreven. Ze ontdekten ook dat met elke tien extra pensioenregelingen die een bedrijf zijn werknemers aanbood, het participatiepercentage met bijna twee procent afnam. Om slechts één specifieke vergelijking te geven: ze constateerden dat bij een aanbod van slechts twee pensioenregelingen het participatiepercentage rond de 75 procent lag, terwijl bij een aanbod van 59 pensioenregelingen het participatiepercentage tot ongeveer 60 procent daalde.

Iyengar en haar collega, de sociale wetenschapper Mark Lepper, onderzochten ook of het schadelijke effect van te veel keus in andere sectoren speelde, zoals de voedingsindustrie. Ze maakten een display voor een chique supermarkt waar de klanten verschillende smaken jam konden proeven die allemaal van dezelfde fabrikant afkomstig waren. Gedurende het onderzoek varieerden de onderzoekers het aantal smaken jam dat werd aangeboden, zodat er om en om 6 of 24 smaken in de display stonden. De resultaten lieten een duidelijk en verbazingwekkend verschil zien tussen de twee situaties: slechts drie procent van de mensen die de display met uitgebreide keuze bekeken, kocht uiteindelijk een potje jam. Vergelijk dat eens met de 30 procent die jam kocht als ze de display met de beperkte keus bekeek.

Hoe viel deze vertienvoudiging van de verkoop in vredesnaam te verklaren? De onderzoekers stellen dat consumenten het besluitvormingsproces als frustrerend ervaren als er erg veel keus is, misschien omdat het zo inspannend is om al die verschillende opties van elkaar te onderscheiden. Dat kan de reden zijn waarom ze afhaken, wat leidt tot een algehele afname van motivatie en belangstelling voor het product. Die logica speelt ook een rol bij pensioenregelingen.

Wil dat nu zeggen dat het aanbieden van veel smaken en alternatieven altijd een slechte zaak is? Laten we, voordat we die vraag gaan beantwoorden, eerst even kijken naar een beroemde ijssalon in Vancouver, La Casa Gelato. Deze zaak verkoopt ijs en sorbets in elke denkbare smaak – en heel wat ondenkbare smaken. Deze zaak, die in 1982 begon als een bar en pizzarestaurant in de zakenwijk van Vancouver, is uitgegroeid tot iets wat eigenaar Vince Misceo omschrijft als een 'ijswonderland'. Bij het betreden van de winkel stuiten klanten op een eclectisch scala van ruim 200 smaken, waaronder wilde asperge, vijgen en amandelen, gerijpte balsamicoazijn, Spaanse peper, knoflook, rozemarijn, paardenbloem en kerrie, om er maar een paar te noemen.

Maar heeft, gezien de onderzoeksresultaten die we zojuist hebben besproken, Vince Misceo en zijn winkel met ruim 200 smaken ijs en sorbets een fout begaan door zo'n ruime keus aan te bieden? De eigenaar van de zaak hangt duidelijk de filosofie aan dat zijn klanten meer keus bieden tot hogere omzet leidt, en zijn succes lijkt te bewijzen dat hij gelijk heeft. Om te beginnen heeft het enorme aantal smaken zijn zaak veel publiciteit opgeleverd – het extreem gevarieerde aanbod is een uniek, onderscheidend kenmerk van het merk geworden. Ten tweede lijkt het grootste deel van zijn cliëntèle met volle teugen te genieten tijdens het uitproberen van de verschillende smaken teneinde tot een definitieve keuze te komen. En ten derde is het maximaliseren van het aantal keuzemogelijkheden vooral zinvol wanneer klanten precies weten wat ze willen en gewoon op zoek zijn naar een winkel of firma die dat aanbiedt.

Helaas hebben maar weinig bedrijven het geluk dat er hordes potentiële klanten zijn bij wie het water letterlijk in de mond loopt bij de kans te kunnen kiezen uit hun ruime assortiment van goederen en diensten. In de meeste gevallen weten potentiële klanten niet precies wat ze willen voordat ze hebben onderzocht wat er zoal te koop is. Voor de meeste bedrijven betekent dit dat ze hun verkoop wellicht onbedoeld schaden door de markt met een groot aantal overbodige varianten van hun product te verzadigen, wat betekent dat ze minder winst maken. In dat geval kan een bedrijf de motivatie van klanten om goederen en diensten af te nemen verhogen door het assortiment te herzien en overbodige of minder populaire artikelen eruit te verwijderen.

Er zijn verschillende grote fabrikanten van consumptieartikelen die de afgelopen jaren het scala aan keuzemogelijkheden dat ze hun klanten aanbieden hebben gestroomlijnd, soms in reactie op een bescheiden opstand van klanten tegen de overdadige keus. Neem Procter & Gamble, een fabrikant van allerlei producten: van wasmiddelen tot medicijnen. Toen het bedrijf het aantal versies van Head & Shoulders, een van zijn razend populaire shampoos, verlaagde van een verbijsterende 26 tot 'slechts' 15 stegen de verkoopcijfers al gauw met 10 procent.

Wat betekent dat voor jou? Stel dat je werkt voor een bedrijf dat veel verschillende versies van een product verkoopt. Hoewel het in eerste instantie misschien tegen je intuïtie ingaat, kan het de moeite waard zijn om het aantal opties dat het bedrijf aanbiedt te verkleinen om de belangstelling voor je assortiment te maximaliseren. Dat zal met name het geval zijn als je klanten niet precies weten wat ze willen. Uiteraard kan de verkleining van je assortiment ook bijkomende voordelen opleveren, zoals meer opslagruimte, lagere uitgaven aan grondstoffen, lagere advertentiekosten en minder verschillende winkeldisplays om het ingekrompen assortiment aan de man te brengen. Het zou nuttig kunnen zijn om je assortiment eens in de volle breedte te bekijken en je af te vragen: Als onze klanten niet goed weten wat ze willen, zorgt de ruime keus die wij ze bieden er dan niet voor dat ze bij de concurrent naar alternatieven gaan kijken?

De lessen van dit onderzoek kun je ook op je gezinsleven toepassen. Het kan ongetwijfeld zinvol zijn om kinderen zelf te laten bepalen welk boek ze willen lezen of wat ze 's avonds willen eten, maar als ze te veel keus krijgen, zal dat hen boven het hoofd groeien en uiteindelijk ontmoedigen. Ook al zeggen ze dat verandering van spijs doet eten: wetenschappelijk onderzoek toont aan dat in sommige situaties te veel diversiteit, net als te veel kruiden, ervoor kan zorgen dat het gerecht mislukt en je pogingen om anderen te overtuigen stranden.

6
Wanneer wordt een gegeven paard tot last?

Briefpapier en enveloppen. Een ballpoint. Een tasje met cosmetica. Een doos bonbons. Een proefflacon parfum of eau de toilette. Olie verversen. Dit zijn allemaal voorbeelden van dingen of diensten die bedrijven cadeau geven. Als consument heb je je vast wel eens laten verleiden door aanbiedingen waarbij je dit soort producten cadeau kreeg als je een ander product aanschafte. Soms geven die extraatjes nét de doorslag om een product van het ene bedrijf te verkiezen boven dat van een ander. Maar als iedereen zo dol is op cadeautjes, hoe komt het dan dat dingen weggeven averechts kan uitpakken?

Sociale wetenschapper Priya Raghubir wilde onderzoeken hoe het komt dat als consumenten een bonusgeschenk krijgen bij de aanschaf van een product (het doelproduct) de waargenomen waarde en begeerlijkheid van dit bonusgeschenk als afzonderlijk product scherp kan dalen. Volgens haar kwam dat wellicht doordat consumenten concluderen dat de fabrikant een waardevol product nooit gratis zou weggeven. Het kan er zelfs voor zorgen dat ze zich afvragen: 'Wat is er mis met dat ding?' Zo kunnen mensen gaan denken dat het cadeautje achterhaald of uit de mode is, of dat het aanbod veel groter dan de vraag was en de fabrikant dit artikel gewoon uit zijn assortiment wil verwijderen.

Om te onderzoeken of de waardering voor een artikel daalt wanneer het als bonusgeschenk wordt aangeboden, liet Raghubir haar deelnemers een catalogus met belastingvrije artikelen doorbladeren, met daarin sterke drank als doelproduct en een parelarmband als bonusgeschenk. De ene groep deelnemers werd gevraagd om de begeerlijkheid en waarde van de parelarmband te beoordelen in de context van het gratis cadeau, en een andere groep werd gevraagd om de parelarmband op zichzelf te beoordelen. De uitkomst bevestigde haar hypothese: mensen wilden ongeveer 35 procent minder voor de parelarmband betalen wanneer ze hadden gezien dat je deze bij het doelproduct cadeau kreeg dan wanneer ze hem alleen als afzonderlijk product zagen.

Deze bevindingen onthullen een aantal mogelijk negatieve implicaties voor bedrijven die goederen of diensten die ze normaal gesproken afzonderlijk verkopen, als aanbieding bij bepaalde andere producten cadeau doen. Volgens Raghubir kun je voorkomen dat de cadeautjes of diensten een boemerangeffect hebben door klanten te informeren over, of hen te herinneren aan de werkelijke waarde van het geschenk. Stel je voor dat je bij een softwarebedrijf werkt. Je kunt nieuwe klanten lokken door een stukje software, zoals een beveiligingsprogramma, kosteloos aan te bieden. Als je dit gratis product in je advertenties en mailings aanbiedt zonder erop te wijzen hoeveel het zou kosten als de klant het zelf moest betalen, laat je een mooie kans liggen om je aanbod als waardevol en betekenisvol in de markt te zetten. Als je 'gratis' in cijfers noteert, is dat immers '€0,00': niet direct een boodschap die je aan potentiële nieuwe klanten wilt geven over de waarde van je producten. Om er zeker van te zijn dat je aanbieding ook wordt waargenomen als het waardevolle voorstel dat het in feite is, moet je de klant laten zien wat de werkelijke waarde van je aanbieding is. Dus je boodschap moet niet meer 'Ontvang een gratis beveiligingsprogramma' luiden, maar 'Ontvang kosteloos een beveiligingsprogramma ter waarde van €200.'

Een waarde toekennen aan wat je doet, is niet alleen belangrijk voor mensen in het bedrijfsleven. Iedereen die anderen probeert te overtuigen, kan het. Je kunt een collega erop wijzen dat je graag een uurtje extra doorwerkt om hem te helpen bij het schrijven van een belangrijke offerte, omdat je weet hoe belangrijk die is voor zijn of haar potentiële klanten. Daardoor ziet die collega welke waarde jij aan je tijd toekent, een strategie waarmee je veel meer invloed uitoefent dan door je mond dicht houden.

Als je lid bent van de oudercommissie van een school die reclame maakt voor gratis naschoolse activiteiten voor leerlingen, moet je in de informatie aan andere ouders aangeven hoe duur het zou zijn om hun kinderen naar een alternatieve vorm van naschoolse opvang te sturen. Op die manier ken je niet alleen een waarde toe aan je aanbod, maar zorg je waarschijnlijk ook voor ledenaanwas.

Deze bevindingen hebben niet alleen implicaties voor interacties in de zakelijke en openbare sfeer, maar kunnen ook doeltreffend zijn binnen je gezin. Misschien kun je met de uitkomst van dit onderzoek je schoonfamilie ervan overtuigen dat ze jou geen gratis adviezen meer moeten geven, omdat hun opvattingen daardoor minder waard worden.

7

Hoe kan een nieuw, verbeterd product de verkoop van een slechter product verhogen?

Een paar jaar geleden begon een Amerikaanse kookwinkel, Williams-Sonoma, met de verkoop van een broodmachine die veel beter was dan een zeer goed lopende broodmachine uit hun assortiment. Maar toen ze dit nieuwe product aan hun assortiment toevoegden, verdubbelde de verkoop van hun huidige bestseller bijna. Hoe kwam dat?

Williams-Sonoma is een enorm succesvolle retailorganisatie. Hun succesverhaal begon rond 1950, toen ene Chuck Williams, een aannemer uit Sonoma, Californië, met een paar vrienden een reisje naar Parijs maakte. Daar zagen ze voor het eerst gespecialiseerde Franse kookartikelen: omeletpannen en soufflévormen van een kwaliteit en verfijning die in de Verenigde Staten ongekend was. *Voilà*, de Williams Sonoma Kitchen Outlet was geboren. Het bedrijf groeide als kool, opende verschillende vestigingen en begon een postorderbedrijf. Inmiddels zet het bedrijf samen met zijn dochterondernemingen 3,5 miljard dollar per jaar om. Een deel van deze omzet wordt gegenereerd door een broodmachine waarvan de verkoop vrijwel onmiddellijk verdubbelde nadat er een verbeterd, duurder model op de markt kwam.

Hoe kon dat? Onderzoeker Itamar Simonson stelt dat als consumenten voor een bepaald product uit verschillende opties kunnen kiezen, ze veelal de voorkeur geven aan de 'compromiskeuze': iets wat het midden houdt tussen wat ze minimaal nodig hebben en wat ze maximaal kunnen betalen. Wanneer kopers tussen twee producten moeten kiezen, sluiten ze vaak een compromis door de minder dure versie te nemen. Maar als er een derde product wordt aangeboden, dat duurder is dan de andere twee opties, verschuift de compromiskeuze van het allergoedkoopste product naar het product met de middelste prijs. Bij de broodmachines van Williams-Sonoma zorgde de introductie van een duurdere machine ervoor dat de oorspronkelijke broodmachine in vergelijking daarmee een verstandiger en zuiniger keuze leek.

Hoe kunnen de lessen van een broodmachine ervoor zorgen dat jouw winst flink gaat rijzen? Stel dat je manager bent van een verkoopafdeling die verantwoordelijk is voor de verkoop van een hele reeks producten en diensten. In dat geval zou je er verstandig aan doen om te onderkennen dat de kwalitatief meest hoogwaardige en hoogst geprijsde producten van je bedrijf twee potentiële voordelen voor je bedrijf hebben. Ten eerste kunnen deze hoogwaardige producten voorzien in de behoefte aan kwaliteitsproducten van een kleine groep klanten en potentiële klanten die aan deze artikelen de voorkeur geven. Dat bezorgt je bedrijf een flinke financiële injectie. Een tweede, minder voor de hand liggend en misschien onderbelicht voordeel van een kwalitatief hoogwaardige versie van een product in je assortiment is dat het de kans vergroot dat je op één na duurste model aantrekkelijk geprijsd gevonden wordt.

Laten we een alledaags voorbeeld geven waarbij dit principe meestal niet ten volle wordt uitgebuit, een voorbeeld dat velen van ons bekend zal voorkomen: een keuze maken uit de wijnkaart van een restaurant. Veel restaurants en hotels zetten hun duurdere wijnen onderaan op de kaart, waar de gasten ze vaak niet eens zien staan omdat hen een overdadig aantal opties wordt voorgeschoteld. In sommige etablissementen staan de dure champagnes zelfs op een aparte kaart vermeld. Daardoor worden de wijnen en champagnes uit de middenmoot niet als compromiskeuzen gepresenteerd en zijn ze in de ogen van de gasten minder aantrekkelijk. Door een kleine verandering op de wijnkaart aan te brengen – de duurdere wijnen bovenaan plaatsen – kan het restaurant de machtige factor van het compromis in het spel brengen.

Deze strategie kan je ook op de werkvloer goede diensten bewijzen. Stel dat je werkgever besluit om jouw deelname aan een conferentie op een cruiseschip te betalen en dat jij een hut met raam wilt. In plaats van je baas gewoon te vragen wat hij of zij zou zeggen van een hut met raam, kun je die optie tussen twee andere mogelijkheden inklemmen: een die minder aantrekkelijk is (een binnenhut zonder raam) en een die duidelijk beter, maar waarschijnlijk te duur is (een hut met balkon). Door deze alternatieven om jouw ideale optie heen te zetten, vergroot je de kans dat hij of zij de optie kiest waaraan jij de voorkeur geeft.

De compromisstrategie werkt niet alleen bij broodmachines, alcohol en onderdak. Iedereen die een reeks producten of diensten aanbiedt, kan er zelf achter komen dat de producten uit de middenklasse populairder worden als hij de duurdere versies als eerste presenteert. Bedenk wel dat als je bedrijf op deze aanpak overstapt, de omkadering door dure, hoogwaardige artikelen kan leiden tot een onverwachte terugloop in de verkoop van de duurste versie van een product. Dat kan je in de verleiding brengen om dat artikel uit het assortiment te halen. Zoals dit onderzoek echter laat zien, kan het verwijderen van dat artikel zonder het te vervangen door een ander product van topkwaliteit, leiden tot een negatief dominoeffect dat begint met de op één na duurste versie van je product en van boven naar beneden zijn vernietigende werk doet. Een dergelijke verschuiving in de compromiskeuze van je klanten kan ervoor zorgen dat jij in een compromitterende positie belandt.

8

Angst: overtuigend of verlammend?

In zijn eerste inauguratie sprak de 32ste president van de Verenigde Staten, Franklin Delano Roosevelt, de volgende befaamde woorden tot de angstige, door de Crisis getroffen Amerikanen: 'Laat ik dus vóór alles mijn rotsvaste geloof uitspreken dat het enige wat wij te vrezen hebben de vrees zelf is [...] die de inspanningen verlamt die benodigd zijn om van teruggang vooruitgang te maken.' Maar had Roosevelt eigenlijk wel gelijk? Als je je toehoorders probeert over te halen, raken ze dan door angst verlamd, zoals hij zegt, of kan angst ook motiveren?

Het meeste onderzoek wijst erop dat berichten die angst inboezemen de ontvangers doorgaans aanzetten tot daden om het gevaar te verminderen. Deze algemene regel kent echter één belangrijke uitzondering: als de angstaanjagende boodschap het gevaar beschrijft zonder de toehoorders iets te vertellen over duidelijke, specifieke, doeltreffende methoden om het gevaar te verminderen, kunnen ze die boodschap verdringen of ontkennen dat hij op hen van toepassing is. Dat kan er inderdaad toe leiden dat ze verlamd raken en geen enkele actie ondernemen.

In het kader van een onderzoek door Howard Leventhal en zijn collega's kregen studenten een pamflet over de volksgezondheid te lezen waarin de gevaren van een tetanusinfectie werden omschreven. Het pamflet stond al dan niet vol met angstaanjagende plaatjes van de gevolgen van een tetanusinfectie. Bovendien kregen de studenten al dan niet een specifiek plan voor het halen van een tetanusprik. Ten slotte was er een controlegroep van studenten die niet voor tetanus werd gewaarschuwd, maar wel een plan kreeg waarin stond hoe je een tetanusprik kon halen. De angstwekkende boodschap zette de ontvangers alleen tot het daadwerkelijk halen van een tetanusprik aan als deze vergezeld ging van een beschrijving van de specifieke stappen die ze konden nemen om een tetanusprik te halen en zo hun angst voor tetanus te verminderen. Deze uitkomst verklaart waarom het belangrijk is om angstwekkende boodschappen aan te vullen met specifieke aanbevelingen voor gedrag dat het risico vermindert: hoe beter mensen begrijpen met welk gedrag ze hun angst kunnen kwijtraken, hoe minder ze hun toevlucht hoeven nemen tot psychologische methoden als ontkenning.

Deze uitkomst kun je zowel in het zakenleven als daarbuiten toepassen. Zo zouden advertentiecampagnes die potentiële klanten informeren over reële gevaren die de goederen of diensten van jouw bedrijf kunnen wegnemen altijd vergezeld moeten gaan van heldere, specifieke en effectieve stappen die klanten kunnen nemen om dat risico te verkleinen. Klanten alleen maar bang maken met het doel hen ervan te overtuigen dat jouw product of dienstverlening hun eventuele problemen kan verhelpen, zou een averechts effect kunnen hebben en hen alleen maar nog passiever kunnen maken.

Een andere implicatie van dit onderzoek is dat als je een ernstig probleem in een grootschalig project van je eigen bedrijf ontdekt, je er verstandig aan doet om je melding daarvan bij de directie direct te laten volgen door ten minste één actieplan dat het bedrijf zou kunnen uitvoeren om de potentiële ramp af te wenden. Als je eerst de directie op de hoogte brengt en pas daarna een oplossing gaat bedenken, bestaat de kans dat wanneer jij en je collega's eindelijk een plan hebben uitgebroed, de directie alweer een manier heeft verzonnen om de boodschap te verdringen of te ontkennen dat hij betrekking heeft op het project in kwestie.

Wie in de gezondheidszorg werkt of ideële reclame maakt, moet zich ook bewust zijn van de implicaties van dit onderzoek. Een arts of verpleegkundige die een patiënt met overgewicht wil overhalen om af te vallen en meer te bewegen, moet de aandacht van die patiënt vestigen op de potentiële gevaren van niet afvallen, maar alleen als die boodschap wordt aangevuld met een paar duidelijke, eenvoudige dingen die de patiënt zelf kan ondernemen om dat doel te bereiken, zoals een bepaald dieet volgen en een paar oefeningen doen. Als je een patiënt alleen maar zegt dat hij een verhoogd risico loopt op hart- en vaatziekten en diabetes als hij niet afvalt, leidt dat alleen maar tot angst en ontkenning. Ook makers van ideële reclame bereiken weinig – en kunnen zelfs het tegenovergestelde bereiken van wat ze beogen – als ze alleen maar een afschuwwekkend beeld schetsen van de gevolgen van gevaarlijk gedrag zoals roken, onveilig vrijen en rijden onder invloed, zonder die boodschap aan te vullen met een doortimmerd actieplan.

Omdat een boodschap over een potentieel gevaar altijd vergezeld dient te gaan van een duidelijk, specifiek en goed uitvoerbaar plan, zou de uitspraak van Roosevelt misschien moeten worden veranderd in: 'Het enige wat we moeten vrezen is de vrees *op zichzelf*.'

9

Wat kan de schaaksport ons leren over overtuigende zetten doen?

In april 2005 stemde het parlement van een soevereine staat, ondanks de scherpe afkeuring van de Amerikaanse regering, met een overweldigende meerderheid vóór het voorstel om de voormalige wereldkampioen schaken Bobby Fischer, die voor de Amerikaanse politie op de vlucht was, te naturaliseren. Welk land zou het risico willen lopen om zijn relatie met het machtigste land ter wereld op het spel te zetten om een excentrieke boef, die zich positief had uitgelaten over de vliegtuigkapers van 11 september 2001, in bescherming te nemen? Was het Iran? Syrië misschien? Wat dacht je van Noord-Korea?

Maar die landen waren het allemaal niet. Het land waarvan het parlement unaniem stemde vóór de naturalisatie van Fischer was IJsland, normaal gesproken toch een trouwe bondgenoot van de Verenigde Staten. Waarom was uitgerekend IJsland bereid om Bobby Fischer met open armen ontvangen, vooral nadat hij voor een gage van vijf miljoen dollar, en ondanks de boycot van de Verenigde Naties, een schaakwedstrijd was gaan spelen in voormalig Joegoslavië?

Om die vraag te beantwoorden, moeten we ruim dertig jaar terug in de tijd, naar een roemruchte schaaktweekamp: de strijd om het wereldkampioenschap in 1972 tussen uitdager Bobby Fischer en de Russische grootmeester Boris Spasski, de regerend kampioen. Geen tweekamp uit de schaakhistorie heeft over de hele wereld zo veel stof doen opwaaien en de schaaksport zo'n enorme impuls gegeven. De tweekamp, die werd gespeeld terwijl de Koude Oorlog zijn hoogtepunt beleefde, is wel de schaaktweekamp van de eeuw genoemd.

Als echte excentriek arriveerde Fischer te laat in IJsland voor de openingsceremonie. Enkele dagen lang was er zelfs twijfel of de wedstrijd überhaupt doorging, want de autoriteiten zagen geen kans om te voldoen aan de talloze eisen die Fischer stelde, zoals een verbod op televisiecamera's en 30 procent van de entreegelden. Het gedrag van Fischer zat vol tegenstrijdigheden, zoals dat in zijn schaakcarrière en zijn privéleven altijd het geval was geweest. Maar toen te langen leste het prijzengeld op verrassende wijze was verdubbeld en nadat er veel overtuigingskracht was aangewend, onder andere, zo wordt wel beweerd, via een telefoontje van de toenmalige Amerikaanse Minister van Buitenlandse Zaken Henry Kissinger, vloog Bobby Fischer inderdaad naar IJsland – en versloeg daar vervolgens Spasski op behendige wijze. Toen de tweekamp was afgelopen, had hij breeduit in alle kranten in binnen- en buitenland gestaan. In feite was IJsland bereid om de controversiële Fischer te tolereren omdat hij, zoals een IJslandse journalist dat zei, 'IJsland internationaal op de kaart zette'.

Dat werd blijkbaar beschouwd als een belangwekkend geschenk dat Fischer het afgelegen land cadeau had gedaan. Het was zelfs zo belangwekkend dat de IJslanders het ruim dertig jaar later nog niet waren vergeten. Zo verklaarde een woordvoerder van het IJslandse ministerie van Buitenlandse Zaken dat Fischer 'had bijgedragen aan een nogal bijzonder evenement dat hier ruim dertig jaar geleden plaatsvond, en dat de mensen hier nog helder voor de geest staat'. Volgens een analyse van de BBC waren de IJslanders 'erop gebrand om hem een wederdienst te bewijzen door de heer Fischer asiel te verlenen', ook al vonden veel mensen de persoon Fischer onsympathiek.

Deze gebeurtenis toont onmiskenbaar het belang en de universele geldigheid van de wederkerigheidsnorm, die ons verplicht om iets terug te doen als we iets van anderen hebben ontvangen. Die norm spoort ons aan tot eerlijkheid en billijkheid in de sociale omgang van alledag, zowel in het bedrijfsleven als in de privésfeer, en helpt ons om het vertrouwen van anderen te winnen.

Onderzoeker Dennis Regan verrichtte een klassiek onderzoek naar de wederkerigheidsnorm. Tijdens zijn experiment kochten de mensen die van een onbekende man genaamd Joe ongevraagd een blikje Coca-Cola cadeau hadden gekregen, tweemaal zo veel loterijlootjes van hem als de mensen die niets cadeau hadden gekregen. Dit gebeurde ondanks het feit dat er enige tijd was verstreken tussen het cadeautje en het verzoek om lootjes te kopen, terwijl Joe bovendien op geen enkele wijze naar het eerste cadeautje verwees toen hij zijn verkooppraatje over de loterijlootjes afstak.

Een ander aspect van Regans onderzoek maakte iets duidelijker waarom de regering van IJsland zich verplicht voelde om iets terug te doen vanwege de goede dienst die Fischer IJsland had bewezen, ook al was hij nog zo omstreden. Het is interessant dat, wat de mensen ook zeggen over de sterke relatie tussen iemand aardig vinden en meegaandheid, Regan ontdekte dat de mensen die van Joe een blikje cola hadden gekregen hun besluit om een lootje te kopen namen zonder dat er enig verband was met de mate waarin ze hem aardig vonden. Met andere woorden, van de deelnemers die het cadeautje gekregen hadden, kochten degenen die Joe niet aardig vonden net zo veel lootjes als degenen die hem wel aardig vonden. Dit laat zien dat het gevoel van verplichting dat wordt veroorzaakt door de kracht van wederkerigheid gevoelens van sym- of antipathie kan overtroeven. Dat de wederkerigheidsnorm een lange adem heeft en sterker is dan sympathie, is een nuttig inzicht voor iedereen die zijn overtuigingskracht wil vergroten. Het zou ook goed nieuws moeten zijn voor iemand die wordt gevraagd om iemand anders een grote of begrotelijke dienst te bewijzen waarmee op korte termijn geen voordeel te behalen lijkt. Als goed geïnformeerde en ethische verleiders doen we er verstandig aan om zelf als eerste anderen te helpen of een concessie te doen. Als we doelgericht hulp bieden aan een teamlid, collega of kennis, leggen we hun de sociale verplichting op om ons bij een volgende gelegenheid te helpen of te steunen. Je chef aanbieden om hem of haar te helpen, zorgt ervoor dat hij of zij jou gaat zien als een behulpzaam iemand, wat je goed van pas kan komen wanneer je zelf een keer hulp nodig hebt. En de bedrijfsleider die een medewerker toestemming geeft om iets eerder met werken te stoppen vanwege een afspraak bij de tandarts heeft slim geïnvesteerd in een collega die de behoefte zal hebben om dat gebaar te belonen en die daarom een volgende keer wellicht zal aanbieden om wat langer door te werken als er een belangrijk project moet worden afgerond.

Wanneer je anderen moet overtuigen en overhalen om jou te helpen, bega je vaak de vergissing jezelf af te vragen: 'Wie kan me hierbij helpen?' Dat is een nogal kortzichtige benadering van het beïnvloeden van anderen. Volgens ons is het slimmer om jezelf af te vragen: 'Wie kan ik helpen?' of 'Wie kan ik een dienst bewijzen?' Je weet immers dat de wederkerigheidsnorm en de sociale verplichting die je daarmee aan anderen oplegt ervoor zorgen dat je verzoeken in de toekomst meer effect zullen sorteren. Als het leiden van een bedrijf erom draait dat je dingen via andere mensen gedaan krijgt, kan een gezond netwerk van collega's die bij de manager in het krijt staan, die hun voordeel hebben gedaan met nuttige informatie, concessies, aandacht en wellicht een vriendelijk luisterend oor, die manager later goed van pas komen. Op eenzelfde wijze zullen je vrienden, je buren, je partner en zelfs je kinderen meer openstaan voor jouw verzoeken als je eerst iets voor hen gedaan hebt.

Er bestaat een soort mensen van wie je met één kleine gunst heel veel gedaan kunt krijgen: medewerkers van de Klantenservice. Als er ooit een verkeerd bedrag van je rekening is afgeschreven, als je ooit hebt geprobeerd om op de valreep een vliegtuigticket om te boeken of in een winkel een artikel te ruilen, ben je waarschijnlijk wel eens gestuit op een niet bepaald behulpzame medewerker van de Klantenservice. Om de kans te verkleinen dat je zo iemand tegenkomt, kun je als volgt te werk gaan. Als je aan het begin van je gesprek vindt dat de medewerker van de Klantenservice zich erg vriendelijk, beleefd of behulpzaam opstelt – wellicht omdat je nog niet met je moeilijkste verzoek op de proppen bent gekomen – zeg dan tegen hem dat je zo tevreden bent over de service tot dan toe dat je zijn chef een positieve brief of e-mail over jullie contact zult schrijven zodra je de telefoon ophangt. Nadat je de gegevens van zowel de medewerker als zijn chef hebt genoteerd, kun je overgaan tot de echt lastige kwesties. (Je kunt die medewerker ook zeggen dat je zo tevreden bent over zijn service dat je wilt worden doorverbonden met zijn of haar chef wanneer je klaar bent, zodat je die een compliment over hem kunt maken.) Hoewel er een aantal psychologische redenen zijn waarom deze strategie vaak effectief is, speelt de wederkerigheidsnorm hierbij een belangrijke rol: je hebt de ander aangeboden om hem een dienst te bewijzen, dus nu zal hij zich verplicht voelen om iets terug te doen. En met zoiets eenvoudigs als na afloop zijn chef mailen, kun je vermijden dat je belandt in een strategisch potje schaak (en misschien zelfs een potje schreeuwen) met de medewerker dat uiteindelijk alleen maar leidt tot teleurstelling en frustratie. Dus zolang jij je belofte nakomt, is dit een ethische en doeltreffende strategie.

10

Welk kantoorartikel zorgt ervoor dat je invloed beklijft?

Als je aan je bureau zit te lezen, ligt het antwoord op deze vraag misschien onder handbereik. Wat zou het kunnen zijn? Paperclips? Pennen? Potloden? Muismatten? Een gradenboog? Agenda's? Presse-papiers? Een printer? Je bureaublad ligt vol praktische dingen. Welke daarvan kan ervoor zorgen dat je invloed beklijft?

Sociale wetenschapper Randy Garner vroeg zich af of plakmemo's, waarvan de Post-its van 3M de bekendste zijn, ervoor zouden kunnen zorgen dat een schriftelijk verzoek vaker wordt gehonoreerd. In het kader van een intrigerend onderzoek stuurde hij een aantal mensen enquêteformulieren met het verzoek deze in te vullen. De enquête ging vergezeld van ofwel (a) een plakmemo met een handgeschreven verzoek om de enquête in te vullen, die op de begeleidende brief was geplakt; (b) een vergelijkbare, handgeschreven tekst op de begeleidende brief; of (c) alleen de begeleidende brief en de enquête.

Dat kleine gele vierkantje bleek behoorlijk overtuigend te zijn: ruim 75 procent van de mensen die bij de enquête het verzoek op de plakmemo ontvingen, vulde de enquête in en stuurde hem terug, terwijl slechts 48 procent van de tweede groep en 36 procent van de derde groep dat deed. Maar waarom was dit zo'n succes? Kwam dat enkel en alleen doordat plakmemo's in al hun gele glorie zulke blikvangers zijn?

Dat vroeg Garner zich ook af. Om deze mogelijkheid te onderzoeken, stuurde hij nog een stapel enquêtes de deur uit. Dit keer was een derde van de enquêteformulieren voorzien van een plakmemo met een handgeschreven verzoek, op een derde zat een onbeschreven plakmemo, en bij een derde was helemaal geen plakmemo bijgesloten. Als het enige voordeel van Post-its is dat de menselijke blik door de knalgele kleur naar het papier wordt getrokken, zou het responspercentage even hoog moeten zijn voor beide zendingen met een zelfklevend memoblaadje. Dat bleek echter niet het geval te zijn. De handgeschreven plakmemo overklaste zijn concurrenten met een responspercentage van 69 procent, vergeleken met 43 procent voor de enquêtes met een blanco plakmemo en 34 procent voor de enquêtes zonder plakmemo.

Dus wat is de verklaring? Ook al gaat niemand als een bezetene op zoek als er geen plakmemo is bijgesloten: als je er eentje op de begeleidende brief plakt en daar met de hand wat op schrijft, hebben mensen volgens Garner oog voor die extra inspanning en de persoonlijke aandacht die erin gestoken is. En dat roept bij hen de behoefte op om als reactie op deze persoonlijke aandacht het verzoek te honoreren. Per slot van rekening is wederkerigheid het sociale bindmiddel dat mensen in samenwerkingsrelaties aan elkaar bindt – en reken maar dat die band sterker hecht dan de lijm op de achterkant van een plakmemo.

De resultaten onthulden zelfs nog meer. Garner ontdekte dat een plakmemo met een persoonlijk tintje op de enquête mensen niet alleen overhaalde om in groten getale op de enquête te reageren: mensen die de enquête met een handgeschreven boodschap op de plakmemo invulden, stuurden hem ook sneller terug en gaven gedetailleerder en zorgvuldiger antwoord op de vragen. Als de onderzoeker het briefje nóg iets persoonlijker maakte door zijn initialen en 'Bedankt!' aan de handgeschreven boodschap toe te voegen, vloog het responspercentage zelfs nog verder omhoog.

Dit onderzoek biedt een waardevol inzicht in menselijk gedrag: hoe persoonlijker je een verzoek maakt, hoe groter de kans dat je iemand zo ver krijgt dat hij op je verzoek ingaat. Nog preciezer gezegd, dit onderzoek laat zien dat op kantoor, in de wijk of zelfs thuis, een plakmemo met een persoonlijk tintje extra aandacht kan genereren voor je belangrijke rapporten en brieven en kan verhinderen dat ze uit het oog verdwijnen, als de spreekwoordelijke naald in de hooiberg van rapporten, brieven en mailings die om de aandacht strijden. Bovendien wordt de snelheid en kwaliteit waarmee je verzoek wordt gehonoreerd waarschijnlijk ook verbeterd.

Waar komt het uiteindelijk op neer? Als je persoonlijk getinte boodschappen gebruikt om anderen over te halen, is de fabrikant van de plakmemo's niet de enige die daarvan de vruchten plukt.

11

Waarom moeten restaurants hun mandje pepermuntjes wegdoen?

Behalve als ze een vampier gaan doden, vinden de meeste mensen het prettig om na een etentje met veel knoflook te ontdekken dat er bij de uitgang van het restaurant een mandje met pepermuntjes staat. Dit gebruik zorgt beslist voor een prettige nasmaak als je de deur uit loopt. Maar is het ook denkbaar dat het aanbieden van pepermuntjes op deze plek niet zo gunstig uitpakt voor het restaurant en het bedienend personeel?

Veel restaurants bieden de pepermuntjes op een andere, veel effectievere manier aan: de ober presenteert ze aan het eind van de maaltijd als cadeautje. Ook al is het cadeautje niet meer dan een chocolaatje of een ander snoepje dat bij de rekening op een zilveren blaadje wordt gepresenteerd, toch kunnen die snoepjes bijzonder overtuigend zijn.

Gedragswetenschapper David Strohmetz en zijn collega's voerden een experiment uit om te bepalen welk effect een snoepje aan het eind van een etentje heeft op de fooi van obers. In een experimentele situatie gaven de obers één pepermuntje per tafelgenoot wanneer ze de rekening presenteerden. Welke invloed had dat op de fooi die de gasten gemiddeld gaven ten opzichte van een controlegroep die geen pepermuntje kreeg? De onderzoekers noteerden in deze situatie een bescheiden toename van de fooien met 3,3 procent. In de tweede situatie gaven de obers twee pepermuntjes per gast aan tafel. Ook al was dat maar één extra pepermuntje van een cent per stuk, toch stegen de fooien met 14,1 procent ten opzichte van de situatie waarin geen pepermuntje werd gegeven. Dat is allemaal vrij voorspelbaar als je bedenkt wat wij al wisten over de wederkerigheidsnorm: hoe meer iemand ons geeft, hoe meer we ons verplicht voelen om iets terug te doen. Maar welke factoren maken een geschenk of gunst het allerovertuigendst? Op die vraag geeft de derde situatie van dit onderzoek antwoord.

Bij deze derde groep restaurantbezoekers gaven de obers eerst één pepermuntje per gast aan tafel. Vervolgens draaiden ze zich van de tafel af ten teken dat ze weggingen. Maar voordat ze de zaal helemaal hadden verlaten, liepen ze terug naar de gasten, grepen in hun zak en legden voor elke gast een tweede pepermuntje neer met de woorden: 'Jullie zijn zulke aardige mensen dat jullie allemaal nog een pepermuntje krijgen.' En het resultaat? Een toename van de fooien met 23 procent!

Dit onderzoek geeft aan dat er drie factoren zijn die een cadeau of gunst overtuigender maken, en daarom gemiddeld vaker leiden tot een wederdienst. De eerste factor is dat de ontvanger het cadeau als betekenisvol moet ervaren. De gasten van het restaurant niet één, maar twee pepermuntjes geven zorgde voor een verhoging van de extra fooi van 3,3 procent tot ruim 14 procent. Denk erom: betekenisvol is niet hetzelfde als duur. Die twee pepermuntjes kosten maar een paar cent. Maar let ook op het belangrijke extra element in de derde situatie. In financieel opzicht zijn de tweede en derde situatie identiek: in beide gevallen kregen de gasten aan het eind van de maaltijd twee pepermuntjes van hun ober. Er was geen verschil in de hoeveelheid die cadeau gegeven werd, maar wel in de manier waarop die werd gegeven. Dat inzicht levert twee aanvullende factoren op die cadeautjes extra overtuigend kunnen maken: de onverwachtheid van het cadeau en het persoonlijke tintje dat eraan gegeven wordt. In deze derde situatie concludeerden de gasten waarschijnlijk nadat ze één pepermuntje hadden gekregen en de ober was weggelopen, dat dit het laatste contact was dat ze met hem zouden hebben. En daarom was het cadeautje onverwacht. Door de indruk te wekken dat hij de gasten aan die tafel bijzonder aardig vond, gaf de ober een persoonlijk tintje aan het tweede pepermuntje dat hij weggaf.

Als obers die tactiek aan elke tafel zouden gebruiken, zouden de gasten dat natuurlijk niet alleen onethisch vinden, hij zou ook niet lang effectief blijven. Zodra de gasten doorkregen dat hij dit kunstje bij iedereen flikte, zouden ze het extra snoepje niet langer als betekenisvol, persoonlijk of onverwacht ervaren. In plaats daarvan zouden ze het zien als een sluwe truc die negatief voor de obers zou uitpakken. Je kunt de lessen van het onderzoek echter ook op een ethische manier toepassen. Om ervoor te zorgen dat een cadeautje dat je geeft of een dienst die je verleent op prijs wordt gesteld, moet je de tijd nemen om uit te zoeken wat voor de ontvanger werkelijk persoonlijk, betekenisvol en onverwacht is.

Maar als je alleen naar de uitkomst van de eerste twee onderzoekssituaties kijkt, kun je al zien dat een restaurant dat zijn pepermuntjes bij de uitgang neerlegt zijn obers een mooie kans ontneemt om de gasten een blijk van waardering te geven, en om daarvoor een blijk van waardering terug te krijgen. Ook al kosten die snoepjes maar een paar cent per stuk: de obers kunnen er elke gast mee laten zien dat die hun veel meer waard is.

12

Wat win je met onvoorwaardelijkheid?

We hebben het al gehad over de manier waarop hotels gasten proberden over te halen om hun handdoek te hergebruiken door hen te herinneren aan het milieubelang. Sommige hotels gaan echter nog een stapje verder in hun pogingen om een sfeer te creëren die de medewerking bevordert: ze geven hun gasten een aanmoedigingspremie. Op de hergebruikkaartjes van deze hotels wordt namelijk vermeld dat als de gasten hun handdoeken hergebruiken, het hotel een percentage van de bespaarde energiekosten zal storten op de rekening van een milieuorganisatie.

Het valt niet moeilijk te begrijpen waarom de makers van deze kaartjes denken dat aanmoedigingspremies effectief zijn. De meeste mensen beseffen intuïtief dat dergelijke prikkels werken: ijsjes zijn een uitstekend middel om kinderen zo ver te krijgen dat ze hun kamer opruimen, een goed getimede traktatie kan ervoor zorgen dat zelfs een oude hond nieuwe kunstjes leert en loonstrookjes zijn goed in het beperken van het aantal keren dat je de wekker op de sluimerstand zet voordat je uit bed stapt en naar je werk gaat. Hoewel de gasten niet persoonlijk van de aanmoedigingspremie profiteren, lijkt het toch waarschijnlijk dat ze gemotiveerd worden om aan de campagne mee te werken vanwege het bijkomende voordeel voor het milieu. Maar werkt het ook zo?

Om dat uit te zoeken, voerden twee van ons in hetzelfde hotel een aanvullend onderzoek uit. Dit keer hingen we in sommige kamers kaartjes met de gebruikelijke oproep tot milieuvriendelijkheid, terwijl de kaartjes in andere kamers de gasten door middel van prikkels probeerden te overreden. Toen we de data bestudeerden, ontdekten we dat deze alternatieve oproep niet had geleid tot een verbetering ten opzichte van de gebruikelijke milieuboodschap. Hoe kwam dat?

Ondanks de factoren die het nut van deze benadering ondersteunen, is er een goede reden waarom er een kleine verandering in de boodschap moet worden aangebracht om hem overtuigender te maken dan de standaardaanpak. De sociale druk is immers niet groot wanneer iemand je vraagt aan iets mee te werken en je in ruil daarvoor alleen iets aanbiedt wanneer jij de eerste stap zet. Zo'n ruil is niet meer dan een economische transactie. Aan de andere kant gaat er een sterk gevoel van sociale verplichting uit van de wederkerigheidsnorm die je vraagt iets terug te doen als iemand jou al een gunst heeft verleend. Het is dan ook niet gek dat de oproep tot medewerking op basis van prikkels even weinig effectief was in het overhalen van de gasten om hun handdoek te hergebruiken als de standaardoproep: aangezien het hotel niet de eerste was die iets gaf, bevatte hij geen sociale verplichting om aan het verzoek te voldoen.

Dit geeft aan dat de hotels die kaartjes met een prikkelende tekst ophangen wel snappen wat samenwerken inhoudt, maar de verkeerde volgorde hanteren. In het licht van onze inzichten over de werking van de wederkerigheidsnorm, moest het mogelijk zijn om de medewerking aan de campagne effectief te verhogen door de volgorde van dienst en wederdienst om te keren. Met andere woorden: het hotel moest eerst de donatie geven, zonder enige voorwaarden vooraf, en pas daarna de gasten verzoeken om het milieu te helpen door hun handdoeken te hergebruiken. Dit idee was de basis voor een derde boodschap die we in het onderzoek opnamen.

Deze derde boodschap leek op de prikkelende boodschap, in die zin dat hij melding maakte van een donatie aan een milieuorganisatie. Maar in plaats van aan te bieden om die donatie te doen op voorwaarde dat de gasten zelf de eerste stap zetten, stond in deze oproep dat het hotel reeds een donatie aan een milieuorganisatie had geschonken, en dat het hotel dit namens zijn gasten deed. Vervolgens werd de gasten gevraagd om op hun beurt een gebaar te maken door hun handdoeken tijdens hun verblijf te hergebruiken.

Indrukwekkend genoeg resulteerde de boodschap op basis van wederkerigheid in een handdoekhergebruikpercentage dat 45 procent hoger lag dan bij de prikkelende boodschap. Deze uitkomst is vooral erg interessant gezien het feit dat de oproepen inhoudelijk vrijwel identiek waren, maar een sterk verschillende boodschap overbrachten. Hoewel beide boodschappen de gasten lieten weten dat het hotel geld gaf aan een milieubeschermingsorganisatie, vermeldde de boodschap op basis van wederkerigheid dat het hotel het initiatief had genomen voor deze gezamenlijke inspanning, en benutte daarmee de kracht van wederkerigheid en sociale verplichting om de gasten aan te sporen aan de campagne mee te doen.

Samen met de data uit andere onderzoeken maken deze bevindingen duidelijk dat wanneer je andere mensen probeert over te halen om mee te werken – of het nu collega's, klanten, studenten of kennissen zijn – je je hulp moet aanbieden op een manier die werkelijk onvoorwaardelijk is. Door de potentiële samenwerkingsrelatie op deze manier te benaderen, vergroot je om te beginnen niet alleen de kans dat je hun toestemming krijgt, maar je zorgt er ook voor dat hun medewerking berust op een stevig fundament van vertrouwen en wederzijdse waardering, in plaats van op een veel zwakker prikkelsysteem. Je zult bovendien merken dat deze benadering veel bestendiger is. In het andere geval kunnen er, zodra je de prikkel die je hebt beloofd of gegeven niet langer kunt garanderen of zodra die niet langer door de ander gewenst wordt, barsten ontstaan in het broze fundament van de relatie, en dan kan de brug die je gebouwd hebt, instorten.

13

Gedragen bewezen diensten zich als brood of als wijn?

In een aantal van de voorgaande hoofdstukken hebben we met bewijzen aangetoond dat je door iemand eerst een cadeau, goede dienst of gunst te geven, een gevoel van sociale verplichting bij de ontvanger kunt opwekken dat maakt dat hij iets terug wil doen. Of dat cadeau nu de vorm aanneemt van het verstrekken van nuttige informatie, een collega bij zijn werk helpen, een plakmemo met een persoonlijk tintje op een brief waarin je iemand een verzoek doet of, in het geval van Bobby Fischer, een heel land op de kaart zetten, er bestaat een sociale verplichting om iets terug te doen. Maar wat gebeurt er na verloop van tijd met de invloed van die cadeautjes en diensten? Zijn gunsten net als brood, en worden ze in de beleving van de ontvanger oudbakken, waardoor ze mettertijd hun waarde verliezen? Of lijken ze meer op wijn, die in de loop der jaren rijpt en in waarde toeneemt? Volgens onderzoeker Francis Flynn hangt dat af van de vraag of je de gunst hebt verleend of ontvangen.

Flynn voerde een onderzoek uit onder werknemers van de afdeling Klantenservice van een grote Amerikaanse luchtvaartmaatschappij. In deze werkomgeving bewijzen collega's elkaar regelmatig diensten en wederdiensten door voor elkaar in te vallen. De onderzoeker vroeg de helft van de werknemers om te denken aan een moment waarop zij een collega een dienst hadden bewezen, terwijl de andere helft werd gevraagd om te denken aan een moment waarop een ander hun een dienst had verleend. Vervolgens werd alle deelnemende werknemers gevraagd hoe waardevol ze die dienst vonden en ook hoe lang geleden hij was verleend. Uit het onderzoek bleek dat de ontvangers van een gunst deze kort nadat hij was verleend als waardevoller ervoeren, maar na verloop van tijd als minder waardevol. Bij degenen die de dienst verleend hadden, lag dat precies andersom: ze kenden minder waarde toe aan de dienst direct nadat deze was verleend, maar na verloop van tijd kenden ze er steeds meer waarde aan toe.

Het is mogelijk dat met het verstrijken van de tijd de herinnering aan een gebeurtenis gekleurd raakt; en aangezien mensen de neiging hebben om zichzelf in een gunstig daglicht te bezien, geloven ontvangers van diensten wellicht dat ze indertijd helemaal niet zo veel hulp nodig hadden, terwijl dienstverleners juist geloven dat ze zich enorm hebben uitgesloofd.

Deze bevindingen hebben gevolgen voor je vermogen om anderen te overtuigen, zowel op de werkvloer als daarbuiten. Als je een collega of kennis een dienst hebt bewezen, heeft die bewezen dienst de grootste invloed op de behoefte van die ander om wat terug te doen tijdens een korte periode direct na die dienst. Als een ander jou een dienst heeft verleend, moet je echter rekening houden met de neiging van mensen in jouw positie om die gunst mettertijd te bagatelliseren. Als je de volledige waarde van de dienst weken, maanden of zelfs jaren nadat deze verleend is niet erkent, kan dat uiteindelijk je relatie met de dienstverlener schaden. Als jij de dienst verleend hebt, ben je wellicht geneigd om kwaad te denken van de ontvanger, omdat hij geen aanstalten maakt om jou een wederdienst te bewijzen. Dus wat moet je doen om de waarde van de gunsten die je verleent te maximaliseren als die waarde in de beleving van de begunstigde mettertijd daalt? Eén manier is door het indertijd door jou gegeven cadeau of de door jou verleende gunst een waarde toe te kennen door tegen de ontvanger te zeggen dat je blij was dat je iets voor hem of haar kon betekenen, want 'als het ooit andersom zou komen te liggen, weet ik zeker dat je voor mij hetzelfde zou doen.'

Een tweede en potentieel gevaarlijker strategie is de waarde van het vorige cadeau opnieuw te benoemen voordat je op een later moment de ander een verzoek doet. Uiteraard moet je bij die aanpak goed op je woorden letten. Een uitlating als 'Weet je nog hoe goed ik je een paar weken geleden geholpen heb? Het wordt tijd om wat terug te doen, vriend!' is gedoemd te mislukken. Maar een voorzichtige herinnering, bijvoorbeeld door te polsen 'Heb je wat gehad aan het rapport dat ik je heb opgestuurd?' kan een nuttige uitspraak zijn voordat je je verzoek doet.

Hoewel er geen universele methode bestaat waarmee je andere mensen gegarandeerd kunt beïnvloeden, weten we zeker dat kennis van alle factoren die invloed hebben op de waardering van verleende gunsten een goed begin is. En als niets meer helpt, onthoud dan één eenvoudige regel van de dienstenruil: zoals je met honing meer vliegen vangt dan met azijn, zo zul je beslist meer gunsten vangen met een fles wijn die jarenlang heeft liggen rijpen dan met een oudbakken brood van vorige week.

14

Hoe kan een voet tussen de deur tot grote stappen leiden?

Stel je voor dat je een huis hebt in een welgestelde, lommerrijke buurt – het soort omgeving waar mensen trots zijn op hun strak geschoren heg, hun egaal gekleurde gazon en hun witte tuinhek dat strak in de verf staat. Het is een wijk waar makelaars nooit moeite hoeven doen om een huis te verkopen. Waarschijnlijk hebben ze eerder een wachtlijst van mensen die dolgraag in de wijk willen komen wonen. Stel je vervolgens voor dat er op een dag een lid van het buurtcomité 'Veiligheid op straat' bij je aanklopt met de vraag of je bereid bent om de campagne 'Rijd voorzichtig door onze wijk' te steunen door een fors bord van 2 bij 1 meter met het opschrift 'RIJD VOORZICHTIG' in je voortuin te plaatsen. Zijn verzekering dat er werklui komen om gaten te graven voor de palen waaraan het bord bevestigd wordt, zodat je het niet zelf hoeft te doen, is ook al niet erg geruststellend.

Hoeveel mensen zouden volgens jou op zo'n verzoek ingaan? Tijdens een experiment dat werd uitgevoerd door sociaal-psychologen Jonathan Freedman en Scott Fraser, ging 17 procent van de huiseigenaren in een chique woonwijk zoals hierboven omschreven op dit verzoek in. Maar verrassend genoeg wisten de onderzoekers bij een andere groep bewoners van 76 procent toestemming te krijgen door slechts één, schijnbaar onbenullige toevoeging aan hun verzoek. Wat was die toevoeging en wat leert die ons over werkzame overtuigingsmethoden?

Een andere onderzoeksmedewerker had deze andere groep bewoners twee weken voorafgaand aan dit belastende verzoek benaderd en gevraagd of ze bereid zouden zijn om een heel klein, tamelijk onopvallend affiche achter hun raam te plakken met de tekst 'RIJD VEILIG'. Omdat het zo'n bescheiden verzoek was, deden bijna al deze bewoners dat. Toen er twee weken later iemand aanbelde om te vragen of ze bereid waren om dat afzichtelijke bord op hun keurig gemaaide gazon neer te zetten, waren ze veel vaker geneigd om daarvoor toestemming te geven.

Maar waarom zou één extra verzoekje, een strategie die de onderzoekers de 'voet-tussen-de-deur-techniek' noemen, leiden tot zo'n verbijsterende toename van de bereidheid om dat veel grotere verzoek in te willigen? De gegevens wijzen erop dat de bewoners na hun instemming met het eerste verzoek zichzelf gingen beschouwen als voorstanders van een goede zaak zoals veilig rijgedrag. Toen deze huiseigenaren een paar weken later werden benaderd, waren ze gemotiveerd om te handelen in overeenstemming met deze perceptie van zichzelf als betrokken burgers.

Je kunt de voet-tussen-de-deur-techniek op allerlei terreinen toepassen, ook in de verkoop. Zo adviseert één scherpzinnige verkoopdeskundige: 'De achterliggende gedachte is om een weg voor de distributie van het hele assortiment te banen door te beginnen met een kleine bestelling. [...] Bekijk het eens op deze manier: als iemand een bestelling voor jouw artikel heeft geplaatst, is de winst weliswaar zo klein dat het nauwelijks opweegt tegen alle tijd en moeite die het kostte om bij hem langs te gaan. Toch is [hij of zij] nu geen potentiële klant meer, maar een echte klant.'

Als een bedrijf een klant niet eens kan overhalen tot één eerste aanschaf, kan deze op commitment en consistentie gebaseerde strategie op andere manieren worden toegepast. Zo zullen potentiële klanten die niet zo erg genegen zijn om je diensten te gebruiken dat eerder doen als je begint door hen te vragen een klein stapje te zetten, zoals instemmen met een eerste afspraak van tien minuten.

Zo kan ook een afdeling Marktonderzoek mensen overhalen om een enquête met een groot aantal vragen in te vullen door ze eerst te verzoeken om een korte enquête in te vullen. Freedman en Fraser voerden zelfs een experiment uit dat de juistheid van deze laatste bewering onderbouwt. Voor dat experiment belde een onderzoeksmedewerker huiseigenaren op met de vraag of ze aan een onderzoek wilden meewerken. Om precies te zijn, zei deze het volgende:

Het onderzoek houdt in dat vijf of zes medewerkers van ons bedrijf een keer 's ochtends bij u langskomen om in pakweg twee uur tijd alle huishoudelijke producten bij u in huis te tellen en te rubriceren. Ze moeten zich vrijelijk door uw huis kunnen bewegen om de kasten en bergruimten te doorzoeken. Al deze informatie zal vervolgens worden gebruikt voor het schrijven van rapporten voor onze gratis krant, *The Guide*.

22 procent van de huiseigenaren stemde in met dit erg veel overlast veroorzakende verzoek. Dat mag een wonder heten als je bedenkt dat je voor het bezorgen van zo veel overlast normaal gesproken een huiszoekingbevel nodig hebt!

De onderzoekers belden een tweede groep bewoners drie dagen vóór dit overlast bezorgende verzoek. In dit eerdere telefoongesprek werd de huiseigenaren het volgende gevraagd, waarvoor de overgrote meerderheid toestemming gaf:

We bellen u vanochtend met het verzoek of u een paar vragen kunt beantwoorden over de huishoudelijke producten die u gebruikt, zodat we deze informatie kunnen gebruiken voor onze gratis krant, *The Guide*. Zou u bereid zijn om ons voor dit onderzoek informatie te verstrekken?

En wat gebeurde er drie dagen later? Bijna 53 procent van deze huiseigenaars stemde in met het grotere verzoek.

Je kunt deze aanpak ook toepassen op twee van de meest onwillige doelgroepen die je waarschijnlijk ooit zult tegenkomen: je kinderen en jezelf. Onwillige kinderen, die heel goed zijn in het verzinnen van smoesjes om hun huiswerk niet te doen of hun kamer niet op te ruimen, zijn waarschijnlijk gemakkelijker over te halen als je hen eerst vraagt om een klein stapje in de goede richting te zetten. Zo kun je hen vragen om eventjes met jou aan hun huiswerk te werken of om een dierbaar stuk speelgoed terug te stoppen in zijn kist wanneer ze ermee zijn uitgespeeld. Zo lang ze het gevoel hebben dat ze uit vrije wil en niet onder dwang 'ja' hebben gezegd op je eerste verzoek, moet de psychologische dynamiek hen in de richting van goede rapportcijfers en schonere slaapkamers duwen.

Bij het beïnvloeden van jezelf zou je kunnen besluiten om niet een torenhoog en schijnbaar onhaalbaar doel te kiezen, bijvoorbeeld om je conditie te gaan opvijzelen, maar jezelf een opdracht te geven die zo klein is dat je geen smoes kunt verzinnen om die niet ten minste één keer uit te voeren: een blokje om lopen, bijvoorbeeld. Dat kan ertoe leiden dat je geleidelijk steeds gemotiveerder raakt om je hogere conditiedoelen te bereiken. Zoals Confucius zei: 'Een reis van duizend mijl begint met één enkele stap.' Er bestaat misschien geen betere methode om ervoor te zorgen dat je van de bank af komt en met grote sprongen vooruitgaat.

15

Hoe word je een Jedi-meester van sociale beïnvloeding?

In een ver verleden (ongeveer een kwart eeuw geleden, om precies te zijn), in een heelal hier heel ver vandaan, wist Luke Skywalker de ultieme vorm van ja-zeggen te bewerkstelligen: hij haalde Darth Vader over om zich tegen de slechte keizer te keren. Daarmee redde hij zijn eigen hachje en zorgde hij ervoor dat de hoop en vrede terugkeerden in het heelal. Welk sociaal beïnvloedingsprincipe hanteerde hij om hem over de streep te trekken en hoe kun je dat principe gebruiken als je een belangrijke Kracht in het bedrijfsleven wilt worden?

In de film *The Return of the Jedi*, de laatste aflevering van de reeks *Star Wars*-films, zit een scène waarin Luke Skywalker zich tot Darth Vader wendt met de woorden: 'Ik weet dat er nog steeds iets goeds in je schuilt. Er zit iets goeds in jou, ik voel het.' Is het voorstelbaar dat Vader door deze eenvoudige woorden werd overgehaald – of dat deze op zijn minst de kiem van de overreding bevatten – om over te steken naar de Lichte Kant? Volgens sociaalpsychologisch onderzoek is het antwoord op die vraag 'ja'.

Bij de strategie die in deze woorden wordt tentoongespreid, de zogenaamde etiketteertechniek, ken je iemand een eigenschap, houding, geloof of een ander etiket toe en doe je hem of haar vervolgens een verzoek dat overeenstemt met dat etiket. Onderzoekers Alice Tybout en Richard Yelch lieten op treffende wijze zien hoe je de etiketteertechniek kunt gebruiken om de kans te vergroten dat mensen tijdens de verkiezingen gaan stemmen. Ze ondervroegen een groot aantal potentiële stemmers en vertelden een willekeurig geselecteerde helft van die groep dat ze op basis van hun antwoorden konden worden omschreven als 'burgers met een bovengemiddelde kans om te gaan stemmen en deel te nemen aan politieke gebeurtenissen'. Tegen de andere helft van de ondervraagden werd gezegd dat ze konden worden omschreven als mensen met min of meer gemiddelde politieke belangstelling, opvattingen en gedrag. De respondenten die het etiket kregen opgeplakt dat ze goede burgers waren die zeer waarschijnlijk zouden gaan stemmen, gingen zichzelf niet alleen beschouwen als betere burgers dan de mensen die het etiket 'gemiddeld' kregen, ze hadden ook 15 procent meer kans dat ze een week later tijdens de verkiezingen inderdaad gingen stemmen.

Uiteraard beperkt de etiketteertechniek zich niet tot politieke kwesties zoals de verkiezing van de nieuwe Amerikaanse president of, zoals bij Luke Skywalker, het afzetten van de keizer. Er zijn verschillende manieren waarop je deze techniek kunt toepassen op zakelijke transacties en andere vormen van sociale interactie. Stel bijvoorbeeld dat op je werk een teamlid weinig vooruitgang boekt met een bepaald project waarover je hem de leiding hebt gegeven. Misschien gelooft je teamlid niet langer in zijn vermogen om te doen wat er voor het project moet gebeuren. Ervan uitgaand dat je nog steeds gelooft dat hij die klus aankan, is het zinvol om hem eraan te herinneren wat een noeste werker en wat een doorzetter hij is. Je zou zelfs voorbeelden kunnen noemen van eerdere gelegenheden waarbij hij vergelijkbare problemen heeft overwonnen en een mooi resultaat heeft neergezet. Docenten, trainers en ouders kunnen deze etiketteerstrategie gebruiken om wenselijk gedrag te stimuleren door hun toehoorder te zeggen dat ze hem of haar beschouwen als iemand die juist opbloeit wanneer hij of zij wordt uitgedaagd. Deze strategie werkt zowel bij volwassenen als bij kinderen. Zo bleek uit een onderzoek dat een van ons samen met enkele collega's deed het volgende: als een leraar tegen zijn leerlingen zei dat hij hen inschatte als kinderen die het belangrijk vonden dat ze een mooi handschrift hadden, die kinderen een groter deel van hun vrije tijd besteedden aan het oefenen van hun handschrift – zelfs als ze dachten dat niemand op hen lette.

Ook de band tussen een bedrijf en zijn klanten kan op deze manier worden verstevigd. Je bent misschien wel bekend met de wijze waarop veel luchtvaartmaatschappijen hun voordeel doen met dit principe. Als de hoofdstewardess aan het eind van de vlucht tegen de passagiers zegt: 'We weten dat u uit diverse maatschappijen kunt kiezen, dus bedankt dat u voor ons gekozen hebt,' gebruikt ze een afgeleide van de etiketteertechniek. Indirect zegt ze dat als er zo veel opties zijn, ze vast een goede reden hadden om deze luchtvaartmaatschappij te kiezen. Omdat ze een etiket krijgen opgeplakt dat ze die luchtvaartmaatschappij betrouwbaar vinden, gaan de passagiers zichzelf beschouwen als mensen die nog meer vertrouwen hebben in hun eigen keuze (en in de luchtvaartmaatschappij). Je kunt deze techniek ook toepassen door je klanten eraan te herinneren dat hun besluit om met jouw bedrijf in zee te gaan, blijk geeft van vertrouwen in je bedrijf, en hen te zeggen dat je hun vertrouwen op prijs stelt en dat je het niet zult beschamen.

Bedenk alleen wel dat, hoe verleidelijk het ook is om met deze strategie over te gaan naar de Duistere Kant, je hem net als alle andere beïnvloedingsstrategieën alleen op een ethische manier mag gebruiken. Met andere woorden, alleen wanneer de karaktereigenschap, houding, opvatting of welk etiket je ook opplakt de natuurlijke vermogens, ervaringen of persoonlijkheid van de toehoorder juist weergeeft. Maar we weten natuurlijk dat je deze strategie nooit op een onethische manier zou gebruiken. We voelen immers dat er veel goeds in je schuilt.

16

Hoe vergroot een simpele vraag de steun voor jou en je ideeën?

Elke politicus kan je vertellen dat politieke kandidaten in verkiezingstijd onder enorme druk staan, niet alleen moeten ze manieren verzinnen waarop ze de kiezers kunnen overtuigen van hun kwaliteiten, ze moeten ook verzinnen hoe ze die kiezers op de dag van de verkiezingen naar het stemhokje lokken. Terwijl, althans in de Verenigde Staten, sommige campagneleiders steeds meer geld pompen in tv-spotjes, mailings en mediaoptredens, zal de werkelijk slimme kandidaat – die waarschijnlijk ook de verkiezing gaat winnen – proberen om niet alleen de kunst van het overtuigen, maar ook de wetenschap van het overtuigen voor zijn karretje te spannen.

Een onthutsende gebeurtenis tijdens de Amerikaanse presidentsverkiezingen van 2000, toen een verschil van slechts 537 stemmen de doorslag gaf, heeft ervoor gezorgd dat men beter dan ooit beseft dat werkelijk elke stem telt. Tijdens die beruchte verkiezingen, toen de media en de Verenigde Staten als geheel in de ban waren van talloze controversen, had zelfs de kleinste verbetering van de opkomst voor een van beide partijen een enorme invloed op de uitslag kunnen hebben. Welke eenvoudige strategie had de aanhang van beide zijden naar het stemhokje kunnen lokken?

Het antwoord is dat je potentiële stemmers alleen maar hoeft te vragen om te voorspellen of ze op de verkiezingsdag gaan stemmen en om een reden op te geven voor die voorspelling. Toen sociale wetenschapper Anthony Greenwald en zijn collega's deze techniek op de vooravond van zo'n verkiezingsdag uitprobeerden op potentiële stemmers, bleek dat de opkomst van mensen die gevraagd was om zo'n voorspelling te doen 25 procent hoger lag dan de opkomst van mensen aan wie dat niet gevraagd was (86,7 procent tegenover 61,5 procent).

Bij deze techniek spelen twee belangrijke psychologische stappen een rol. Ten eerste, als je mensen vraagt om te voorspellen of ze in de toekomst sociaal wenselijk gedrag zullen vertonen, voelen ze zich gedwongen om 'ja' te zeggen, omdat het sociaal wenselijk is om dat te zeggen in zo'n situatie. Omdat de samenleving er veel belang aan hecht dat mensen gaan stemmen, is het heel moeilijk voor respondenten om zich daaraan te onttrekken en te zeggen dat ze niet van plan zijn om te gaan stemmen, maar thuis naar een tv-programma over burgerlijke verantwoordelijkheid gaan kijken. Het zal dan ook niemand verbazen dat tijdens dit onderzoek 100 procent van de respondenten aan wie gevraagd werd om een voorspelling te doen over hun stemgedrag, beweerde inderdaad te gaan stemmen.

Ten tweede, nadat de meeste van deze mensen (zo niet allemaal) publiekelijk hebben verklaard dat ze sociaal wenselijk gedrag zullen vertonen, zijn ze gemotiveerd om zich te gedragen overeenkomstig de belofte die ze zojuist hebben gedaan. Zo wist een restauranteigenaar het percentage wegblijvers (mensen die een tafel hadden gereserveerd, maar niet kwamen opdagen en ook niet afbelden) aanzienlijk te verminderen door de receptionist iets anders te laten zeggen als ze een reservering noteerde. In plaats van te zeggen: 'Alstublieft, bel als u moet afzeggen' vroeg ze: 'Wilt u ons alstublieft opbellen als u moet afzeggen?' Uiteraard deden bijna alle klanten de toezegging te bellen door die vraag met 'ja' te beantwoorden. Maar nu komt het: vervolgens hadden ze de behoefte om zich aan hun belofte te houden. Het percentage wegblijvers daalde van 30 procent naar 10 procent.

Politieke kandidaten kunnen dus op heel eenvoudige wijze zorgen dat meer van hun aanhangers naar het stemhokje gaan: door de mensen die zichzelf aanhanger noemen te laten opbellen door vrijwilligers die hen vragen of ze bij de volgende verkiezingen gaan stemmen en wachten tot ze 'ja' hebben gezegd. Als de beller vervolgens zegt: 'Dan noteren we uw "ja" en ik zal het ook aan de anderen doorgeven', dan bevat die toezegging drie componenten die het commitment van die persoon kunnen versterken: de toezegging wordt vrijwillig, actief en aan andere mensen bekendgemaakt.

Welke lessen uit dit onderzoek kun je met succes toepassen

op je werk en in de rest van de samenleving? Stel dat je overweegt om mee te doen aan een sponsorloop voor je favoriete non-profitorganisatie, maar dat je geen zin hebt om je op te geven voordat je er redelijk zeker van bent dat je een hoop donaties krijgt. Door je familie, vrienden en collega's te vragen of ze iets zouden doneren, krijg je niet alleen een indruk van hun aanvankelijke steun voor je plan, maar vergroot je ook de kans dat ze ook echt iets doneren als je besluit om aan de sponsorloop mee te doen.

Nog een voorbeeld van deze strategie. Stel je voor dat je teamleider bent en beseft dat het succes van een nieuw initiatief niet alleen afhangt van de mondelinge steun van de andere teamleden, maar ook van het omzetten van die mondelinge steun in betekenisvolle actie. In plaats van je teamleden alleen maar uit te leggen welke voordelen zij zelf kunnen behalen door een bepaald initiatief te steunen, moet je hen ook vragen of ze een dergelijk initiatief willen steunen en wachten tot ze 'ja' hebben gezegd. Nadat ze hebben ingestemd, moet je hen vragen om de redenen voor hun steun aan het initiatief te omschrijven.

Wat je rol ook is, manager, docent, vertegenwoordiger, politicus of fondsenwerver, als je deze strategie hanteert, denken wij dat je zult ontdekken dat je op nog meer steun kunt rekenen, in de vorm van een krachtige motie van vertrouwen.

17

Wat is het werkzame bestanddeel van langdurige relaties?

De Amway Corporation, een van de meest winstgevende direct sellers in Amerika, stuwt zijn verkoopmedewerkers op tot grotere hoogten door middel van het volgende advies:

> Eén laatste tip voordat je begint: Kies een doel en schrijf het op. Wat je doel ook is, het belangrijkste is dat je het kiest, zodat je iets hebt om op te mikken – en dat je het opschrijft. Dingen opschrijven heeft iets magisch. Dus kies een doel en schrijf het op. Als je dat doel bereikt hebt, kies je een ander doel en schrijf je dat op. Het zal je vleugels geven.

Waarom is het opschrijven van je doelstellingen zo'n goede methode om je commitments sterker te maken, zelfs wanneer de inhoud van wat je opschrijft privé blijft?

Eenvoudig gezegd: commitments die actief gedaan worden, houden langer stand dan commitments die passief worden gedaan. In een recent onderzoek naar de kracht en de subtiliteit van actieve commitments, zochten sociale wetenschappers Delia Cioffi en Randy Garner onder studenten naar vrijwilligers voor een aidsvoorlichtingsproject op scholen in de stad. De onderzoekers richtten het onderzoek zo in dat de studenten een van twee verschillende verzamelingen instructies kregen. Tegen studenten die actieve instructies kregen, werd gezegd dat als ze zich wilden opgeven, ze dat kenbaar moesten maken door een formulier in te vullen waarin stond dat ze bereid waren om mee te werken. Tegen studenten die passieve instructies ontvingen, werd gezegd dat ze zich moesten opgeven door een formulier waarop stond dat ze niet bereid waren om mee te werken niet in te vullen.

De onderzoekers ontdekten dat de percentages die zich als vrijwilliger opgaven niet varieerden als gevolg van de uitnodiging om actief dan wel passief te reageren. Toch was er een enorm verschil in de percentages die enkele dagen later daadwerkelijk kwamen opdagen om aan het project deel te nemen. Van degenen die passief hadden ingestemd om mee te werken, verscheen slechts 17 procent ook echt zoals beloofd. En hoe zat het met de studenten die hun deelname op een actieve manier hadden toegezegd? Daarvan hield 49 procent zich aan zijn belofte. Al met al bestond de grote meerderheid van degenen die zoals gepland kwamen opdagen (74 procent), uit mensen die actief hadden laten weten aan het programma mee te werken.

Waarom zijn toezeggingen die opgeschreven worden (en daarom in actieve vorm gedaan worden) zo veel beter in het aanzetten tot medewerking? Mensen oordelen over zichzelf aan de hand van observaties van hun eigen gedrag, en ze vormen hun mening over zichzelf meer aan de hand van wat ze doen dan op basis van wat ze nalaten. Deze verklaring wordt ondersteund door de ontdekking van Cioffi en Garner dat degenen die zich actief hadden aangemeld hun beslissing vaker toeschreven aan hun eigen karaktereigenschappen, voorkeuren en idealen dan degenen die zich op een passieve manier als vrijwilliger hadden opgegeven.

Wat kunnen actief gedane beloftes betekenen voor je overredingspogingen? Stel dat het nieuwjaar is, het moment waarop velen van ons traditiegetrouw zeer specifieke beloften doen: de zogenaamde goede voornemens. Je voornemens opschrijven en gedetailleerd beschrijven, in plaats van er alleen maar aan te denken, en bovendien beschrijven welke stappen je zult nemen om je voornemens te realiseren, kan heel nuttig voor je zijn, vooral als je vervolgens die opgeschreven voornemens aan je vrienden en familie laat zien.

Als je manager van een verkoopafdeling bent en de leden van je team vraagt om hun doelstellingen op te schrijven, zal dat hun commitment aan die doelen en uiteindelijk de prestaties van het hele team ten goede komen. Het is ook zinnig om tijdens vergaderingen ervoor te zorgen dat de aanwezigen noteren en aan de anderen vertellen welke actie ze hebben beloofd te zullen ondernemen.

Een voorbeeld uit de detailhandel biedt ook een treffende illustratie van de macht van het opschrijven. Veel winkels bieden klanten de mogelijkheid om de betaling van producten over een aantal maanden of zelfs jaren uit te spreiden door zich op te geven voor een creditcard van de winkel of een ander financieel product. Winkeliers zijn tot de ontdekking gekomen dat klanten zo'n overeenkomst minder vaak annuleren als ze zelf het aanvraagformulier invullen, en dat niet door de verkoper laten doen. Deze data laten zien dat je, om het commitment ten aanzien van initiatieven die je samen met klanten en zakenpartners neemt te maximaliseren, ervoor zou moeten zorgen dat alle partijen een actieve rol spelen in het invullen van de bijbehorende contracten.

Actieve beloftes kunnen ook uitstekend van pas komen in de gezondheidszorg. In de afgelopen jaren werd vanuit de gezondheidszorg regelmatig gemeld dat meer patiënten dan ooit tevoren niet op de afgesproken tijd op hun afspraak verschenen. Uit een onderzoek naar de Britse National Health Service blijkt zelfs dat er in één jaar tijd zeven miljoen afspraken door patiënten werden gemist – een verbijsterend aantal met enorme consequenties, zowel voor de financiën van de gezondheidszorg als voor de volksgezondheid. Hoe zouden actieve beloftes kunnen worden ingezet om dit probleem te verminderen? Wanneer je een afspraak maakt voor je volgende bezoek – of dat nu een standaardcontrole is of een belangrijke operatie – noteert doorgaans de receptionist of de administratief medewerker van de afdeling de datum en tijd van die volgende afspraak op een kartonnen kaartje. Bij die gang van zaken speelt de patiënt eerder een passieve dan een actieve rol. De patiënten verzoeken om die kaart zelf in te vullen zou een effectieve en goedkope strategie kunnen zijn om het percentage wegblijvers te verminderen.

Ten slotte: net als bij veel andere methoden die in dit boek beschreven worden, kunnen actieve toezeggingen er ook voor zorgen dat mensen in ons priveleven vaker doen wat wij willen. Een bescheiden, maar psychologisch significante actie zoals onze kinderen, buren, vrienden en vriendinnen, partners of zelfs onszelf een actieve, geschreven toezegging laten doen, kan vaak het verschil uitmaken tussen anderen effectief beïnvloeden en hen welgemeende beloftes ontlokken waaraan ze zich, om welke reden dan ook, toch nooit zullen houden.

18

Hoe bestrijd je consequentheid met consequentheid?

Volgens Oscar Wilde is 'consequentheid de laatste vluchthaven van de fantasielozen'. En de al even misprijzende Ralph Waldo Emerson zei: 'Een dwaze consequentheid is de boeman der kleingeestigen.' En ten slotte merkte Aldous Huxley op: 'De enige mensen die echt consequent zijn, zijn dood.' Waarom is de kans groter dat die beroemde schrijvers deze uitspraken deden toen ze jonge broekjes waren in plaats van wijze oude mannen, en wat betekent dat voor je pogingen om anderen te overreden?

Ondanks de mening van deze auteurs vinden veel mensen, zoals we al eerder in dit boek beschreven, het meestal prettig als hun gedrag overeenstemt met hun eerdere houdingen, uitspraken, waarden en daden. Maar hoe verandert deze geneigdheid met het stijgen der jaren? Samen met de sociaal-psycholoog Stephanie Brown en een andere collega heeft een van ons een onderzoek uitgevoerd waaruit bleek dat mensen een grotere voorkeur voor consequentheid en consistentie krijgen naarmate ze ouder worden. Dat komt waarschijnlijk doordat inconsistentie emotioneel ontregelend kan zijn, en oudere mensen een grotere behoefte hebben om emotioneel ontregelende ervaringen te mijden.

Die ontdekking heeft verstrekkende gevolgen voor de manier waarop je oudere mensen het best kunt beïnvloeden. Stel bijvoorbeeld dat je werkt voor een bedrijf dat een reeks nieuwe producten voor een wat ouder publiek op de markt probeert te brengen. Volgens dit onderzoek zal dat oudere deel van de bevolking zich meer verzetten tegen verandering dan anderen, aangezien veranderingen senioren het gevoel bezorgen dat hun daden niet langer overeenstemmen met hun commitments uit het verleden. In dat geval doe je er verstandig aan om in je reclame-uitingen te benadrukken dat de aanschaf en het gebruik van het product aansluit op de bestaande waarden, opvattingen en gewoonten van de doelgroep. Die les kun je ook toepassen op andere terreinen, zoals het overhalen van een oude rot binnen je kantoorteam om op een nieuw systeem over te stappen, of zelfs je bejaarde ouders zo ver krijgen dat ze hun medicijnen innemen.

Maar kun je er echt zo gemakkelijk voor zorgen dat mensen hun oude gedrag loslaten – gewoon door ze te zeggen dat het nieuwe gedrag dat jij propageert aansluit op hun waarden, opvattingen en gedrag van vroeger? In hun optiek is het consequent vasthouden aan hun oude beslissingen waarschijnlijk iets positiefs. En we weten allemaal hoe frustrerend de omgang is met mensen die doorlopend inconsequent zijn, constant van gedachten veranderen en zich gemakkelijk laten beïnvloeden door iedere reclameboodschap die ze horen.

Als je met zulke mensen te maken hebt, moet je ze er niet alleen op wijzen dat jouw suggestie in het verlengde ligt van datgene waarvan ze vroeger hebben beweerd dat ze het belangrijk vonden. Om helemaal zeker te weten dat je boodschap optimaal overtuigt, moet je ze niet alleen ontslaan van hun eerdere commitment, maar ook zorgen dat je hun beslissing van toen niet als een vergissing afschildert. Wellicht is de meest productieve aanpak om de vorige beslissing te loven en te omschrijven als 'de juiste keuze op dat moment'. Erop wijzen dat vroeger gemaakte keuzen de juiste waren, 'gezien het bewijs en de informatie die toen beschikbaar waren', kan ervoor zorgen dat ze die commitments loslaten en oog krijgen voor jouw suggestie, zonder dat ze bang hoeven te zijn dat ze gezichtsverlies lijden of inconsequent zijn.

Na zo'n 'voor-overtuigende' verklaring kan je volgende boodschap, die nog steeds strookt met hun overkoepelende waarden, opvattingen en gedrag, vleugels krijgen. Zoals een schilder een doek prepareert voordat hij begint te schilderen, zoals een arts zijn instrumenten klaarlegt voordat hij gaat opereren of zoals een trainer zijn of haar team op de wedstrijd voorbereidt, zo dient ook een overtuigende oproep te worden voorbereid. Soms moet je voor een dergelijke voorbereiding niet alleen bedenken hoe je de boodschap zult presenteren, maar ook aandacht schenken aan boodschappen en reacties uit het verleden. Ze zeggen wel dat je een paard het best kunt berijden met je neus in de richting die het paard op gaat. Alleen door eerst jezelf op één lijn te krijgen met de richting van het paard kun je het langzaam en doelbewust de kant op sturen waar jij heen wilt. Een poging om het paard ineens de goede kant op te sjorren, zal je alleen maar afmatten. En het enige wat je daarmee bereikt, is dat het paard van slag raakt.

19

Welke overtuigende tips kun je aan Benjamin Franklin ontlenen?

Benjamin Franklin, die in 1706 werd geboren, geniet faam als schrijver, politicus, diplomaat, wetenschapper, uitgever, filosoof en uitvinder. Als politicus heeft hij, wellicht meer dan wie dan ook, de idee van de Amerikaanse natie uitgevonden. Tijdens de Amerikaanse vrijheidsstrijd sloot hij als diplomaat een bondgenootschap met Frankrijk, dat de onafhankelijkheid mede mogelijk heeft gemaakt. Als wetenschapper deed hij belangrijke ontdekkingen en ontwikkelde hij theorieën over de elektriciteit. En als uitvinder was hij verantwoordelijk voor de uitvinding van de dubbel geslepen brillenglazen, de odometer en de bliksemafleider. Maar wat hij ontdekte over hoe je het respect van je tegenstanders kunt verdienen – door hen ongemak te bezorgen, nog wel – sloeg misschien wel het meest in van al zijn ontdekkingen.

Toen Franklin in Pennsylvania lid van het parlement was, zat hij behoorlijk in zijn maag met de onverzettelijke politieke tegenstand en vijandigheid van een andere parlementariër. Franklin heeft zelf uitstekend uitgelegd hoe hij erin slaagde om het respect en zelfs de vriendschap van deze man te verdienen:

> Het was echter niet mijn doel om bij hem in de gunst te komen door op onderdanige wijze mijn respect aan hem te betonen, maar na enige tijd nam ik mijn toevlucht tot deze andere methode. Omdat ik vernomen had dat hij een bepaald zeer zeldzaam en curieus boek in zijn bibliotheek had staan, schreef ik hem een briefje waarin ik uiting gaf aan mijn wens om dat boek in te zien, en hem verzocht zo vriendelijk te willen zijn om mij dat boek enkele dagen te lenen. Hij stuurde het onverwijld en ik zond het ongeveer een week later terug met een

tweede briefje, waarin ik krachtig uiting gaf aan mijn waardering van die gunst. Bij de volgende gelegenheid dat we elkaar in het parlement tegenkwamen, sprak hij me aan (wat hij nog nooit eerder gedaan had), en met grote hoffelijkheid nog wel; en sindsdien heeft hij altijd blijkgegeven van zijn bereidheid om me in alle kwesties van dienst te zijn, waardoor wij goede vrienden werden, en onze vriendschap tot zijn dood voortduurde. Dit is opnieuw een voorbeeld van de waarheid van een oud gezegde dat ik ooit heb geleerd en dat luidt: 'Hij die jou een gunst verleend heeft, zal je eerder een tweede gunst verlenen dan iemand die bij jou in het krijt staat.'

Een eeuw later namen gedragswetenschappers Jon Jecker en David Landy zich voor om uit te zoeken of Franklin gelijk had. In een van hun onderzoeken wonnen de deelnemers tijdens een spelletje wat geld van de onderzoeker. Na afloop werd de ene groep deelnemers door de onderzoeker benaderd met het verzoek om het geld terug te geven, omdat hij alles uit eigen zak had betaald en hij weinig geld over had. (Bijna iedereen deed dat.) Aan de andere groep deelnemers stelde hij die vraag niet. Vervolgens werd alle deelnemers anoniem in een enquête gevraagd hoe aardig ze de onderzoeker vonden.

Werd de strategie van Franklin, hoe onlogisch die ook klinkt, door dit experiment bevestigd? Nou, reken maar. Jecker en Landy ontdekten dat de mensen die om een gunst waren gevraagd de onderzoeker sympathieker vonden dan degenen aan wie niet gevraagd was om het geld terug te geven.

Hoe kwam dat? Uit andere onderzoeken weten we dat mensen sterk gemotiveerd zijn om hun houding te veranderen op manieren die overeenstemmen met hun gedrag. Toen de tegenstander van Franklin tot zijn eigen verbazing een gunst verleende aan iemand die hij niet graag mocht, heeft hij waarschijnlijk tegen zichzelf gezegd: 'Waarom sloof ik me zo uit voor deze man, die ik niet eens aardig vind? Misschien is Franklin toch niet zo'n kwaaie vent. Bij nader inzien heeft hij best een paar goede eigenschappen...'

De strategie van Franklin leent zichzelf voor het beïnvloeden van relaties in allerlei verschillende situaties. Zo komt het regelmatig voor dat je hulp nodig hebt van een collega, buurman of buurvrouw die, om wat voor reden dan ook, geen erg hoge dunk van je heeft. Je zult misschien beschroomd zijn om die ander om een gunst te vragen omdat je bang bent dat hij of zij je dan nog minder aardig zal vinden. In plaats van hulp te vragen, stellen veel mensen zo'n verzoek uit, waardoor ze de klus waar ze aan werken niet op tijd afkrijgen. De uitkomst van dit onderzoek geeft aan dat die schroom onterecht is.

Bij sommige vervelende mensen moet je inderdaad nogal wat moed bij elkaar rapen om hen om een gunst te vragen. Maar denk erom: als je contact (of je gebrek aan contact) met deze persoon tot nu toe niets heeft opgeleverd, is het ergste wat je kan overkomen dat je zult eindigen met datzelfde niets. Probeer het maar. Je hebt letterlijk niets te verliezen.

20

Wanneer kan een klein beetje vragen veel opleveren?

Het was waarschijnlijk iemand met een klein postuur die als eerste zei: 'Klein is fijn.' Maar wie die kreet ook heeft verzonnen, het zal duidelijk zijn dat hij of zij begreep dat je bergen kunt verzetten door het klein te houden.

In dit boek hebben we voortdurend geprobeerd bewijs aan te dragen ter ondersteuning van onze stelling dat je mensen op een effectieve en ethische manier zo ver kunt krijgen dat ze 'ja' zeggen. Maar in sommige situaties is het ook belangrijk om in te zien waarom mensen 'nee' zeggen tegen een redelijk verzoek, zoals een verzoek om geld te geven voor een erkend goed doel.

Dat is namelijk wat een van ons met een aantal collega's heeft geprobeerd uit te zoeken. We dachten dat als je collecteert, zelfs mensen die graag het goede doel zouden steunen 'nee' zeggen, omdat ze zich niet kunnen veroorloven om veel te geven en denken dat het kleine bedrag dat ze zich wel kunnen veroorloven weinig uithaalt. Op grond van die redenatie dachten we dat het mogelijk moest zijn om die mensen over te halen om toch iets te geven, door duidelijk te maken dat zelfs een minuscuul bedrag kan bijdragen aan het goede doel, en zo kleine giften te legitimeren.

Om die hypothese te beproeven, gingen onze onderzoeksmedewerkers de deuren langs om te collecteren voor de Amerikaanse kankerbestrijding. Na zich te hebben voorgesteld, vroegen ze de bewoners: 'Wilt u iets bijdragen door wat geld te geven?' Bij de helft van de bewoners eindigde het verzoek daarmee. Maar bij de andere helft zeiden de onderzoeksmedewerkers vervolgens: 'Elke cent is meegenomen.'

Tijdens de analyse van de resultaten ontdekten we dat dit minuscule koperen muntje zijn gewicht in overtuigend goud waard was. Onze hypothese was juist: in de helft van de steekproef met de tekst 'elke cent is meegenomen' gaven mensen gemiddeld bijna twee keer zo vaak iets voor het goede doel (50 procent tegenover 28,6 procent).

Op het eerste gezicht bewijst het onderzoek dat als je hulp van andere mensen nodig hebt, het waarschijnlijk doeltreffend is om gewoon aan te geven dat je een kleine bijdrage ook aanvaardbaar en waardevol vindt. Maar zou het ook kunnen dat de 'elke cent is meegenomen'-strategie negatief uitpakt? Ook al gaven bijna tweemaal zo veel mensen iets wanneer hen gezegd werd dat elke cent meegenomen was, het is ook mogelijk dat ze minder gaven, minder dan ze normaal gesproken gegeven zouden hebben, en minder dan de mensen uit de andere helft van de steekproef. Om te controleren of dit zo was, bekeken we de hoogte van de gedoneerde bedragen en ontdekten we tot onze vreugde dat er geen verschil bestond in het gemiddelde bedrag per gever. Dit betekent dat het 'elke cent is meegenomen'-verzoek betere resultaten oplevert dan een standaardverzoek: niet alleen geeft een groter aantal mensen geld, maar er wordt ook een hoger totaalbedrag opgehaald. Zo haalden we tijdens ons onderzoek per honderd mensen aan wie we iets vroegen 72 dollar op bij de eerste helft van de steekproef, en slechts 44 dollar bij de andere helft.

Je kunt de 'elke cent is meegenomen'-benadering op verschillende manieren toepassen in je werksituatie. Tegen collega's die overwegen om mee te helpen met een wijkproject kun je zeggen: 'Elk uurtje dat je meehelpt, is meegenomen.' Tegen een collega met een onleesbaar handschrift kun je zeggen: 'Iets meer duidelijkheid is meegenomen.' En tegen een druk bezette potentiële klant wiens wensen nog niet helemaal duidelijk zijn: 'Zelfs een kort eerste telefoontje kan zinvol zijn.' Er is een goede kans dat dit stapje in jouw richting helemaal niet zo klein blijkt te zijn.

21

Hoog of laag beginnen? Wat maakt dat mensen kopen?

Wat kunnen we van uiteenlopende voorwerpen als een stukje kauwgom waarop Britney Spears gekauwd heeft, een herdenkingsplaat voor Grote Smurf of een kapotte laserpointer opsteken over de meest effectieve manier om goederen en diensten te verkopen via een competitief biedingsproces? Onderzoeken hoe mensen hun 'schatten' op eBay presenteren kan bijzonder verhelderend zijn.

eBay Inc. is het bedrijf achter eBay.com, de veiling- en winkelwebsite waar mensen en bedrijven wereldwijd spullen en diensten kopen en verkopen. Het werd in 1995 in San Jose in Californië opgericht door de computerprogrammeur Pierre Omidyar die het adviesbureau Echo Bay Technology Group runde. Toen hij de website van zijn bureau wilde registreren, merkte hij dat de naam 'echobay.com' al was vergeven aan de goudmijnonderneming Echo Bay Mines, en dus kortte hij de naam van zijn bedrijf in, en aldus werd ebay.com geboren. Het allereerste voorwerp dat op eBay verscheen was Omidyars eigen kapotte laserpointer, die hij uiteindelijk voor 14,83 dollar verkocht. Aangezien hij er nogal van opkeek dat iemand zoiets zou willen hebben, nam hij contact op met de gelukkige winnaar om hem te vragen of hij wel besefte dat de laserpointer stuk was. De reactie op zijn e-mail luidde: 'Ik verzamel kapotte laserpointers.'

In 2006 ging er bij eBay zo'n vier miljard euro aan verkopen om op een website waar je inmiddels zo ongeveer alles kunt krijgen wat je je maar kunt voorstellen, en soms zelfs spullen die je voorstellingsvermogen ruimschoots te boven gaan. In de afgelopen jaren zijn op eBay onder andere het originele Hollywood-bord en een van de boormachines die bij de Kanaaltunnel zijn gebruikt onder de hamer gegaan. Een man uit Arizona zag kans zijn veelgeprezen luchtgitaar voor vijfenhalve dollar te verkopen, ondanks dat hij de mensen erop wees dat ze in feite niets kochten, en in 2005 verkocht de blijkbaar tot grote woede gedreven echtgenote van een Engelse radio-dj diens geliefde Lotus Esprit sportwagen voor een 'nu of nooit'-prijsje van vijftig penny nadat ze hem op de radio met een model had horen flirten. De wagen was binnen vijf minuten weg.

Het is overduidelijk dat eBay een enorm succesvol zakelijk model heeft ontdekt, gebaseerd op veilen via internet. Intussen hebben heel wat bedrijven vergelijkbare modellen ingezet om met behulp van biedingsprocessen en -systemen offertes binnen te halen en wederverkopers uit te kiezen. Er zijn inherente gelijkenissen tussen het biedingsproces bij een internetveiling en het proces dat zich voltrekt tussen concurrerende bedrijven, en daarom kan observeren hoe verkopers hun spullen het meest succesvol verkopen op websites als eBay ons heel wat leren over de manier waarop je als bedrijf het beste om kunt gaan met een competitief biedingsproces.

Gedragswetenschapper Gillian Ku en haar collega's opperden dat je als de beginprijs hoog is als potentiële koper eerder geneigd zult zijn te denken dat een voorwerp veel waard is dan wanneer die laag is. Ze hadden wel ernstige twijfels over de vraag of de toename in waargenomen waarde die gepaard gaat met een hogere startprijs uiteindelijk wel tot een hogere verkoopprijs zou leiden. Naar hun mening zou een lagere startprijs om drie redenen uiteindelijk tot een hogere verkoopprijs leiden.

Om te beginnen is dat omdat startprijzen bij veilingen als een soort drempel voor deelname functioneren, en dus zal een lagere startprijs meer mensen aanmoedigen om op een voorwerp te bieden. Ten tweede zal de toegenomen handel die zo'n lagere openingsprijs veroorzaakt (tot uitdrukking komend in het aantal biedingen en het aantal verschillende bieders) als een soort sociaal bewijs voor nieuwe potentiële bieders werken. Met andere woorden: mensen die overwegen op een bepaald voorwerp te gaan bieden waarvan de startprijs laag was, zullen aan het feit dat zoveel meer mensen erop aan het bieden zijn de sociale bevestiging ontlenen dat het voorwerp waardevol is, en die bevestiging zal ze ertoe aanzetten om mee te gaan doen. Ten derde zullen bieders op voorwerpen met een lage startprijs, en dan vooral degenen die vroeg zijn ingestapt, meer tijd en energie steken in het bijwerken van hun biedingen; ze zullen de tijd en de energie die ze er al in hebben gestoken willen rechtvaardigen en dus meer geneigd zijn hun best te blijven doen om de bieding ook echt te winnen door te blijven bieden en hun bod voortdurend te verhogen.

Uit deze onderzoeksresultaten kun je afleiden dat als je je bezighoudt met het aanbieden van goederen of diensten via een competitief biedingsproces, je de uiteindelijke verkoopprijs zou kunnen opvoeren door op een tamelijk lage prijs met bieden te beginnen. Helaas is er echter wel een uitermate belangrijk voorbehoud waar je rekening mee moet houden: de onderzoekers stelden vast dat de component van het sociale bewijs een cruciale factor is, wil zo'n lagere startprijs effectief zijn. Als de handel in een bepaald product gehinderd wordt door bijvoorbeeld een foute spelling van de naam van het voorwerp – waardoor het aantal potentiële bieders die het voorwerp met een normale zoekopdracht zullen vinden aanzienlijk wordt beperkt – is zo'n lagere openingsprijs veel minder effectief. Dat impliceert dat de lagere startprijs een effectief middel is als de kans bestaat dat veel bieders in je producten zijn geïnteresseerd, en dat het het minst effectief is wanneer er slechts tussen twee partijen geboden wordt.

Deze aanpak zal je misschien geen miljoenen extra opleveren voor de spulletjes die jouw bedrijf produceert of de verzameling antieke vingerhoedjes van de familie, maar op zijn minst zou je er genoeg aan moeten overhouden om op die luchtgitaar te bieden, als die weer eens in de verkoop gaat.

22

Hoe schep je op zonder dat ze je een opschepper vinden?

Als je ook maar een beetje op de meeste andere mensen lijkt, wil je het iedereen vertellen als jij het beste weet hoe het zit. Maar ook als je alle reden hebt om jezelf te presenteren als autoriteit op een bepaald gebied, sta je nog voor een dilemma: wanneer je probeert je kennis uit te dragen en anderen voor jouw overtuigingen te winnen, kom je al gauw over als opschepperig en zelfingenomen. Het resultaat kan zijn dat anderen je minder aardig vinden en wellicht zelfs minder geneigd zullen zijn om je advies op te volgen. Maar wat moet de ware deskundige dan doen, als ongegeneerd reclame maken voor jezelf een slecht idee is?

Een mogelijkheid is iemand namens jou te laten spreken. Dat is een aanpak die al jaren wijd en zijd in zwang is bij sprekers, schrijvers, performers en anderen die in het openbaar communiceren. Als je een ander jouw deskundigheid en kwalificaties laat beschrijven, zal het publiek eerder bereid zijn aan te nemen dat er geluisterd moet worden naar wat jij te zeggen hebt, en tegelijkertijd vermijd je de schade die je jezelf kunt berokkenen door jezelf aan te prijzen. Idealiter moet het iemand zijn die oprecht van jouw kwaliteiten en kennis overtuigd is en geheel vrijwillig iedereen vertelt hoe slim je bent, in de hoop dat jij de wereld gaat verbeteren. Mocht zo iemand ontbreken, dan wordt het een betaalde woordvoerder.

Maar zal het mensen niet tegen de borst stuiten dat zo iemand betaald wordt om jou lof toe te zwaaien? Dat gebeurt niet als ze een van de meest voorkomende vergissingen begaan die mensen maken, door sociaal-psychologen vaak de fundamentele attributiefout genoemd: wanneer we het gedrag van een ander observeren, zijn we geneigd te weinig gewicht toe te kennen aan de rol van situationele factoren als geld bij het beeld dat we ons vormen van het gedrag van de betreffende persoon.

In een reeks onderzoeken die een van ons heeft uitgevoerd in samenwerking met hoofdonderzoeker Jeffrey Pfeffer en twee andere collega's, stelden we dat mensen lang niet zoveel rekening houden met deze informatie als ze zouden moeten doen, wat betekent dat als je een woordvoerder betaalt om jouw deskundigheid te bevestigen dat nog altijd een effectieve manier kan zijn om mensen te overtuigen. Bij een van die onderzoeken vroegen we deelnemers zichzelf voor te stellen in de rol van hoofdredacteur bij een uitgeverij die met een gerenommeerde bestsellerauteur moet onderhandelen. Ze moesten uittreksels lezen van onderhandelingen over een aanzienlijk voorschot. De ene groep kreeg uittreksels te lezen waarin de agent de verdiensten van de auteur beschreef, en de andere groep kreeg exact dezelfde informatie te lezen maar dan van de auteur zelf. De gegevens bevestigden onze hypothese: de deelnemers schatten de schrijver op vrijwel elke schaal (met name die van sympathiekheid) gunstiger in wanneer zijn agent hem bewierookte dan wanneer hij zichzelf op de borst klopte.

Dit onderzoek bevestigt dat een ervaren derde partij namens jou laten spreken een uitermate zinvolle en lonende strategie kan zijn als je je expertise naar voren wilt brengen. (Die derde partij zou eigenlijk ook namens jou moeten onderhandelen over de contractuele voorwaarden en de beloning.) Ook wanneer je een presentatie moet geven voor mensen die je niet goed kennen, raden we je aan om je door iemand anders bij het publiek te laten introduceren. In dat geval is het het meest efficiënt om een korte biografie van jezelf op te stellen. Die hoeft helemaal niet zo uitgebreid te zijn, maar er moet op zijn minst wel enige informatie in zitten over je achtergrond en opleiding zodat duidelijk naar voren komt dat je gekwalificeerd bent om over een bepaald onderwerp te spreken. Je kunt er ook wat voorbeelden in opnemen van successen die je hebt geboekt op het terrein waarover je gaat spreken.

Onlangs was een van ons in de gelegenheid om met een makelaar te werken die deze aanpak hanteerde, wat ogenblikkelijk een uitstekend resultaat opleverde. Dit makelaarskantoor heeft een afdeling die huizen verkoopt en een die huizen verhuurt. Dat betekende dat klanten die het kantoor belden in eerste instantie een receptioniste aan de lijn kregen die informeerde welke afdeling ze wilden spreken en vervolgens zoiets zei als: 'Aha, huren, dan moet u Sandra hebben', of 'Dan moet u bij de afdeling Koophuizen zijn. Ik verbind u door met Peter.'

Wij raadden haar aan om haar collega's voortaan te introduceren met hun kwalificaties, en tegenwoordig vertelt de receptioniste klanten dus niet alleen meer de naam van degene met wie ze moeten spreken, maar ook iets over hun deskundigheid. Klanten die iets over het huren van een huis willen weten, krijgen nu te horen: 'Aha, huren, dan moet u Sandra hebben, die heeft al vijftien jaar ervaring met het verhuren van huizen in deze buurt. Ik verbind u door.' En tegen klanten die meer willen weten over het verkopen van hun huis zegt ze: 'Ik verbind u door met Peter, ons hoofd verkoop. Peter heeft al twintig jaar ervaring met het verkopen van panden; onlangs heeft hij ongeveer net zo'n huis verkocht als het uwe.'

Er zijn vier belangrijke aspecten aan deze verandering. Ten eerste is alles wat de receptioniste over haar collega's tegen de klanten zegt waar. Sandra heeft echt vijftien jaar ervaring en Peter is een van de meest succesvolle verkopers van het bedrijf. Maar als Peter of Sandra dat zelf aan hun klanten zouden vertellen, zou dat een opschepperige indruk maken, en het resultaat zou bij lange na niet zo overtuigend zijn. Ten tweede maakt het kennelijk niet uit dat de introductie afkomstig is van iemand die duidelijk banden heeft met Sandra en Peter, die uiteraard allebei profijt hebben van zo'n introductie. Het derde belangrijke aspect is het feit dat het zo uitzonderlijk effectief is. Sandra, Peter en hun collega's melden dat ze nu aanzienlijk meer afspraken genereren, vergeleken met de tijd dat ze niet geïntroduceerd werden. En het vierde punt: deze ingreep kost vrijwel niets. Iedereen was op de hoogte van de brede kennis en ervaring die op het kantoor voorhanden was. Dat wist iedereen, behalve degenen die het allerbelangrijkst waren, namelijk de potentiële klanten van het bedrijf.

Maar stel dat het praktisch gezien niet haalbaar is om je door iemand anders lof te laten toezwaaien? Is er wellicht een andere subtiele manier om je competentie aan te tonen zonder het nu meteen van de daken te schreeuwen? Die is er inderdaad. Zo werd een van ons eens benaderd door een groep doktersassistenten die zich hevig gefrustreerd voelden omdat hun patiënten niet de oefeningen deden die zo belangrijk waren voor hun herstel. Hoezeer ze ook hun best deden om duidelijk te maken hoe dringend noodzakelijk die oefeningen waren, patiënten volgden maar zelden hun advies op. Toen we vroegen of we de onderzoeksruimte mochten bekijken, viel ons onmiddellijk een ding op: er hingen geen diploma's aan de muur of waar dan ook. Vervolgens gaven we hun het advies om hun diploma's op te hangen op plekken waar hun patiënten ze konden zien; toen ze dat hadden gedaan, meldden de assistenten een reusachtige verbetering in de bereidheid van hun patiënten om te doen wat hun was opgedragen. Wat kunnen we hiervan opsteken? Dat je ervoor moet zorgen dat degenen die jij wilt overtuigen je diploma's, getuigschriften en onderscheidingen onder ogen krijgen. Je hebt die dingen allemaal verdiend en nu mogen zij jou op hun beurt helpen het vertrouwen van je publiek te winnen.

23

Wat is het verborgen gevaar van de slimste van het gezelschap zijn?

Onder het genot van een stevig glas willen kroegtijgers nog wel eens behoorlijk dubieuze verhalen ophangen. 'Ik heb wat met dat supermodel gehad in de tijd dat ze nog niet beroemd was.' Vast! 'Ik had dat gevecht best kunnen winnen, maar ik wou die ander geen pijn doen.' Ja, ja! Of: 'Ik had in de nationale ploeg kunnen zitten, maar ik kreeg een eeltknobbel en toen was het verkeken.' Geloof ik zo!

Maar op een koude, gure februari-avond in 1953 stapten twee heren de pub The Eagle in Cambridge binnen en toen ze iets te drinken hadden besteld, verkondigden ze tegenover de andere bezoekers iets dat zo'n beetje als het allersterkste verhaal ter wereld moet hebben geklonken: 'We hebben het geheim van het leven ontdekt.'

Die bewering klinkt misschien wel erg opschepperig en zelfingenomen, maar het was toevallig wel waar. Die ochtend hadden de wetenschappers James Watson en Francis Crick werkelijk het geheim van het leven achterhaald: ze hadden de dubbele-helixstructuur van het DNA ontdekt, de stof die de genetische informatie van het leven bevat.

Op de vijftigste verjaardag van wellicht de belangrijkste wetenschappelijke ontdekking van onze tijd liet Watson zich interviewen over deze prestatie. Het interview was vooral bedoeld om te achterhalen welke aspecten van de werkwijze van Watson en Crick ertoe geleid hadden dat zij eerder dan een hele reeks andere uiterst getalenteerde wetenschappers de structuur van het DNA hadden ontrafeld.

Om te beginnen kwam Watson met een lijst factoren die weinig opmerkelijk waren: een cruciaal punt was dat Crick en hij hadden kunnen bepalen welk probleem allereerst moest worden aangepakt. Ze waren allebei bezeten van hun werk; ze wijdden zich volledig aan hun taak. Ze waren bereid om ook benaderingen waarmee ze niet vertrouwd waren bij het onderzoek te betrekken. Maar daarna kwam hij met een reden die je gerust verbijsterend kunt noemen. Crick en hij hadden de ongrijpbare code van het DNA vooral kunnen kraken omdat ze, aldus Watson, *niet* de slimste onderzoekers waren die op zoek waren naar de oplossing.

Zeg dat nog eens? Hoe zou het toch komen, vroeg Watson zich vervolgens hardop af, dat het buitengewoon gevaarlijk kan zijn om jezelf te beschouwen als de intelligentste beslisser en grootste slimmerik van allemaal? Kan het kwaad om de slimste van het gezelschap te zijn?

Watson legde vervolgens uit dat de intelligentste persoon die indertijd bij het project betrokken was Rosalind Franklin was, een Britse wetenschapper die op dat moment in Parijs zat: 'Rosalind was zo intelligent dat ze maar zelden om advies vroeg. En als je de slimste van het gezelschap bent, dan heb je een probleem.'

Deze opmerking van Watson belicht een bekende fout die je vaak ziet bij leidinggevenden met de beste bedoelingen. Leidinggevenden bij organisaties die zich bezighouden met een specifiek onderwerp of probleem (het formuleren van een zo krachtig mogelijk verkoopargument voor een potentiële klant, bijvoorbeeld, of de meest effectieve campagne om geld in te zamelen voor een samenwerkingsverband van docenten en ouders) moeten er vooral voor zorgen dat ze met teamgenoten samenwerken om hun doel te bereiken, ook al zijn ze zelf dan misschien de best geïnformeerde, meest ervaren en best opgeleide persoon binnen de groep. Het zou wel eens behoorlijk overmoedig kunnen blijken om dat niet te doen. Gedragswetenschapper Patrick Laughlin en zijn collega's hebben aangetoond dat aanpak en oplossingen bij groepen die gezamenlijk aan de oplossing van een probleem werken niet alleen beter zijn dan die van het gemiddelde groepslid in zijn eentje, maar zelfs beter dan die van de beste probleemoplosser van de groep. Maar al te vaak vergeten leidinggevenden die zich vanwege hun grotere ervaring, vaardigheid en wijsheid als de beste probleemoplosser binnen de groep beschouwen, andere teamleden naar hun inzichten te vragen.

Het door Laughlin en zijn collega's uitgevoerde onderzoek maakt duidelijk waarom de beste leider die in zijn eentje aan de slag gaat met een minder goede oplossing zal komen aanzetten dan een minder deskundige maar samenwerkende eenheid. Om te beginnen kunnen eenzame beslissers nooit op tegen het hele scala aan kennis en invalshoeken van de eenheden waarvan zij deel uitmaken. De imput van anderen kan denkprocessen in gang zetten die zich niet zouden voordoen bij iemand die alleen werkt. We kunnen ons allemaal voorbeelden herinneren van inzichten die bij ons opkwamen dankzij een opmerking van een collega die niet met het inzicht zelf kwam maar wel het associatieproces in gang zette. Bovendien mist iemand die in zijn eentje naar een oplossing zoekt ook nog een ander belangrijk voordeel, namelijk de kracht van het parallelle verwerken. Een samenwerkend geheel kan allerlei subtaken van een probleem onder de groepsleden verdelen, terwijl een eenling al die taken achtereen moet uitvoeren.

Maar is zo'n volledige samenwerking dan niet riskant? Beslissingen die gezamenlijk worden bereikt zijn immers berucht om hun matige kwaliteit. Met dat probleem in ons achterhoofd raden we dan ook niet aan om middels stemmingen tot een besluit te komen; we raden het zelfs af om gezamenlijke beslissingen te nemen. De uiteindelijke keuze moet altijd bij de leidinggevenden liggen. Die zouden echter wel vaker om de input van anderen moeten vragen. En diegenen die regelmatig input vanuit hun team aanmoedigen, zullen niet alleen tot betere resultaten komen, ze zullen tevens nauwere banden met dat team opbouwen, waarbij de toekomstige samenwerking alleen maar gebaat is. Maar bestaat dan niet het risico dat een teamlid zich in zijn eer voelt aangetast en gedemotiveerd raakt als zijn of haar idee uiteindelijk wordt afgewezen? Zolang de leidinggevende het team maar verzekert dat ieders idee, of het nu wel of niet een doorslaggevende factor is, in de overwegingen zal worden meegenomen, zal zoiets zich niet voordoen. En al zal het opzetten van een team waarin iedereen wordt aangemoedigd om met elkaar samen te werken er niet per se toe leiden dat je net als Watson en Crick kunt beweren dat je het geheim van het leven hebt ontdekt, het kan jou en je team wel degelijk helpen ontdekken wat jullie allemaal in je mars hebben.

24

Wat kan *captainitis* je leren?

Afgezien van de gevaren van *jezelf* beschouwen als de beste beslisser van het gezelschap, is er nog een ander risico dat een even groot, zo niet groter gevaar oplevert, en dat is *door anderen* beschouwd worden als de slimste en meest ervaren persoon van het gezelschap. Dat gevaar kan levensbedreigend worden wanneer het gezelschap de bemanning van een vliegtuig is en de leider naar wie iedereen opkijkt de piloot.

Neem bijvoorbeeld het onderstaande gesprek, opgenomen door de zwarte doos van vluchtnummer 90 van Air Florida vlak voordat het toestel in 1982 de ijskoude Potomac in de buurt van Washington in vloog:

CO-PILOOT: Laten we de ijsafzetting op de vleugels nog even controleren, we staan hier tenslotte toch al een tijdje.
CAPTAIN: Laat maar. Volgens mij kunnen we zo weg.
CO-PILOOT: [verwijzend naar een instrument, terwijl ze zich opmaken om op te stijgen] Dat ziet er toch niet goed uit, vind je niet? Nee, dat zit niet goed.
CAPTAIN: Jawel, hoor.
CO-PILOOT: Nou ja, misschien ook wel.

[*Geluid van vliegtuig dat zonder succes probeert hoogte te winnen*]

CO-PILOOT: We storten neer, Larry.
CAPTAIN: Ik weet het.

[*Geluid van de klap waarbij captain, co-piloot en 76 anderen omkwamen*]

En dit is slechts één tragisch voorbeeld van hoe teamleden zich vaak voegen naar de status van een leider als de legitieme autoriteit met de meeste kennis van zaken. Het voorbeeld toont tevens aan dat leidinggevenden vaak niet in de gaten hebben welke invloed er van de hun toegeschreven status en kennis op de mensen om hen heen uitgaat. Deze zogenaamde *captainitis* ontleent zijn naam aan de bij tijd en wijle dodelijke soort passiviteit die door bemanningsleden aan de dag wordt gelegd wanneer een captain overduidelijk een verkeerde beslissing neemt. Herhaaldelijk hebben onderzoekers na een ongeluk rampzalige voorbeelden vastgesteld van overduidelijke fouten van captains die niet werd gecorrigeerd door een ander bemanningslid.

En captainitis doet zich niet alleen in de luchtvaart voor. Tijdens een bepaalde reeks onderzoeken bekeek men de bereidheid van gekwalificeerde verpleegkundigen om hun beroepsverantwoordelijkheden jegens een patiënt uit handen te geven zodra de 'baas' (oftewel de arts van deze patiënt) zijn zegje had gedaan. Om dat experiment uit te voeren belde psychologisch onderzoeker Charles Hofling naar 22 verschillende zusterposten op een aantal uiteenlopende afdelingen. De beller stelde zich voor als afdelingsarts en gaf de verpleegkundige opdracht een bepaalde patiënt 20 mg van het (fictieve) geneesmiddel Astrogen toe te dienen. In 95 procent van de gevallen liep de verpleegkundige onmiddellijk naar de medicijnkast om het medicijn te halen en het de patiënt toe te dienen, ook al was het nog niet officieel vrijgegeven door het ziekenhuis en was die 20 mg maar liefst tweemaal de aanbevolen dagelijkse dosis.

Bij de samenvatting van hun bevindingen kwamen de onderzoekers met een veelzeggende stelling: ze concludeerden dat men bij een volledig bezette medische eenheid vanzelfsprekend aanneemt dat de diverse 'intelligente deskundigen' (artsen, verpleegkundigen, apothekers) met elkaar samenwerken om ervoor te zorgen dat de beste beslissingen worden genomen, maar als je de zaak nader beschouwt, kan wel eens blijken dat er maar één intelligente deskundige is die zijn verstand gebruikt. Uit dit onderzoek moet je afleiden dat verpleegkundigen bereid waren hun aanzienlijke ervaring en kennis aan de wilgen te hangen en braaf te doen wat de dokter zei. In zo'n situatie is het gedrag van de verpleegkundigen begrijpelijk. De afdelingsarts heeft nu eenmaal het laatste woord *en* hij is de autoriteit. Met andere woorden: de arts is de baas en daarom heeft hij ook de macht om een staflid dat zich niet naar hem voegt te straffen; en bovendien heeft hij als arts de hoogste medische opleiding genoten, wat er ook toe kan leiden dat de mensen om hem heen zich schikken naar zijn status als deskundige. Het gevolg van die vermeende grotere kennis kan zijn dat leden van de medische staf ervoor terugschrikken vraagtekens te plaatsen bij de behandeling die een arts voorstelt.

Leidinggevenden moeten zich bewust zijn van deze bevindingen, en dan niet direct om een volgende keer dat ze in het ziekenhuis zijn zichzelf te beschermen, maar voor een volgende keer dat ze op kantoor of in een directiekamer een belangrijke beslissing nemen. Wanneer leidinggevenden nalaten hun teamleden om suggesties te vragen, kan zoiets een vicieuze cirkel worden die alleen maar leidt tot slechte beslissingsprocedures, slechte keuzen en fouten die vaak best vermeden hadden kunnen worden. Of je nu de coach van een voetbalteam bent, official bij een club, de eigenaar van een kleine onderneming of de president-directeur van een multinational, coöperatief leiderschap, waarbij ruimte is voor kritische geluiden van je deskundige staf, kan de sleutel zijn tot het doorbreken van die cirkel. En het kan voor leiders ook absoluut geen kwaad om een beetje nederig te zijn. Je moet gewoon niet vergeten je ego een beetje in te tomen voordat je de directiekamer, het ziekenhuis of de cockpit betreedt.

25

Waarom draait de aard van groepsvergaderingen soms uit op een onaardse ramp?

In de geschiedenis van de ruimtevaart hebben twee dagen van nationale rouw in de Verenigde Staten onuitwisbare sporen nagelaten. Op 1 februari 2003 werd de spaceshuttle *Columbia* bij terugkeer in de atmosfeer vernietigd; en op 28 januari 1986 explodeerde de Amerikaanse spaceshuttle *Challenger* tijdens het opstijgen. Op het eerste gezicht waren de oorzaken van beide ongelukken (in het ene geval schade aan de voorrand van de linkervleugel van de shuttle, en in het andere een defecte O-ring die de afdichting vormde van de stuwraket) totaal verschillend, maar bij nadere beschouwing krijg je de indruk dat dezelfde oorzaak aan de wortel van beide rampen lag, namelijk de slechte besluitvormingscultuur binnen de NASA. Welke lessen vallen er te leren van deze tragedies, en op wat voor manier scheppen we op ons werk een cultuur waarbinnen anderen ons *ervan mogen overtuigen* dat we fout zitten?

Het onderstaande gesprek tussen een onderzoeker van de ramp met de *Challenger* en de voorzitter van het managementteam van de missie geeft al enig inzicht in de redenen waarom deze rampen hebben plaatsgevonden:

ONDERZOEKER: Hoe komt u er als manager achter of mensen het niet met u eens zijn?
VOORZITTER: Nou ja, als het me toevallig ter ore komt...
ONDERZOEKER: Maar het kan natuurlijk zijn dat het u niet toevallig ter ore komt. (...) Wat voor methoden gebruikt u dan om zoiets te achterhalen?

Daar had de voorzitter geen antwoord op.

In het geval van het ongeluk met de *Columbia* hadden de managers eenvoudigweg niet geluisterd naar verzoeken van het lager personeel om het ministerie van Defensie te vragen om met behulp van hun spionagesatellieten mogelijke beschadigingen aan de shuttle te fotograferen. Bij de *Challenger* negeerden de managers waarschuwingen van de kant van de technici dat de kou op de dag van de lancering er wel eens voor kon zorgen dat de O-ringen het zouden begeven. Welke factoren kunnen een dergelijke slechte besluitvorming tot gevolg hebben?

Op grond van onderzoek naar historische mislukkingen op het gebied van besluitvorming zoals Kennedy's invasie van de Varkensbaai en Nixons Watergateschandaal heeft sociaal-psycholoog Irving Janis een theorie ontwikkeld over de manier waarop groepen tot slechte beslissingen komen, het zogenaamde 'groepsdenken', een term die de journalist William H. Whyte heeft bedacht. Groepsdenken is een soort stijl van besluitvorming binnen groepen waarbij een grotere behoefte bestaat aan goed met elkaar overweg kunnen en het met elkaar eens zijn, dan aan het boven tafel halen en kritisch bekijken van alternatieve gezichtspunten en ideeën. Het wordt vaak veroorzaakt door de behoefte aan samenhang binnen de groep, het afsluiten voor invloeden van buitenaf, en autoritaire leiders die hun opvattingen duidelijk naar voren brengen: stuk voor stuk factoren die in veel organisaties op diverse niveaus een rol spelen. Vaak schept dit soort factoren een klimaat waarbinnen mensen druk van anderen ervaren om zich te conformeren aan het standpunt van de leidinggevende. Deze factoren kunnen er ook toe leiden dat mensen de behoefte voelen afwijkende meningen te censureren en bij de leiding weg te houden, waardoor de misplaatste indruk ontstaat dat alle groepsleden het volkomen met elkaar eens zijn en dat standpunten die buiten de groep worden geventileerd geen hout snijden. Het gevolg is een slecht functionerend discussie- en besluitvormingsproces dat vaak gekenmerkt wordt door een onvolledig in overweging nemen van alternatieve ideeën, het vanuit een vooringenomen standpunt verwerven van informatie, en het uitblijven van een duidelijke bepaling van de risico's die de opties meebrengen waarnaar de voorkeur van de groepsleiders uitgaat.

Wat voor stappen kun je ondernemen om dergelijke inferieure besluitvorming te voorkomen? Besluitvorming binnen een groep kan verbeterd worden door aan te moedigen dat alle standpunten en met name die waarnaar de voorkeur van de groepsleiders uitgaat kritisch en sceptisch worden bekeken. Het is slim om als leidinggevende altijd eerst naar de gedachten van anderen te informeren voordat je je eigen standpunt kenbaar maakt, zo ben je ervan verzekerd dat je de werkelijke gedachten, opvattingen en inzichten van een team te horen krijgt, en niet wat je als leider graag wilt horen.

Wil je deze strategie met succes toepassen, dan moet je als leidinggevende een open en eerlijke sfeer scheppen waarin persoonlijke opvattingen worden toegejuicht en overwogen zonder dat iemand bang hoeft te zijn voor repercussies. Heel belangrijk is dat de groep als de beslissing eenmaal gevallen is opnieuw bijeenkomt om eventuele nog bestaande twijfels over het genomen besluit te bespreken. Vaak is het bovendien van cruciaal belang om deskundigen van buitenaf erbij te halen, omdat die minder bevooroordeeld zijn bij het beoordelen van ideeën. Dit is vooral effectief als je rekening houdt met het feit dat men binnen een organisatie vaak de neiging heeft enigszins kortzichtig te zijn, waardoor vaak dingen boven water komen die in de eigen cultuur al bekend zijn. Om meer inzicht te krijgen in de dingen die nog niet bekend zijn maar die wellicht wel nuttig en verhelderend zouden kunnen zijn, heb je iemand van buitenaf nodig, met een frisse blik.

Kortom: soms is het van belang om eens 'nee' te horen te krijgen van je groep om de kans te vergroten dat je 'ja' te horen krijgt van de mensen die je probeert over te halen om de beslissing van de groep over te nemen.

26

Wie is overtuigender? De advocaat van de duivel of de dwarsligger?

Bijna vier eeuwen lang gebruikte de rooms-katholieke kerk de *advocatus diaboli* ofwel de advocaat van de duivel om alle negatieve aspecten van het leven en werk van een kandidaat-heilige te onderzoeken en aan de Kerk voor te leggen. De gedachte achter dit *due dilligence*-onderzoek voor aspirant-heiligen was dat het besluitvormingsproces gebaat zou zijn bij de grotere diversiteit aan ideeën, standpunten en informatiebronnen die ontstond door ook alle minder gunstige informatie over de kandidaat boven water te halen en aan de kerkleiders voor te leggen

Iedereen die in de zakenwereld actief is, weet maar al te goed dat de termen 'zakendoen' en 'heiligheid' maar zelden samengaan. En toch zouden managers veel kunnen opsteken van de procedure met de advocaat van de duivel. Wanneer het ernaar uitziet dat iedereen in een team het over een bepaald onderwerp eens is, kan het buitengewoon nuttig zijn om alternatieve standpunten *aan te moedigen*. Waarom dit zo belangrijk is, wordt helemaal duidelijk als je bedenkt wat de mogelijk desastreuze gevolgen zijn van groepsdenken en groepspolarisatie, een verschijnsel waarbij het standpunt van de meerderheid binnen een groep allengs extremer wordt naarmate er verder over door wordt gepraat.

Sociaal-psychologen weten ook al enige tijd dat één enkele dwarsligger in een verder eensgezinde groep kan volstaan om in zo'n groep creatievere en complexere denkprocessen te genereren. Maar tot voor kort was er nog maar weinig onderzoek gedaan naar de aard van die dwarsligger. Zijn advocaten van de duivel (pseudodwarsliggers dus) beter of slechter dan authentieke dwarsliggers in het versterken van het probleemoplossend vermogen van een groep waarbinnen de rest van de leden het met elkaar eens is?

Uit de resultaten van een onderzoek uitgevoerd door sociaalpsycholoog Charlan Nemeth en haar collega's valt af te leiden dat een persoon aan wie gevraagd wordt de rol van advocaat van de duivel op zich te nemen aanzienlijk minder effectief is in het bevorderen van het creatief problemen oplossen bij de leden van een groep dan een authentieke dwarsligger. De onderzoekers stellen dat de aanhangers van de meerderheidsopvatting veel eerder geneigd zijn de argumenten en standpunten van de oprechte dwarsligger als principieel en dus als geldig te ervaren. De opstelling van de advocaat van de duivel daarentegen wordt gezien als dwarsliggen om het dwarsliggen zelf. Wanneer de leden van de meerderheid geconfronteerd worden met iemand die zich in alle oprechtheid tegen hun opvatting lijkt te keren, proberen ze te achterhalen waarom de dwarsligger zo aan zijn of haar overtuiging hangt. En al doende zullen ze meer inzicht in het probleem krijgen en in staat zijn om het vanuit een breder perspectief te beschouwen.

Impliceert dit alles nu dat de advocaat van de duivel achterhaald is? In de jaren tachtig van de twintigste eeuw schafte paus Johannes Paulus II het gebruik in de katholieke kerk in elk geval officieel af. Er zijn zelfs bewijzen dat zo'n advocaat van de duivel het standpunt van de meerderheid soms eerder *versterkt* dan afzwakt, naar men aanneemt omdat die meerderheid gelooft dat ze alle mogelijke alternatieven voldoende heeft overwogen alvorens ze te verwerpen. Dat wil echter nog niet zeggen dat de advocaat van de duivel niet zijn nut kan hebben. Hij kan van nut zijn door bijvoorbeeld de aandacht te vestigen op alternatieve ideeën, perspectieven en informatie, zolang de meerderheid die alternatieven tenminste met een open blik bekijkt.

Maar de bevindingen van dit onderzoek in aanmerking genomen is het misschien toch altijd nog beter om als leidinggevende een werkomgeving te scheppen waarin collega's en ondergeschikten worden aangemoedigd om het openlijk oneens te zijn met het meerderheidsstandpunt. Dat zal zich naar alle waarschijnlijkheid vertalen in meer innovatieve oplossingen voor complexe problemen en een beter moreel onder de werknemers (zolang het dwarsliggen professioneel blijft en niet persoonlijk wordt), en het kan bovendien uiteindelijk een hogere winst opleveren. In omstandigheden waarin beslissingen langdurige en wellicht verstrekkende gevolgen hebben, zou het wel eens het overwegen waard kunnen zijn om actief op zoek te gaan naar oprechte dwarsliggers. Door ter zake kundige mensen aan te moedigen ons er vol vuur van te overtuigen dat we misschien de verkeerde kant op denken, plaatsen we ons in een positie waarin we meer inzicht kunnen krijgen, dankzij een discussie die oprecht is en niet gespeeld. Dat zal ons in staat stellen de best mogelijke beslissingen te nemen en de meest effectieve boodschappen over te brengen.

27

Wanneer is de juiste aanpak de verkeerde aanpak?

Kracht. Moed. Vastberadenheid. Toewijding. Onzelfzuchtigheid. Je zou willen zeggen dat brandweerlieden de lichtende voorbeelden zouden moeten zijn voor de manier waarop we ons binnen en buiten onze organisatie horen op te stellen. Zelfs al komt het redden van levens en het uit bomen plukken van katjes niet in jouw taakomschrijving voor, als je weet hoe brandweerlieden worden opgeleid voor hun job, kun je leren hoe je een doordeweekse held wordt in de jouwe.

Gedragswetenschapper Wendy Joung en haar collega's wilden graag onderzoeken of bepaalde trainingsprogramma's beter zouden werken dan andere om beoordelingsfouten op het werk terug te dringen. Met name wilden ze weten wanneer leerlingen meer zouden opsteken: wanneer ze op de fouten van anderen werden gewezen, of wanneer de nadruk op de goede beslissingen van anderen lag. Ze namen aan dat een opleiding waar de nadruk meer lag op andermans fouten effectiever zou zijn, en wel om een aantal redenen, waaronder het feit dat fouten meer aandacht trekken en als ervaring meer bijblijven.

De onderzoekers testten hun hypothese uit op een groep mensen wier vaardigheden om onder stress beslissingen te nemen van vitaal belang waren; het zal geen verbazing wekken dat ze daarvoor brandweerlieden kozen. Bij het onderzoek werd de brandweerlieden een trainingssessie aangeboden waarin diverse cases werden behandeld. Maar de twee groepen deelnemers kregen elk een ander soort case voorgelegd. De ene groep kreeg waargebeurde gevallen gepresenteerd waarin andere brandweerlieden foute beslissingen hadden genomen met negatieve gevolgen. De andere groep kreeg gevallen voorgelegd waarin brandweerlieden dergelijke negatieve gevolgen vermeden door juiste beslissingen te nemen. Toen de onderzoekers de gegevens achteraf analyseerden bleek het beoordelingsvermogen van de brandweerlieden die een sessie op basis van gemaakte fouten hadden gehad meer verbeterd te zijn dan dat van degenen die een sessie hadden gehad waarin geen fouten aan de orde kwamen.

Het draait bij opleiden allemaal om het beïnvloeden van anderen, dus als je een zo groot mogelijke invloed wilt hebben op het toekomstige gedrag van je werknemers, is het duidelijk wat de implicaties zijn voor de trainingsprogramma's binnen jouw organisatie. Hoewel bij heel veel organisaties de trainingen uitsluitend zijn gericht op de positieve kant, met andere woorden, op de manier om de juiste beslissingen te nemen, duiden de uitkomsten van dit onderzoek er juist op dat een groot deel van de training gericht zou moeten zijn op de fouten die anderen hebben gemaakt en hoe die fouten (hadden) kunnen worden voorkomen. Zulke casestudy's, video's, illustraties en persoonlijke getuigenissen over gemaakte fouten moeten worden gevolgd door een discussie over welke acties in deze en vergelijkbare situaties wel geschikt zouden zijn geweest.

Natuurlijk hoeft de leiding geen mensen uit te zoeken op grond van verkeerde beslissingen die ze ooit hebben genomen; deze op fouten gebaseerde ervaringen kunnen namelijk geheel anoniem gepresenteerd worden. Je zult echter merken dat zeer ervaren en gerespecteerde werknemers soms met alle liefde hun met fouten overladen 'oorlogsverhalen' aan het trainingsarchief van de onderneming bijdragen.

Deze aanpak hoort eigenlijk niet tot het klaslokaal van bedrijven beperkt te blijven. Leerkrachten, sporttrainers en zo ongeveer iedereen die anderen opleidt, kan van zo'n strategie profiteren, zeker ook ouders. Als je als ouder je kinderen wilt bijbrengen dat ze bij vreemden uit de buurt moeten blijven, kun je een hypothetisch scenario schetsen waarin een kind door een vreemde in de val wordt gelokt. Wanneer je je vervolgens buigt over de dingen die het kind in het voorbeeld in deze specifieke situatie had kunnen ondernemen om aan de vreemde te ontsnappen, zal hij of zij beter voorbereid zijn als zo'n scenario zich in de toekomst voordoet.

28

Hoe maak je van een zwak punt een sterk punt?

Bijna een halve eeuw geleden stond het reclamebureau Doyle, Dane & Bernbach voor de bijna onhaalbare taak om op een Amerikaanse markt waar tot dan toe alleen grote auto's van Amerikaanse makelij een succes waren geweest een piepklein Duits autootje te introduceren. Binnen korte tijd veranderde de zogenaamde kever van Volkswagen van een tamelijk obscuur mikpunt van spotternij in een buitengewoon populair statussymbool. En dat succes komt voor een groot deel voor rekening van het bureau dat kans zag een van de geweldigste campagnes uit de geschiedenis van de reclame op touw te zetten. En het opmerkelijkste is misschien nog wel de manier waarop het bedrijf zich van die taak kweet: bij het neerzetten van het merk benadrukten ze niet de sterke kanten van het product, zoals dat het relatief goedkoop was en maar weinig benzine verbruikte. Ze bewierookten juist zijn zwakke kanten. Waarom?

De reclamecampagne spotte absoluut met alle regels die op dat moment binnen de bedrijfstak golden. Zo benadrukten ze bijvoorbeeld het feit dat de Volkswagen bij lange na niet zo'n lust voor het oog was als de typische Amerikaanse sleeën van dat moment. In de advertenties stonden kreten als *Ugly is only skin deep*, en *It stays uglier longer*. Je begrijpt volkomen dat deze slogans de aandacht trokken en waarom het over de hele linie zo'n sympathieke campagne was. Maar die factoren volstaan niet om de reusachtige stijging in verkoopcijfers die met de lancering en de hele duur van deze campagne gepaard ging te verklaren. Hoe kwam het toch dat deze advertenties tot zulke geweldige verkoopresultaten leidden?

Wanneer een klein nadeel van een product wordt vermeld, schept dat het beeld dat de firma die reclame voor dat product maakt eerlijk en betrouwbaar is. Daarmee wint zo'n bedrijf aan overtuigingskracht wanneer het reclame maakt met de sterke kanten van het product, in het geval van de kever dus met het bescheiden benzineverbruik en de betaalbare prijs. Avis, 's werelds op één na grootste autoverhuurbedrijf, maakte op een vergelijkbare manier gebruik van dat principe in hun gedenkwaardige motto: *Avis. We're #2, but we try harder. (When you're not #1 you have to).* Andere voorbeelden zijn onder andere: *Listerine, the taste you hate three times a day.* en: *L'Oréal: We're expensive, but you're worth it.*

En ook buiten de reclamewereld zijn aanwijzingen te vinden dat deze strategie werkt. Neem dit voorbeeld uit de Amerikaanse rechtspraktijk: in een onderzoek uitgevoerd door gedragswetenschapper Kip Williams en collega's bleek dat juryleden geneigd waren een advocaat die een zwak punt in zijn zaak noemde voordat de advocaat van de tegenpartij daarop wees, als betrouwbaarder te beschouwen en vanwege die veronderstelde oprechtheid oordeelden ze gunstiger over zijn zaak. En mocht je overwegen een andere baan te zoeken dan is het misschien interessant om te weten dat uit een onderzoek op het gebied van werving en selectie bleek dat sollicitanten die op hun cv alleen maar volslagen positieve referenties hadden staan minder vaak voor een gesprek werden uitgenodigd dan mensen die op hun cv om te beginnen een zwak punt of een kleine beperking vermeldden om vervolgens hun positieve kanten te beschrijven.

Er is nog een aantal andere toepassingen voor deze overtuigingstechniek. Als je bijvoorbeeld je auto wilt verkopen kan het zinvol zijn om, wanneer een potentiële koper een proefritje komt maken, uit eigen beweging met negatieve informatie te komen over de auto, met name van het soort waar hij of zij niet vanzelf achter zou komen (dus dingen als een niet altijd even goed werkend lichtje in de kofferbak of dat de wagen niet heel zuinig rijdt); daarmee verhoog je zijn of haar vertrouwen in jou en je auto aanzienlijk.

Deze strategie kan ook worden toegepast aan de onderhandelingstafel. Als er bijvoorbeeld een gebied is waarop je niet zo sterk staat, zal je onderhandelingspartner je waarschijnlijk betrouwbaarder vinden als je dat meteen meldt in plaats van dat het later ontdekt wordt. Hetzelfde geldt bij direct sales: stel dat je kleurenkopieerapparaten aan een bedrijf aanbiedt en in jouw kopieerapparaat kan net iets minder papier dan in die van de concurrent, dan kan het een goed idee zijn dat vroeg in het proces te vermelden om het vertrouwen van de potentiële koper te winnen. Zo wordt het aanzienlijk eenvoudiger om de koper te overtuigen dat jouw apparaat superieure eigenschappen heeft op die gebieden waarop het de concurrentie werkelijk overtreft.

Je moet er echter wel op letten dat de zwakheden waar je op wijst relatief onbelangrijk zijn. Dat is de reden waarom je niet snel reclamecampagnes zult tegenkomen met kreten als: 'Getest en onderaan geëindigd in zijn klasse, maar zodra de aanklacht wegens dood door schuld is opgelost, gaan we beter ons best doen.'

29

Welke gebreken zijn de sleutel tot andermans kluis?

De zeventiende-eeuwse Franse schrijver en moralist hertog François de la Rochefoucauld liep al vooruit op het verbijsterende succes van de befaamde reclamecampagne voor de Volkswagen kever met zijn uitspraak: 'We bekennen onze kleine gebreken alleen om mensen ervan te overtuigen dat we geen grote gebreken hebben.' De genoemde campagne ging heel behendig om met de tekortkomingen van het betreffende product, maar als we dit soort boodschappen willen uitdragen, staan we wel voor een dilemma: *welke* kleine gebreken moet je besluiten te bekennen?

Uit onderzoek uitgevoerd door sociale wetenschapper Gerd Bohner en zijn collega's valt af te leiden dat er een duidelijk verband moet zijn tussen de negatieve en de positieve kanten die worden overgebracht, wil zo'n 'tweezijdig' pleidooi een zo groot mogelijk effect hebben. Bij een van zijn onderzoeken maakte Bohner drie versies van een advertentie voor een restaurant. In de ene stonden alleen positieve kanten genoemd, zoals de knusse sfeer. Een tweede advertentie vermeldde dezelfde positieve punten, maar daarnaast een paar niet direct daarmee in verband staande negatieve aspecten, zoals het feit dat er geen eigen parkeerplaats was. In de derde boodschap werden bepaalde negatieve aspecten genoemd en een paar daarmee in verband staande positieve kanten. Er stond bijvoorbeeld in de advertentie dat het restaurant erg klein was, maar ook dat de sfeer uitgesproken knus was.

Deelnemers die de derde advertentie onder ogen kregen, konden dus een verband leggen tussen de negatieve en de positieve aspecten van het restaurant ('Er is weinig ruimte, maar daarom is het er ook zo knus'). Kortom: beide typen advertenties met zowel negatieve als positieve boodschappen zorgden voor een toename in geloofwaardigheid voor de eigenaar, maar de beoordeling pakte het best uit na de boodschap waarin de positieve en de negatieve kanten met elkaar samenhingen.

Uit deze bevindingen valt af te leiden dat als het je in de eerste plaats erom te doen is je betrouwbaarheid in de ogen van anderen te vergroten, het er niet zoveel toe doet welk soort zwakke kanten je in je tweeledige reclameboodschap vermeldt. Als je echter vooral hun positieve gevoelens wilt versterken tegenover het besproken voorwerp (of het nu om een restaurant gaat, een product dat je aanbiedt of om je eigen kwalificaties), is het aan te raden om elk nadeel dat je beschrijft gepaard te laten gaan met een op dat nadeel toegesneden voordeel. Het volgende voorbeeld is uit het leven gegrepen: toen president Ronald Reagan zich in 1984 opnieuw verkiesbaar stelde, vroegen sommige kiezers zich af of hij niet te oud was voor een tweede termijn. Tijdens het debat met zijn tegenstander Walter Mondale gaf Reagan openlijk toe dat hij erg oud was, maar hij voegde er meteen aan toe: 'Ik beloof u dat ik dat tijdens deze campagne niet ga uitbuiten. Ik ga niet uit politieke overwegingen misbruik maken van het feit dat mijn tegenstander zo jong en onervaren is.' Mondale begon meteen te lachen, maar dat deed hij vast niet meer toen hij vervolgens een van de grootste verkiezingsnederlagen leed die de geschiedenis van het Amerikaanse presidentschap ooit heeft gekend.

Dit onderzoeksresultaat kan ook op allerlei zakelijke gebieden worden toegepast. Stel bijvoorbeeld dat je een product presenteert dat het bedrijf waarvoor je werkt onlangs bij een nieuwe klant heeft gelanceerd. Het product heeft een aantal flinke voordelen vergeleken met een soortgelijk product van de concurrentie, maar daar moet dan wel een prijs voor worden betaald. Het kost wel twintig procent meer dan het product dat de nieuwe klant op dit moment gebruikt. Je weet echter ook dat die hogere prijs uiteindelijk wordt gecompenseerd doordat jouw product langer meegaat en het onderhoud goedkoper is. Bovendien is het sneller en compacter waardoor het aanzienlijk minder plaats inneemt dan het product van de concurrent.

De uitkomsten van dit onderzoek wijzen erop dat je een opmerking over de hogere prijs altijd moet laten volgen door een voordeel dat met kosten te maken heeft en niet met enig ander pluspunt van je product. 'Op het eerste gezicht betaalt u twintig procent meer voor ons nieuwe product, maar dat wordt ruimschoots goedgemaakt als u er de langere levensduur en de lagere onderhoudskosten in verdisconteert' heeft meer effect dan: 'Op het eerste gezicht betaalt u twintig procent meer voor ons nieuwe product, maar het is wel een stuk sneller en neemt veel minder ruimte in.'

Met andere woorden: je moet er altijd voor zorgen dat je, als je een nadeel noemt, dat altijd laat volgen door een pluspunt dat met dat nadeel samenhangt en het ook compenseert. Als het lot ons citroenen in de schoot werpt, moeten we daar citroenlimonade van proberen te maken en geen appelsap.

30

Wat is het juiste moment om toe te geven dat je verkeerd zat?

In februari 2007 dreef de in New York gevestigde prijsvechter JetBlue Airways duizenden passagiers tot wanhoop doordat ze absoluut niet voorbereid waren geweest op het zware weer in het noordwesten van de Verenigde Staten en voortdurend verkeerde beslissingen namen. Vrijwel alle andere luchtvaartmaatschappijen hadden vooruitlopend op het stormachtige weer grote aantallen vluchten in die regio geannuleerd, maar JetBlue had zijn passagiers de hoop gegeven dat ze inderdaad zouden vliegen. Er kwam echter maar geen eind aan de storm en dus werden heel veel klanten van JetBlue teleurgesteld.

Het gevolg was dat duizenden passagiers op luchthavens en vliegvelden vast kwamen te zitten en vervolgens stond de pr-afdeling van JetBlue voor een lastige beslissing: wie of wat moesten ze de schuld geven? Moesten ze het op externe factoren als het slechte weer gooien of de schuld bij interne elementen zoeken die met het reilen en zeilen binnen het bedrijf te maken hadden? Het bedrijf koos voor het laatste en erkende dat het in gebreke blijven van JetBlue tijdens de chaos eerder door interne dan door externe factoren werd veroorzaakt. Je hebt moed en een zekere nederigheid nodig om je fouten toe te geven, dat zal de reden zijn waarom je maar zo zelden meemaakt dat organisaties en mensen binnen die organisaties de schuld op zich nemen voor een misstap of een beoordelingsfout. Ondersteunt het onderzoek naar sociale beïnvloeding nu de beslissing van JetBlue om te doen waar heel veel andere bedrijven in hun positie waarschijnlijk niet over zouden piekeren?

Sociale wetenschapper Fiona Lee en haar collega's opperen dat organisaties die de hand in eigen boezem steken het niet alleen beter doen in de publieke opinie, maar ook financieel. Een organisatie die het falen aan interne en mogelijk beheersbare fouten wijt, zal de indruk wekken dat zij meer vat heeft op haar eigen toekomst en hulpbronnen, luidt hun betoog. Bovendien zou het publiek in reactie wel eens kunnen veronderstellen dat de organisatie een plan heeft ontwikkeld om de aspecten die wellicht tot de problemen hebben geleid bij te stellen.

Om dat idee te testen zetten Lee en haar collega's een onderzoekje op waarin deelnemers een van twee jaarverslagen van een fictief bedrijf te lezen kregen. In beide jaarverslagen werd uitgelegd waarom het bedrijf het jaar daarvoor zo slecht had gepresteerd. De helft kreeg een jaarverslag te lezen waarin de schuld bij interne (wellicht controleerbare) factoren gelegd werd:

Fictief jaarverslag A
De tegenvallende bedrijfsresultaten zijn in de eerste plaats te wijten aan enkele strategische beslissingen die we het afgelopen jaar hebben genomen. De acquisitie van een nieuw bedrijf en het uitbrengen van diverse nieuwe geneesmiddelen op internationale markten droegen rechtstreeks bij aan een daling van de inkomsten op korte termijn. Als managementteam waren we niet geheel voorbereid op de ongunstige ontwikkelingen die zich voordeden op de thuismarkt en in internationale sectoren.

De andere helft van de deelnemers kreeg een jaarverslag te lezen waarin de schuld voor de slechte prestaties bij externe (niet controleerbare) factoren gelegd werd:

Fictief jaarverslag B
De tegenvallende bedrijfsresultaten zijn in de eerste plaats te wijten aan de onverwachte teruggang in de nationale en internationale economische omgeving en de toegenomen internationale concurrentie. Deze ongunstige marktcondities droegen rechtstreeks bij aan een daling op korte termijn van onze omzet en de problemen met het op de markt brengen van diverse cruciale geneesmiddelen. Deze onverwachte condities waren het gevolg van nieuwe wetgeving en onttrekken zich geheel aan onze invloed.

Deelnemers die verslag A onder ogen kregen, hadden op een aantal verschillende dimensies een positiever beeld van het bedrijf dan de deelnemers die verslag B te zien kregen.

Maar daar lieten de onderzoekers het niet bij. Ze wilden hun hypothese ook in het echte leven testen. Daartoe verzamelden ze uit 21 jaar jaarverslagen van veertien bedrijven honderden van dit soort uitspraken. Ze kwamen tot de ontdekking dat wanneer bedrijven tegenvallende resultaten aan interne, controleerbare factoren weten hun aandelen een jaar later hoger stonden dan de aandelen van ondernemingen die de schuld bij externe oncontroleerbare factoren legden. Kortom, verantwoordelijkheid nemen voor je fouten en toegeven dat je je vergist hebt, is niet alleen fatsoenlijk, het is ook nog eens in het belang van het bedrijf. Dus waarom komt het dan maar zo zelden voor? Veel te vaak wordt geprobeerd een kostbare of gênante vergissing, of die nu door een organisatie of een persoon is gemaakt, te wijten aan personen of factoren van buiten, in een poging de aandacht af te leiden van de oorsprong van het probleem. Zo'n benadering levert hooguit twee nog grotere problemen voor jezelf op. Ten eerste blijkt uit het onderzoek dat die strategie geen effect heeft omdat je daarmee niet de indruk wekt dat je invloed op het probleem hebt en dus in staat bent om het op te lossen. En ook al slaag je erin de aandacht voor korte tijd van je fout af te leiden, dan nog zal die op de langere termijn zeker in het middelpunt van de belangstelling komen te staan, en dan komt waarschijnlijk niet alleen je vergissing, maar ook je poging om die te verhullen aan het licht.

Dit geldt niet alleen voor bedrijven, maar ook voor individuen. Als je je in een situatie bevindt waarin je een fout hebt gemaakt, moet je dat gewoon toegeven en onmiddellijk met een plan komen waaruit blijkt dat je de zaken recht kunt zetten. Met dat soort acties zorg je ervoor dat je meer invloed krijgt doordat mensen je niet alleen zullen beschouwen als een capabel persoon, maar ook als een oprecht persoon.

Kortom, de uitkomsten van dit onderzoek wijzen erop dat als je met een beschuldigende vinger naar anderen gaat zitten wijzen, jijzelf en de organisatie waarvoor je werkt naar alle waarschijnlijkheid uiteindelijk de grote verliezers zijn.

31

Wanneer moet je blij zijn dat de server platligt?

Computerperikelen kunnen ervoor zorgen dat je werkomgeving een frustrerende plek wordt om zaken te doen. Uit recent onderzoek blijkt echter dat er bepaalde gevallen zijn waarin die computerperikelen eerder een meevaller zijn dan een nagel aan je doodskist.

Sociale wetenschappers Charles Naquin en Terri Kurtzberg vermoedden dat klanten en andere buitenstaanders minder geneigd zullen zijn de organisatie als geheel erop aan te kijken wanneer die de technologie, en niet een menselijke fout, aanwijst als belangrijkste oorzaak van een incident. Om deze hypothese te testen werd studenten Financiële Administratie in een onderzoek gevraagd een fictief krantenartikel te lezen dat gebaseerd was op een waargebeurd ongeluk waarbij twee forenzentreinen betrokken waren, tientallen mensen gewond raakten en nog veel meer mensen ernstige vertraging opliepen. De helft van de deelnemers kreeg te horen dat het ongeluk een gevolg was van een technische fout. Om preciezer te zijn: ze vernamen dat er een fout in het computerprogramma was opgetreden die tot gevolg had dat de trein naar voren was gereden terwijl remmen de juiste actie zou zijn geweest. De andere helft van de deelnemers kreeg te horen dat het probleem aan een menselijke fout te wijten was: de bestuurder had de trein door laten rijden terwijl hij eigenlijk had moeten remmen. De onderzoekers constateerden dat de deelnemers minder geneigd waren de autoriteiten aansprakelijk te stellen wanneer ze te horen hadden gekregen dat het ongeluk veroorzaakt was door technische fouten.

Bij een ander onderzoek maakte men gebruik van een werkelijk gebeurd incident dat zich op een campus had voorgedaan. Een volle werkdag lang konden gebruikers van het e-mailsysteem van de universiteit alleen mailen met e-mailadressen op de campus. De onderzoekers deelden enquêteformulieren uit onder MBA-studenten waarin hun gevraagd werd in welke mate ze geloofden dat het Bureau Informatietechnologie, dat het netwerk van de universiteit beheerde, verantwoordelijk moest worden gehouden voor deze storing. Voordat ze de enquête gingen invullen, kreeg de helft van de studenten te horen dat de storing 'vermoedelijk veroorzaakt was door een computerfout die vervolgens de server had platgelegd', terwijl de andere helft te horen kreeg dat de storing 'vermoedelijk veroorzaakt was door een menselijke fout waardoor vervolgens de server was platgelegd'. De uitkomsten lieten zien dat de deelnemers de schuld meer bij het Bureau Informatietechnologie legden, en forsere boetes voorstelden, wanneer ze geloofden dat de storing door een menselijke fout was veroorzaakt dan wanneer ze dachten dat het een technische fout was.

Waarom? Het resultaat van het onderzoek wijst erop dat mensen, wanneer ze de oorzaak van een probleem te horen krijgen, gaan nadenken over de vraag in hoeverre het probleem te vermijden was geweest; en ongelukken die het gevolg zijn van een menselijke fout leveren nu eenmaal meer van dat soort gedachten op dan ongelukken met een technologische oorzaak, wat naar alle waarschijnlijkheid veel te maken heeft met het idee dat je meer vat hebt op voorvallen die het gevolg zijn van een menselijke blunder.

In het vorige hoofdstuk hebben we het er al over gehad dat de meesten van ons van nature geneigd zijn gemaakte fouten te bagatelliseren of zelfs te verhullen, met name als de kwestie negatieve gevolgen kan hebben voor een van onze klanten of collega's. Maar als degenen die schade hebben ondervonden van het incident met zulke uitvluchten worden geconfronteerd, zouden ze wel eens kunnen aannemen dat het probleem door menselijke fouten is veroorzaakt die vermeden hadden kunnen worden. Hoewel we je aanraadden de schuld op je te nemen als jijzelf, of het bedrijf of de organisatie waar je werkt een fout maakt, moet er als de problemen werkelijk te wijten zijn aan technisch falen en niet zozeer aan een menselijke fout, beslist voor gezorgd worden dat alle betrokkenen van dat kleine maar belangrijke feit op de hoogte zijn. Maak vooral duidelijk dat je de vinger op het probleem hebt gelegd, aangezien je daarmee aangeeft dat je de situatie in de hand hebt en in staat bent te voorkomen dat het nog eens gebeurt.

Vertragingen als gevolg van technische problemen lijken zich steeds vaker voor te doen in ons dagelijks leven. Men heeft berekend dat de gemiddelde burger in het Verenigd Koninkrijk minstens achttien uur per jaar kwijt is aan vertragingen die worden veroorzaakt door technische problemen bij het openbaar vervoer, dat zijn 55 dagen op een heel mensenleven. Vertragingen van wat voor soort dan ook kunnen weliswaar buitengewoon irritant zijn, wat vaak nog veel irritanter is, is dat er geen informatie wordt gegeven over de oorzaak van de vertraging. Bevind je je dus in de weinig benijdenswaardige positie dat je een probleem of een vertraging moet aankondigen die technische oorzaken heeft, geef die informatie dan zo snel mogelijk door aan degenen die onder het probleem te lijden hebben. Op die manier ben je in twee opzichten effectief bezig. Om te beginnen kom je behulpzaam, informatief en betrokken over. En ten tweede maak je duidelijk dat je weet wat de oorzaak van het probleem is en dat je er daarom in de toekomst meer greep op zult hebben.

32

Hoe kunnen gelijkenissen het verschil maken?

In de zomer van 1993 zag het ernaar uit dat de Mississippi diverse steden in het midwesten van de Verenigde Staten zou overstromen, waaronder de stad Quincy in Illinois. In reactie op het dreigende gevaar gingen honderden inwoners van die stad dag en nacht aan de slag om met duizenden zandzakken kwetsbare stadsdelen veilig te stellen. Het zag er allemaal even ellendig uit voor de bewoners; de aanvoer van voedsel nam af, terwijl de vermoeidheid, het pessimisme en vooral het waterpeil stegen. De stemming onder de vrijwilligers klaarde echter aanzienlijk op toen ze vernamen dat de inwoners van een stadje in Massachusetts een grote hoeveelheid voedsel hadden gedoneerd die inmiddels onderweg was.

Hoe kwam het toch dat de inwoners van een op het eerste gezicht volslagen willekeurig stadje zich genoopt voelden zich zo vrijgevig op te stellen tegenover een plaats 1500 kilometer verderop? En waarom hielpen ze nu juist Quincy in plaats van een van de vele andere steden en dorpen die dreigden onder te lopen?

Uit heel veel psychologisch onderzoek is gebleken dat de kans het grootst is dat we het gedrag nadoen van mensen met wie we bepaalde trekken, zoals normen, overtuigingen, leeftijd en geslacht, delen. In dit geval echter is het antwoord te vinden in een subtiele en op het oog volkomen irrelevante overeenkomst tussen de beide gemeenten. De inwoners van Quincy in Massachusetts voelden een band met de mensen in Quincey in de staat Illinois die sterk genoeg was om hen tot vrijgevigheid aan te zetten, eenvoudigweg vanwege een gedeelde naam.

Wat is de verklaring daarvoor? Sociaal-psychologen hebben vastgesteld dat we met name positieve gevoelens koesteren jegens sommige nogal subtiele dingen die we met onszelf associëren, zoals onze naam. Deze neiging komt soms op een opmerkelijk krachtige manier tot uiting. Zo zijn er bijvoorbeeld aanwijzingen dat mensen eerder geneigd zijn op het verzoek van een onbekende in te gaan als ze op dezelfde dag geboren zijn.

Bij een andere reeks onderzoeken stuurde onderzoeker Randy Garner enquêtes per post naar volmaakt onbekenden. Er zat een begeleidend briefje bij met het verzoek om de enquête in te vullen, ondertekend door iemand met een naam die ofwel veel weg had van de naam van de geadresseerde of juist niet. In het geval van een zekere gelijkenis kreeg bijvoorbeeld iemand met de naam Robert Greer de enquête toegestuurd van iemand die Bob Gregar heette, of ene Cynthia Johnston kreeg een enquête toegestuurd van iemand met de naam Cindy Johanson. De namen die werden gebruikt wanneer er geen sprake was van gelijkenis, waren de vijf namen van de assistenten die bij het onderzoek betrokken waren.

De kans dat degenen die de enquête kregen toegestuurd van iemand met een naam die veel van de hunne weghad deze ook invulden en terugstuurden, was tweemaal groter dan bij mensen die hem ontvingen van iemand met een naam die niet op de hunne leek (56 procent tegen 30 procent). Na voltooiing van de eerste fase van het onderzoek ontving iedereen die de oorspronkelijke enquête had teruggestuurd een nieuwe waarin werd gevraagd naar de verschillende factoren die een rol hadden gespeeld bij hun beslissing om hem in te vullen en terug te sturen. Hierop reageerde ongeveer de helft, maar geen van de deelnemers gaf aan dat de naam van de afzender hun beslissing om de enquête in te vullen had beïnvloed. Dit soort uitkomsten toont aan wat voor krachtige maar tevens subtiele rol gelijkenissen spelen bij het besluit om iemand al dan niet te helpen.

Een implicatie van deze en soortgelijke sociaal-psychologische bevindingen is dat potentiële klanten wel eens gevoeliger zouden kunnen zijn voor een verkooppraatje van iemand met wie ze zekere overeenkomsten vertonen, bijvoorbeeld op het gebied van hun naam, hun overtuigingen, de plaats waar ze vandaan komen of de universiteit waaraan ze hebben gestudeerd. Het is ook niet onmogelijk dat je vervelende conflicten met collega's of buren zou kunnen afwenden door op een gelijkenis te wijzen. Niet dat we er nu voorstander van zijn dat mensen gemeenschappelijke kenmerken gaan bedenken om anderen voor zich te winnen, maar als je werkelijk bepaalde overeenkomsten met iemand hebt, moet je die zeker ter tafel brengen voordat je met je verzoek of je presentatie komt.

33

Wanneer bepaalt je naam je carrière?

In een aflevering van de Amerikaanse bewerking van de Britse comedy *The Office* ontdekt vestigingsmanager Michael Scott dat zijn kruiperige ondergeschikte Dwight Schrute achter zijn rug om pogingen doet om de directie over te halen Michaels baan aan hem te geven. Als smoes om zijn afwezigheid op het werk te verklaren heeft Dwight tegen Michael gezegd dat hij naar de tandarts moest om een kroon te laten plaatsen. Wanneer Dwight weer op kantoor verschijnt, vraagt Michael hoe het bij de tandarts is geweest. Dwight weet niet dat Michael inmiddels op de hoogte is van de poging om hem te wippen en probeert zich eruit te bluffen:

MICHAEL: Hé, ik dacht dat je een paar uur niets mag eten als je een nieuwe kroon hebt.
DWIGHT: (terwijl hij op een snoepje knabbelt) ... Ze hebben tegenwoordig een nieuw soort sneldrogende lijm.
MICHAEL: Dan heb je zeker een goede tandarts.
DWIGHT: Jazeker.
MICHAEL: Hoe heet hij?
DWIGHT: (na een lange stilte) Krantarts.
MICHAEL: Heet je tandarts Krantarts?
DWIGHT: Ja.
MICHAEL: Dat lijkt wel erg veel op tandarts.
DWIGHT: Misschien is hij daarom wel tandarts geworden.

Dwights verklaring voor de vraag waarom 'Dr. Krantarts' zich tot het beroep van tandarts aangetrokken voelde, klinkt weliswaar lachwekkend, zo niet volslagen idioot, toch blijkt uit recent onderzoek dat dergelijke beweringen niet helemaal uit de lucht gegrepen zijn. In het voorafgaande hoofdstuk hebben we besproken dat mensen vaak positievere gevoelens hebben jegens anderen en eerder de neiging hebben om aan hun verzoeken te voldoen wanneer er sprake is van gelijkenissen, hoe oppervlakkig die gelijkenis ook is, zoals bij het hebben van een gelijk klinkende naam. Maar is het mogelijk dat onze naam zelfs invloed kan hebben op belangrijke levensbepalende beslissingen, zoals het soort loopbaan waarvoor we kiezen of de woonplaats waar we gaan wonen?

Onderzoek uitgevoerd door gedragswetenschapper Brett Pelham en zijn collega's wijst erop dat dat inderdaad zo is. Zij stellen dat we de neiging hebben de voorkeur te geven aan dingen die we met onze naam in verband brengen en dat dat een subtiele maar grote invloed heeft op uiterst belangrijke beslissingen die we nemen. Volgens de onderzoekers heeft de Susie uit het Engelse rijmpje niet voor niets een carrière gekozen waarbij ze zeeschelpen aan zee kan verkopen en is Peter Piper ook niet per ongeluk in de paprikaplukkerij terechtgekomen: mensen voelen zich echt aangetrokken tot beroepen die een gelijkenis vertonen met hun naam.

Om dit idee te testen bedacht Pelham een lijst namen die op *dentist* leken, zoals Dennis. Op dat moment stond Dennis veertigste op de lijst van meest voorkomende jongensnamen in de Verenigde Staten, waar Jerry op de 39e en Walter op de 41e plaats stond. Met die informatie in zijn achterhoofd bekeek Pelham de adressenlijst van de Amerikaanse tandartsenassociatie op zoek naar het aantal tandartsen met een van die drie voornamen. Als iemands voornaam absoluut geen effect heeft op de carrière die hij of zij kiest, zou je verwachten dat ruwweg eenzelfde aantal mensen met een van die drie namen tandarts zou worden.

Maar Pelham en zijn collega's vonden een andere uitkomst. Uit het onderzoek kwam naar voren dat 257 tandartsen Walter heetten, 270 heetten Jerry, en 482 Dennis. Dat betekent dat Amerikaanse tandartsen ongeveer 82 procent meer kans maken Dennis te heten dan je zou verwachten wanneer de gelijkenis tussen namen absoluut geen invloed had op de beroepskeuze. Zo maken Amerikanen met een voornaam die met *Geo* begint (George, Geoffrey) buitenproportioneel veel kans om in de aardwetenschappen (geografie, geologie etc.) terecht te komen. Het is zelfs zo dat alleen al de eerste letter van iemands voornaam invloed heeft op zijn of haar beroepskeuze. Zo bleek dat eigenaren van ijzerhandels (*hardware stores*) ongeveer tachtig procent vaker een voornaam hebben die met de letter H begint dan een die met een R begint, maar dakwerkers (*roofers*) hebben zeventig procent meer kans een voornaam met een R te hebben dan een die met een H begint. Wanneer je echter duizend dakwerkers met een voornaam die met een R begint, zou vragen of hun naam een rol heeft gespeeld bij hun beroepskeuze, is de kans groot dat de ene helft zou denken dat je getikt bent, terwijl de andere helft het waarschijnlijk op dom zou houden.*

De neiging ons aangetrokken te voelen tot dingen waarmee we een band hebben, blijkt op meer belangrijke terreinen een rol te spelen, bijvoorbeeld bij de keuze van de plek waar we gaan wonen. Pelham en zijn collega's hebben onder andere aangetoond dat er sprake is van onevenredigheid bij:

Mensen die verhuizen naar staten in de VS die een overeenkomst vertonen met hun eigen naam. Mensen die Florence heten, maken een disproportioneel grote kans om naar Florida te verhuizen, net zoals mensen die Louise heten disproportioneel vaak naar Louisiana verhuizen.

Mensen die naar Amerikaanse steden verhuizen waarin getallen voorkomen die overeenkomen met getallen die ook in hun geboortedatum zitten. Zo woont er in een stad als Two Harbors in Minnesota een overmatig groot aantal mensen dat op 2 februari (2/2) is geboren, terwijl plaatsen waarin het getal drie voorkomt, zoals Three Forks in Montana, een disproportioneel aantal inwoners hebben die op 3 maart (3/3) geboren zijn.

Mensen die ervoor kiezen in een straat te wonen waarvan

---

*   Dit feit werd nog eens onderstreept tijdens een recent congres, waar een van ons een toespraak hield. Een van de gedelegeerden wilde koste wat kost een situatie noemen waarin er geen gelijkenis was tussen iemands naam en zijn beroep en merkte op: 'Ik heb een vriend die Dennis heet, en die is geen tandarts.' Toen een ander hem vroeg wat zijn vriend dan wel deed, slaakte hij een diepe zucht en zei: 'Hij is sloper (*demolition worker*).'

de naam op de hunne lijkt. Iemand wiens achternaam Washington is, gaat eerder in Washington Street wonen dan iemand met de achternaam Jefferson.

Mensen die met iemand trouwen die een vergelijkbaar klinkende voor- of achternaam heeft. Stel dat verder alles min of meer gelijk is, en Eric, Erica, Charles en Charlotte komen elkaar voor de eerste keer tegen, dan is de kans dat Erica iets met Eric krijgt groter dan dat ze verkering met Charles krijgt, en het omgekeerde geldt voor Charlotte.

Mensen die de opdracht krijgen zich op hun gevoel en intuïtie te verlaten bij een keuze. Hun voorkeur gaat uit naar producten waarvan de eerste letter dezelfde is als die van hun eigen naam. Dus ene Mieke zal eerder een Marsreep boven aan haar lijstje zetten en iemand die Leo heet, kiest eerder een Lion.

Bedrijven die een naam moeten kiezen voor nieuwe producten die voor het grote publiek bedoeld zijn, kunnen uit dit onderzoek alleen afleiden dat ze namen moeten vermijden die met ongewone letters als Z, X of Q beginnen. Maar ontwerp je een programma, een initiatief of een product voor een specifieke klant, dan kun je gebruikmaken van die natuurlijke neiging van mensen zich aangetrokken te voelen tot dingen die hen aan zichzelf doen denken door welbewust een naam te kiezen. In elk geval zou je bij de naamgeving uit moeten gaan van de naam van de klant of van de eerste letter van zijn of haar naam. Stel, je hebt plannen om een bepaalde strategie aan Pepsi voor te leggen, dan is de kans dat je succes hebt beslist groter als je die strategie een naam meegeeft als 'de Pepsipropositie' en zelfs met 'het Petersonplan'. Zolang het programma echt op een bepaalde klant is toegesneden, is dat een geslaagde aanpak, die ook nog eens niets kost.

En stel dat je je kind maar niet aan het lezen krijgt, zoek dan eens een boek waarvan de titel enigszins op zijn of haar naam lijkt (een Harm of een Hanneke zou je Harry Potter kunnen aanbieden), wie weet krijgen ze dan de smaak te pakken. En als de kleine Karel of Catherine doodsbang is voor de tandarts kun je altijd nog in de Gouden Gids op zoek naar een tandarts die Krantarts heet...

34
Welke tip heeft de ober voor jou?

Of het nu om een zakenlunch met klanten gaat of om een gezellig dinertje met vrienden of familie, restaurants spelen een cruciale rol in een geslaagd professioneel en persoonlijk leven. Hoewel de interactie met je tafelgenoten je heel wat kan opleveren, is één heel belangrijke tip die je aan een restaurantbezoek kunt overhouden afkomstig van een heel andere groep mensen, en wel van degenen die de hele dag hopen op een flinke tip, maar zelden zelf een tip geven.

Dan hebben we het natuurlijk over het bedienend personeel, van wie we heel wat kunnen opsteken over hoe je overtuigender kunt zijn. Zo is menigeen in die sector er al achter dat je meer fooi krijgt wanneer je de bestelling van een klant woordelijk herhaalt. We hebben allemaal wel eens meegemaakt dat een kelner onze bestelling opnam en volstond met een simpel 'oké' of, nog erger, vertrok zonder onze bestelling te bevestigen. Het is misschien ook niet zo heel vreemd dat we de voorkeur geven aan iemand die ons niet met de vraag laat zitten of de tonijnsalade die we besteld hebben dadelijk in een broodje gezond blijkt te zijn veranderd.

Rick van Baaren heeft onderzoek gedaan om te testen of het vermoeden klopt dat iemand die de bestelling van zijn of haar klant woordelijk herhaalt inderdaad meer fooi krijgt. Dus niet in andere woorden herhalen, niet knikken, geen 'oké' zeggen, uitsluitend woord voor woord herhalen wat de klant heeft besteld. In een onderzoek wist het bedienend personeel de fooien met maar liefst zeventig procent omhoog te krijgen, enkel en alleen door de woorden van hun klanten na de bestelling exact te herhalen.

Hoe zou het komen dat je zo'n ruimhartige reactie krijgt als je iemand spiegelt? Misschien hangt dat wel samen met onze aangeboren neiging de voorkeur te geven aan mensen die op ons lijken. Onderzoekers Tanya Chartrand en John Bargh stellen dat het spiegelen van andermans gedrag bij die ander sympathie wekt en de band tussen de betrokkenen versterkt. In een bepaald experiment creëerden zij een situatie waarin twee personen een korte interactie hadden. Een van de deelnemers was echter in werkelijkheid een onderzoeksassistent. In de helft van de gevallen spiegelde deze de houding en het gedrag van de andere deelnemer. Dus als deze laatste met haar armen over elkaar zat en met haar voet op de grond tikte, zat de assistent ook met haar armen over elkaar en tikte ze met haar voet op de grond. In de andere helft van de gevallen deed de assistent het gedrag niet na.

Uit het onderzoek bleek dat de deelnemers die gespiegeld waren de onderzoeksassistent aardiger vonden en het gevoel hadden dat de interactie soepeler was verlopen dan de deelnemers wier gedrag niet was gespiegeld. Op eenzelfde manier krijgen kelners die de woorden van hun klanten herhalen waarschijnlijk meer fooi, vanwege datzelfde principe dat we aardige dingen willen doen voor, en ja willen zeggen tegen, mensen die we aardig vinden.

Niet zo lang geleden voerden William Maddux en zijn collega's een stel experimenten uit waarbij deze processen in een ander domein werden onderzocht, namelijk aan de onderhandelingstafel. Hun stelling was dat het spiegelen van gedrag tijdens onderhandelingen betere uitkomsten kan opleveren, en dan niet alleen voor degene die het gedrag van de ander spiegelt maar voor allebei. Bij een experiment kregen studenten Bestuurskunde bijvoorbeeld ofwel de instructie om tijdens een onderhandeling het gedrag van hun partner op een subtiele manier te spiegelen (zoals achteruit geleund op de stoel gaan zitten als de ander dat doet), of om dat juist niet te doen. Wanneer de ene partij de opdracht had de andere te spiegelen, kwamen de twee in 67 procent van de gevallen tot een overeenkomst. En wanneer ze niet de opdracht kregen de ander te spiegelen? Dan lukte het maar in een schamele 12,5 procent van de gevallen. Op basis van enige bijkomende gegevens die het experiment opleverde, kwamen de onderzoekers tot de conclusie dat het spiegelen van gedrag tot een groter vertrouwen leidde, en dat grotere vertrouwen leidde er gewoonlijk toe dat een van de onderhandelaars er geen moeite mee had om met details aan te komen die ervoor nodig waren om een patstelling te doorbreken en een situatie te scheppen waarin beide partijen wonnen.

Het kan best zijn dat jij zelf wel eens hebt meegemaakt dat je tijdens overleg met een lid van je team of onderhandelingen met een tegenstander ontdekte dat jouw houding die van de ander spiegelde. De gebruikelijke reactie op dat besef is je lichaamshouding zo te veranderen dat je niet meer de houding van de ander imiteert; met andere woorden: je doet ineens net of er iets mis is met het spiegelen van andermans gedrag. En dat terwijl het exacte tegendeel uit dit onderzoek naar voren komt: spiegelen zou juist een *beter* resultaat voor jullie allebei moeten opleveren, of op zijn minst zou het gunstige resultaat dat er voor jou uit rolt niet ten koste gaan van de ander.

Er zijn andere toepassingen mogelijk voor deze bevindingen. Als je bijvoorbeeld in de verkoop of bij de klantenservice werkzaam bent, kun je om te beginnen een beter contact met je cliëntèle opbouwen door hun uitlatingen te herhalen, ongeacht of die in de vorm van een vraag, een klacht of zelfs in de vorm van een opdracht zijn (bijvoorbeeld zoiets als: 'Dus u zegt dat *u tien eenheden wilt kopen met de mogelijkheid om dat tot twintig te verhogen in mei*').

Dit inzicht werd onlangs nog eens op een niet al te positieve manier bevestigd toen een van ons de vraag kreeg een reeks opgenomen telefoongesprekken te beoordelen die met een afdeling Klantenservice waren gevoerd. Daar was er een bij van een behoorlijk woedende klant die erop stond dat ze een manager te spreken kreeg omdat het betreffende bedrijf een toezegging die ze hadden gedaan niet had waargemaakt.

'Ik vind het heel naar dat u zo ontdaan bent,' luidde het antwoord van de telefonist van de klantenservice.

'Ik ben niet ontdaan, ik ben kwaad,' antwoordde de klant met steeds luidere stem.

'Ik kan horen dat u boos bent.'

'Boos? Boos? Ik ben niet boos, ik ben kwaad,' schreeuwde de klant.

Binnen de kortste keren was het gesprek ontaard in een heftige woordenstrijd, en de klant werd steeds kwader vanwege de kennelijke onwil om haar kwaadheid te erkennen. Eenvoudig het herhalen van haar eigen woorden had wel eens een geheel andere uitkomst kunnen opleveren. 'Ik vind het heel naar om te horen dat u kwaad bent. Wat kunnen we er samen aan doen om het probleem op te lossen?' was een veel betere reactie geweest, en dat is het soort reactie dat we allemaal kunnen aanwenden als we een beter contact en betere relaties willen opbouwen.

En wat is de moraal van dit verhaal? We kunnen veel leren over de manier waarop je anderen kunt beïnvloeden door te observeren hoe horecapersoneel met zijn klanten omgaat. Er wordt wel gezegd dat imitatie de verhevenste vorm van vleierij is, maar de genoemde strategieën wijzen er op dat imitatie ook een van de meest basale manieren is om mensen te overtuigen.

35

Welke glimlach doet de wereld teruglachen?

'Begin geen winkel als je niet graag glimlacht,' luidt een eenvoudig maar zeer leerzaam Chinees gezegde. We hebben allemaal wel eens gehoord hoe belangrijk 'dienstverlening met een glimlach' is, maar is het wellicht zo dat de ene glimlach niet de andere is? Kan het positieve effect dat je glimlach heeft op degenen die hem zien, afhangen van de manier waarop je glimlacht?

Sociale wetenschapper Alicia Grandey en haar collega's stelden zich de vraag of alle soorten glimlach even effectief zijn om klanttevredenheid te bewerkstelligen. Op basis van uitkomsten van eerder onderzoek waaruit bleek dat mensen vaak in staat zijn onderscheid te maken tussen authentieke en niet-authentieke glimlachen nam het onderzoeksteam aan dat de oprechtheid waarmee mensen die bij een klantenservice werken glimlachen invloed kan hebben op de klanttevredenheid, ook al is het onderscheid tussen de beide soorten glimlach buitengewoon subtiel.

Bij een onderzoek dat was opgezet om deze hypothese te testen, liet men deelnemers kijken naar een van de video-opnamen van een gesprekje tussen een employé achter de balie van een hotel en een gast die kwam inchecken; de deelnemers moesten aangeven hoe tevreden ze zelf zouden zijn geweest met de interactie als zij de gast waren geweest. De opname was echter zonder dat de deelnemers dat wisten in scène gezet: de onderzoekers hadden acteurs ingehuurd om de employé en de gast te spelen. Het script was weliswaar steeds hetzelfde, maar de instructies die de actrice die de receptioniste speelde meekreeg, varieerden wel. In het ene geval kreeg ze de opdracht positieve gevoelens jegens de gast bij zichzelf op te roepen en te bedenken hoe ze hem op zijn gemak kon stellen, de authentieke situatie dus. In het andere geval kreeg ze te horen dat ze tijdens de interactie moest glimlachen, de niet-authentieke situatie. De onderzoekers varieerden de scène ook in de mate waarin de hotel-employé de taken beter of slechter uitvoerde. De eerste uitkomst ligt voor de hand: de toeschouwers voelden een grotere tevredenheid wanneer de receptioniste de taken goed uitvoerde dan wanneer dat slecht gebeurde. Een tweede uitkomst was dat de authenticiteit van de glimlach niet veel verschil maakte voor de waargenomen tevredenheid wanneer de employé de taken slecht uitvoerde. Wanneer de taken echter goed werden uitgevoerd, gaven degenen die de video met de 'authentieke glimlach' te zien kregen aan dat ze tevredener zouden zijn dan degenen die de video met de 'onechte glimlach' zagen.

Bij een ander onderzoek dat in een natuurlijker omgeving plaatsvond vroegen de onderzoekers willekeurige bezoekers van een restaurant hoe tevreden ze waren over de kwaliteit van het bedienend personeel. Tevens werd geïnformeerd naar de mate waarin men de positieve houding van het personeel tegenover hen oprecht achtte. In overeenstemming met de bevindingen uit het eerder vermelde onderzoek waren gasten die meenden dat degenen die hen bediend hadden authentiek waren in hun positieve opstelling, tevredener over de dienstverlening.

Op grond van de uitkomsten van dit onderzoek zou je zeggen dat het oude gezegde *Smile and the world smiles with you* aan revisie toe is. Als je glimlach onecht is, zou je wel eens een frons terug kunnen krijgen. Dus hoe zorgen we ervoor dat wij en anderen authentiekere positieve ervaringen krijgen?

Managers van dienstverlenende bedrijven zouden kunnen overwegen employés een cursus emotionele vaardigheden aan te bieden waardoor ze hun stemmingen leren reguleren en verbeteren. Wanneer niet al te opgewekte employés zich gedwongen zien te glimlachen, zouden hun interacties wel eens van mindere kwaliteit kunnen zijn, wat uiteindelijk een negatief effect zal hebben op de tevredenheid bij de klant. Maar helaas vergt dat soort emotionele training vaak een hoop tijd en geld.

Een meer algemene benadering waarvoor we allemaal kunnen kiezen is proberen het advies van Benjamin Franklin op te volgen: 'Zoek bij anderen naar hun deugden.' We hebben veel te veel de neiging om juist de minder geslaagde kanten te zien van de mensen met wie we te maken hebben. Als we er nu eens een gewoonte van maakten juist naar hun aardige kanten te kijken, zullen we hen veel aardiger vinden met als resultaat dat zij ons ook aardiger vinden. En zo gaat iedereen erop vooruit. Die aanpak kan zelfs nuttig zijn in contacten met je superieuren. Een van ons heeft een vriendin die een buitengewoon moeilijke relatie had met haar baas. Ze waren het zelden met elkaar eens, erger nog, ze had gewoon een hekel aan hem als persoon. Maar op een dag besloot ze Franklins advies op te volgen. Op kantoor was haar baas weliswaar geen prettig persoon, maar zijn gezin betekende heel veel voor hem, een karaktertrek die ze zeer bewonderde. Toen ze zich eenmaal op die positieve eigenschap begon te concentreren, begon ze hem langzamerhand steeds meer te waarderen. Op een dag zei ze tegen hem hoe geweldig ze het vond dat hij zo aan zijn gezin verknocht was, iets wat ze inmiddels in alle oprechtheid kon zeggen. Tot haar verbazing kwam hij de volgende dag bij haar op de kamer om haar attent te maken op bepaalde informatie waar zij veel aan had; iets waarvan ze zeker wist dat hij dat anders nooit had gedaan.

36

Wat kun je opsteken van het hamsteren van theedoeken?

Direct na de bekendmaking van het overlijden van paus Johannes Paulus II op de avond van 2 april 2005 gebeurde er iets hoogst merkwaardigs. Op het eerste gezicht zonder enige verklaring stapten mensen ineens overal souvenirwinkels binnen om allerlei aandenkens te kopen als koffiekopjes en zilveren lepeltjes. Dat gedrag zou volkomen begrijpelijk zijn geweest als die mensen de kans te baat hadden genomen prullaria te kopen met de beeltenis van Johannes Paulus II erop, om in het bezit te komen van een aandenken aan zijn periode als hoofd van de katholieke kerk. Maar op deze souvenirs stond de net overleden paus niet afgebeeld. En die stormloop deed zich ook helemaal niet voor in Rome of zelfs maar in Italië. Die voltrok zich ruim 1500 kilometer daarvandaan, hoewel vaststaat dat het overlijden van de paus beslist invloed had op dit merkwaardige koopgedrag.

Paus Johannes Paulus, die vaak wordt genoemd als een belangrijke factor bij de val van het communisme, had zeker ook een aanzienlijke invloed uitgeoefend waar het ging om uiteenlopende kwesties als de consumptiemaatschappij en abortus, maar herdenkingskoffiekopjes? En dan niet willekeurige koffiekopjes, maar koninklijke kopjes als aandenken aan het huwelijk van prins Charles met Camilla Parker Bowles op vrijdag 8 april 2005 te Windsor in Engeland. En het waren niet alleen koffiekopjes die de winkel uit vlogen; de souvenirjagers hadden het ook gemunt op theeserviezen, zilveren lepels, theedoeken, muismatten en sleutelhangers. Wat kon de oorzaak zijn van die opmerkelijke stormloop?

Op maandag 4 april 2005 kondigde het Vaticaan aan dat de begrafenisplechtigheid voor paus Johannes Paulus II de vrijdag daarop in Rome gehouden zou worden, de dag waarop ook het huwelijk gepland stond. Als gebaar van respect en om de prins in de gelegenheid te stellen de begrafenis bij te wonen verplaatste de koninklijke familie het huwelijk haastig naar de dag na de begrafenis, naar zaterdag 9 april 2005. Het gevolg was dat elke souvenirwinkel in Windsor nu zat opgescheept met een voorraad huwelijksaandenkens waarop de verkeerde datum stond vermeld. Mensen die een kansje op een leuke winst zagen begonnen de verkeerd gedateerde souvenirs op te kopen, omdat ze er allemaal van overtuigd waren dat ze de binnenkort ongetwijfeld moeilijk verkrijgbare spullen later bijvoorbeeld op eBay aan deze of gene verzamelaar zouden kunnen verkopen.

De verkeerd gedateerde souvenirs waren als de misdruk van een zeldzame postzegel. Het gerucht over de verkeerd gedateerde souvenirs die ineens de winkel uit vlogen verspreidde zich als een lopend vuurtje, en het gevolg was dat er alleen maar nog meer souvenirjagers op pad gingen. Al snel waren de winkels door hun voorraad heen. Een aantal journalisten die toch al in Windsor zaten om het verhaal van het koninklijke huwelijk te verslaan hield op straat mensen aan die de winkels uit kwamen met tassen vol souvenirs en stelden hun de vraag of ze het soort mensen waren die zulke spullen normaal ook zouden kopen. Tot hun verrassing antwoordde de meerderheid van niet. Deze souvenirjagers werden niet gedreven door de behoefte aan een koffiemok, niet door de kwaliteit van het product of door de koninklijke gebeurtenis die ermee samenhing. De enige reden was dat er een verkeerde datum op de mok stond waardoor hij in de toekomst wellicht meer waard zou worden.

Uit onderzoeken die de afgelopen vijf decennia zijn uitgevoerd is keer op keer gebleken dat zeldzame en unieke voorwerpen meer waarde voor ons hebben. Dingen waarvan we horen dat ze schaars en slechts een beperkte tijd beschikbaar zijn, vinden we ineens een stuk aantrekkelijker. In het geval van de koninklijke souvenirs namen mensen waarschijnlijk aan dat de winkeliers de voorwerpen met een verkeerde datum met ladingen tegelijk zouden dumpen. Maar aangezien het huwelijk niet bepaald een van de populairste koninklijke gebeurtenissen was, was het gevolg dat er een paar dagen later, toen de winkels hun voorraden hadden aangevuld met souvenirs waarop de juiste huwelijksdatum vermeld stond, meer mensen waren met een aandenken met de verkeerde datum dan met de juiste datum. Uiteindelijk waren er van de souvenirs met de verkeerde datum, waarvan men had aangenomen dat ze schaarser zouden zijn, meer in omloop, en dus waren ze waardeloos.

Er waren overigens wel enkele slimme kopers die zich een paar dagen later weer bij een souvenirwinkel meldden en hetzelfde aandenken met de nieuwe datum kochten. Zij beseften dat vanwege de run op de winkels een set van een koffiemok met een verkeerde datum en eenzelfde mok maar dan met de juiste datum helemaal zeldzaam zou zijn.

Wat zegt dit ons over hoe we overtuigender kunnen worden? Als je een bedrijf hebt, moet je je klanten informatie geven over die aspecten van je producten of diensten die echt zeldzaam en uniek zijn. Een ijzersterke manier om hen over te halen jouw producten te kopen en niet die van de concurrent, is wijzen op die elementen die jouw product wel heeft en het product van je concurrent niet. Hetzelfde gaat op als je collega's wilt overhalen om je bij een project of initiatief te helpen. In dat geval kan het helpen als je ze laat weten hoe uniek dat initiatief is: 'Het komt niet vaak voor dat we de kans krijgen om bij zo'n initiatief betrokken te zijn.' En ook familieleden zullen eerder reageren als ze te horen krijgen dat je tijd en de ruimte die je hebt om hulp te bieden beperkt zijn. Door er eenvoudig en eerlijk op te wijzen dat je producten, diensten, tijd en hulp beperkt zijn, verleen je ze een grotere waarde en zullen mensen jou en dat wat je te bieden hebt hoger aanslaan. En over het algemeen zeggen we vaker ja tegen diegenen die we hoger aanslaan.

Uit nogal wat wetenschappelijk onderzoek is naar voren gekomen hoe groot de invloed van schaarste is op onze besluitvorming. Dat principe van schaarste kunnen we ook in het leven van alledag aan het werk zien. De afgelopen jaren wordt zelfs de feestsfeer in december een schaars goed, nu ouders elkaar zo ongeveer naar het leven staan om toch nog die bijna uitverkochte spelcomputers te pakken te krijgen. De benzineschaarste in de zomer van 2000 leidde in het Verenigd Koninkrijk tot behoorlijk vreemd gedrag. Mensen zetten alles op alles om toch nog een beetje van het schaarse goed te veroveren. En toen British Airways in februari 2003 aankondigde dat ze de Concorde voortaan aan de grond zouden houden, deed de verkoop van plaatsen in dat vliegtuig precies het tegendeel: die vloog namelijk omhoog. Duizenden mensen waren in oktober 2003 blijkbaar zo bang iets te missen dat ze allemaal met hun auto op een snelweg stil bleven staan om het opstijgen van de laatste Concorde gade te slaan, iets wat zo'n beetje dertig jaar lang dagelijks te zien was geweest.

We hebben allemaal in ons dagelijks leven wel eens het psychologische effect van het principe van schaarste ervaren. Er is echter een veel ongrijpbaarder terrein waarop dit principe buitengewoon subtiel en krachtig werkt, en wel in het domein van de informatievoorziening. Onderzoek heeft aangetoond dat exclusieve informatie als waardevoller en overtuigender wordt beschouwd. Uit een door Amram Knishinsky uitgevoerd onderzoek bleek bijvoorbeeld dat groothandelaren in rundvlees ruim tweemaal meer dan normaal bestelden als ze vernamen dat er waarschijnlijk een tekort aan Australisch rundvlees zou ontstaan ten gevolge van de weersomstandigheden aldaar. Daaruit blijkt duidelijk wat het effect is van schaarste van de goederen zelf. Als deze groothandelaren ook nog eens te horen kregen dat de informatie afkomstig was van een exclusieve bron die niet voor het grote publiek toegankelijk was (beide berichten waren overigens ook echt waar), verhoogden ze hun bestellingen met maar liefst 600 procent.

Dit soort bevindingen is uitermate verhelderend en levert toepassingen op waarmee je je verzoeken aanzienlijk overtuigender kunt maken, wat ervoor zal zorgen dat meer mensen op je verzoek zullen ingaan. Als je informatie doorgeeft waar alleen jij over beschikt, maar je vergeet erbij te vermelden hoe uniek die informatie is, zou je wel eens een unieke kans kunnen verspelen om een effectieve en ethisch verantwoorde beïnvloedingstechniek toe te passen.

37

Wat kun je winnen bij verlies?

Op 23 april 1985 nam Coca-Cola een beslissing die *Time* later 'de grootste marketingmisser van het decennium' zou noemen: uit onderzoek was gebleken dat er meer mensen waren die de voorkeur gaven aan de zoetere smaak van Pepsi, en dus besloot men het traditionele colarecept aan de wilgen te hangen en te vervangen door een zoetere variant, de zogenaamde 'New Coke'. Menig Amerikaan staat die dag nog helder voor de geest. Een krant bracht het zo onder woorden: 'Men had bij Coca-Cola niet voorzien wat voor pure frustratie en woede hun actie zou losmaken. Van Bangor tot Burbank, van Detroit tot Dallas stonden tienduizenden Cola-Cola-liefhebbers als één man op om de smaak van de nieuwe cola aan de schandpaal te nagelen en hun oude cola terug te eisen.'

Het extreemste voorbeeld van deze combinatie van woede en nostalgie is misschien wel het verhaal van de gepensioneerde belegger Gay Mullins, die zo ongeveer een nationale beroemdheid werd toen hij het genootschap 'Old Cola Drinkers of America' oprichtte. Dit was een over heel Amerika verspreide groep mensen die zich onvermoeibaar inzette om met alle burgerlijke, juridische en wettelijke middelen die hun maar ter beschikking stonden het traditionele recept weer op de markt te krijgen. Zo opende Mullins een telefoonnummer waar mensen hun verontwaardiging en andere gevoelens konden ventileren, en waar ruim zestigduizend telefoontjes binnenkwamen. Hij verkocht duizenden anti-'New Coke'-buttons en T-shirts. En hij probeerde zelfs een zaak tegen de onderneming aanhangig te maken, maar die werd door de rechter al snel niet-ontvankelijk verklaard. Het meest verbijsterend was nog dat het de heer Mullins blijkbaar niet uitmaakte dat hij bij een blinde smaaktest ofwel de voorkeur gaf aan New Coke boven het originele recept, ofwel geen verschil proefde.

Dus datgene waarvan de heer Mullins het meest hield was in zijn ogen minder waard dan datgene wat hij naar zijn gevoel op het punt stond kwijt te raken. Zodadelijk komen we nog op dit idee terug. Intussen willen we nog even opmerken dat toen de leiding van Coca Cola voor de druk was gezwicht en de originele cola weer op de markt was gebracht, ze nog steeds volkomen verbijsterd waren door wat hen was overkomen. De toenmalige president-directeur van Cola Cola Donald Keough had het volgende te zeggen over de onwankelbare trouw van de consument aan de oorspronkelijke cola: 'Zoiets is een prachtig Amerikaans mysterie, een heerlijk Amerikaans raadsel. Iets wat je niet kunt meten, evenmin als liefde, trots en patriottisme.'

Daar zijn wij het niet mee eens. Het is om te beginnen al geen mysterie als je enig inzicht hebt in de psychologie achter het principe van schaarste en het effect dat dat heeft op de gevoelens van mensen als ze op het punt staan iets kwijt te raken. Dat geldt helemaal voor een product als Coca-Cola, dat een onlosmakelijk onderdeel is geworden van de geschiedenis en tradities van mensen overal ter wereld.

Bovendien is deze natuurlijke neiging van Coca-Cola-drinkers iets dat niet alleen wel degelijk gemeten kan worden, het was ook door de onderneming zelf gemeten, en nog wel bij hun eigen marktonderzoek. Die uitslag hadden ze voor hun neus toen ze de beruchte beslissing namen om het recept te veranderen, maar ze hadden die gegevens niet gecombineerd met een goed inzicht in de factoren die een rol spelen bij sociale beïnvloeding.

De mensen van Coca-Cola kijken echt niet op een cent als het op marktonderzoek aankomt: ze zijn bereid miljoenen te spenderen om er zeker van te zijn dat ze de markt voor nieuwe producten goed hebben onderzocht. Voordat ze tot de beslissing kwamen op de nieuwe cola over te stappen hadden ze van 1981 tot 1984 het oude en het nieuwe recept uitermate zorgvuldig getest op bijna tweehonderdduizend mensen in vijfentwintig steden. Bij hun smaaktests, waarvan het grootste deel blind was, bleek 55 procent de voorkeur aan de nieuwe cola te geven. Sommige tests waren echter niet blind. Daarbij kregen de deelnemers van te voren te horen wat de oude en wat de nieuwe cola was. In dat geval nam de voorkeur voor de nieuwe cola nog eens met zes procent toe.

Hoe valt dat te rijmen met het feit dat toen de onderneming uiteindelijk de nieuwe cola op de markt besloot te brengen, mensen ineens zeiden dat ze een voorkeur voor de oude cola hadden. Dat kan alleen als je het principe van schaarste op dit vraagstuk loslaat: tijdens de smaaktests was de nieuwe cola de frisdrank die mensen niet konden kopen, dus zodra ze wisten welk monster wat was, hadden ze een sterke voorkeur voor datgene wat ze anders niet konden krijgen. Maar toen de onderneming het traditionele recept verving door het nieuwe, was het ineens de oude cola die mensen niet konden krijgen en dus werd die toen de grote favoriet.

En toen ze bij Coca-Cola de verschillen in voorkeur tussen de blinde en de niet-blinde tests bekeken, was daar die zes procent toename in voorkeur voor de nieuwe cola. Het probleem was alleen dat ze daar een verkeerde uitleg aan gaven. Waarschijnlijk leidden ze eruit af dat wanneer mensen weten dat ze iets nieuws krijgen, hun voorkeur ineens omhoogschiet. Maar in feite betekende de uitslag dat wanneer mensen weten dat ze iets *niet kunnen krijgen* hun voorkeur daarvoor omhoogschiet.

In het geval van Coca-Cola betekende het uit de handel halen van een bepaald product ook nog eens dat mensen die hun leven lang cola hadden gedronken iets kwijtraakten wat ze met grote regelmaat gebruikten. De menselijke neiging gevoeliger te zijn voor mogelijk verlies dan voor mogelijke winst is een van de best onderbouwde bevindingen van de sociale wetenschappen. Gedragswetenschappers Daniel Kahneman en Amos Tversky waren de eersten die het idee van de *loss aversion* (afkeer van verlies) uittesten en met bewijzen staafden. Deze neiging is een verklaring voor heel wat menselijk gedrag op het gebied van uiteenlopende zaken als financiën, besluitvorming, onderhandelingen en overtuiging.

Een consequentie van deze afkeer van verlies is bijvoorbeeld dat onervaren beleggers vaak de neiging hebben aandelen die in waarde zijn gestegen te vroeg te verkopen omdat ze de winst die ze inmiddels hebben gemaakt niet willen verliezen. Datzelfde verlangen om een mogelijk verlies te vermijden zet zulke beleggers ertoe aan om aandelen die sinds het moment van aankoop in waarde zijn gedaald vast te houden. Als ze op zo'n moment zulke aandelen verkochten, zou dat immers betekenen dat ze formeel en onherroepelijk verlies op de belegging genomen hebben, en daar schrikken deze beleggers voor terug, een beslissing die er meestal op uitdraait dat de waarde van het aandeel nog verder daalt.

Ook vanuit de marketing bezien is de afkeer van verlies een belangrijke factor. Over het algemeen zijn marketingmensen en adverteerders erop uit om de boodschap over de voordelen van hun product bij de potentiële klanten over het voetlicht te krijgen. Dat proberen ze vaak door in hun boodschap te benadrukken wat potentiële klanten allemaal bij hun product te winnen hebben. Daarmee laten ze wellicht een prachtige kans liggen om hun boodschap aanzienlijk overtuigender te verpakken door de aandacht te vestigen op wat het publiek allemaal te verliezen heeft. In plaats van met kreten als 'Pak deze kans om ons product uit te proberen tegen een korting van twintig procent' hebben ze wellicht meer succes met een tekst als 'Laat deze kans om ons product uit te proberen tegen een korting van twintig procent niet lopen'. In het laatste geval wijzen ze het publiek erop dat het aanbod in zeker opzicht schaars is (omdat het maar een beperkte tijd geldt), het publiek loopt dus het gevaar een kans te missen om het product tegen de op dit moment geldende korting te kopen.

Zo is het ook als je je collega's hoopt over te halen om met jou aan een bepaald project te werken van belang om hen niet alleen te wijzen op wat ze er allemaal in termen van kansen en ervaringen te winnen hebben, maar ook op wat ze anders allemaal op die terreinen zouden mislopen. Onderzoek van sociale wetenschapper Marjorie Shelley heeft aangetoond dat managers zich bij hun besluitvorming veel meer laten leiden door wat ze mogelijk mislopen dan door mogelijke winst, ook als de keuzen op hetzelfde neerkomen. Stel dat je bijvoorbeeld een idee hebt waarmee jouw afdeling per jaar 100.000 euro zou kunnen besparen als het wordt aangenomen. Dan kom je eerder overtuigend over wanneer je dat plan presenteert in termen van het verliezen van dat bedrag in het geval dat het plan niet wordt aangenomen, dan wanneer je het idee als een besparing neerzet.

Het idee iets te verliezen is al net zo dwingend wanneer het in de vorm van een boodschap tot ons komt. Onderzoekers van de universiteit van Californië die zich voordeden als vertegenwoordigers van een plaatselijk energiebedrijf constateerden dat de kans dat een groep huiseigenaren aanbevolen energiebesparende maatregelen in hun huis trof maar liefst zo'n driehonderd procent groter was als ze te horen kregen dat ze anders zo'n vijftig cent per dag zouden blijven verliezen dan als ze te horen kregen dat ze vijftig cent per dag konden besparen. Merk op dat er in dit voorbeeld economisch gezien geen enkel verschil is tussen beide boodschappen. Die vijftig cent blijven hetzelfde bedrag, maar psychologisch gezien was de boodschap waarin het verlies werd benadrukt driemaal zo overtuigend.

Vergeet vooral ook niet dat je gemakkelijk nadelig beïnvloed kunt worden met deze strategie. Sommige sluwe onderhandelaars (en een enkele autoverkoper) wachten tot de uiteindelijke overeenkomst bijna binnen bereik lijkt en komen dan met een onverteerbare eis, in de wetenschap dat de tegenpartij er de grootste moeite mee zal hebben alsnog de handdoek in de ring te gooien. Dat zou immers betekenen dat je een hoop tijd, moeite en kansen zou hebben verspeeld (de zogenaamde *sunk costs*). Als je de indruk hebt dat een verkoper met wie je in onderhandeling bent op die manier misbruik wil maken van jouw afkeer van verlies, moet je ervoor zorgen dat de verkoper degene is die het verlies te incasseren krijgt.

38

Door welk woordje word je een stuk overtuigender?

We're off to see the Wizard
The wonderful Wizard of Oz
Because because because because!
Because of the wonderful things he does.

De aan het kinderboek van L. Frank Baum ontleende film uit 1939 *The Wizard of Oz* geldt nog altijd als een van de favoriete films voor het hele gezin. Heel veel mensen, en zeker Amerikanen, zijn vertrouwd met alle perikelen die Dorothy en haar vrienden de Vogelverschrikker, de Blikken Man en de Leeuw meemaken op hun gevaarlijke reis over de Goudgele Weg. De Tovenaar van Oz had hen er blijkbaar van weten te overtuigen dat het de moeite waard was om hem op te zoeken. Maar wat kunnen we opsteken van het liedje dat de vier reisgenoten onderweg zongen over de manier waarop we met succes anderen ervan kunnen overtuigen dat ze de route moeten volgen die wij voor hen hebben uitgestippeld?

Neem in de rij staan. Of je nu bij een bank, een supermarkt of een pretpark bent, in de rij staan zal niet tot je favoriete bezigheden behoren. Onder wat voor omstandigheden zou jij bereid zijn iemand anders voor te laten gaan, in aanmerking genomen dat vrijwel iedereen het liefste zo snel mogelijk naar voren wil in de rij? Een centraal thema in dit boek is dat kleine wijzigingen in de manier waarop je een verzoek doet reusachtige resultaten kunnen opleveren. Maar kan iemand die een verzoek doet met behulp van één enkel woord de kans dat jij 'ja, ga je gang' zegt aanzienlijk vergroten?

Jawel, namelijk met het woordje 'want'. Gedragswetenschapper Ellen Langer en haar collega's wilden de overtuigingskracht van dat woordje eens uittesten. Bij een onderzoek moest een onbekende een persoon die in de rij voor het kopieerapparaat stond te wachten benaderen met de simpele vraag: 'Neem me niet kwalijk, ik heb maar vijf bladzijden. Mag ik even voor?' De reactie op deze rechtstreekse vraag om toestemming om voor te dringen was in zestig procent van de gevallen positief. Wanneer de onbekende het verzoek liet volgen door een reden ('Mag ik even voor, want ik heb nogal haast?') vond vrijwel iedereen (98 procent) dat goed. Zo'n meevaller lijkt misschien helemaal niet zo verrassend. Tenslotte kan een goede reden het verzoek om te mogen voordringen volledig rechtvaardigen.

Maar nu wordt het onderzoek pas echt boeiend: Langer onderzocht ook nog een andere variant op het verzoek. Ditmaal gebruikte de onbekende ook het woordje 'want', maar daarop liet hij een volstrekt onzinnige reden volgen. Hij zei namelijk: 'Mag ik even voor u van het kopieerapparaat gebruikmaken, want ik moet kopieën maken?' Want je moet kopieën maken? Natuurlijk wil je van het kopieerapparaat gebruikmaken omdat je kopieën moet maken; je hebt zo'n apparaat tenslotte niet nodig om je potloden te slijpen, nietwaar? De opgegeven 'reden' mocht dan nog zo volkomen onzinnig zijn, ze genereerde bijna even vaak een positieve reactie als wanneer de reden wel degelijk zinvol was (93 procent).

Uit het onderzoek met het kopieerapparaat blijkt wat een unieke motiverende invloed het woordje 'want' heeft. Die overtuigingskracht ontleent het aan de in de loop van ons leven voortdurend bekrachtigde associatie tussen 'want' en de legitieme redenen die daar gewoonlijk op volgen (bijvoorbeeld 'want dan maak ik meer kans om promotie te krijgen' of 'want ik zit krap in mijn tijd' of 'want het Engelse elftal heeft de beste spitsen ter wereld').

Natuurlijk zijn er net zoals dat voor alles geldt grenzen aan de kracht van 'want'. Bij het onderzoek met het kopieerapparaat maakte het nauwelijks uit of de opgegeven reden hout sneed of niet. Maar in die gevallen ging het ook maar om een klein verzoek, het enige wat de persoon in kwestie vroeg was of hij even tussendoor vijf kopieën mocht maken. Om uit te zoeken wat er met een ingrijpender verzoek zou gebeuren introduceerde Langer een ander stel experimentele voorwaarden. Ditmaal zei degene die het verzoek deed tegen de groep deelnemers dat ze twintig kopieën moest maken. Iedereen die wel eens gebruik heeft gemaakt van een kopieerapparaat, weet dat de kans dat zo'n ding vastloopt exponentieel toeneemt met elke kopie meer die moet worden gemaakt. Dat wil zeggen dat de gevolgen van hun antwoord op dit verzoek voor de deelnemers aanzienlijk groter kunnen zijn dan bij een minder ingrijpend verzoek.

Ditmaal luidde het antwoord slechts in 24 procent van de gevallen positief als het verzoek werd gedaan zonder het woordje 'want'. En hoe zat het met degenen die een onzinnige reden opgaven (degenen die zeiden: 'want ik moet kopieën maken')? In dat geval nam het percentage positieve antwoorden in het geheel niet toe. Wanneer zo'n verzoek gepaard ging met een goede reden ('want ik heb nogal haast'), verdubbelde het aantal positieve antwoorden. Al met al wijzen deze onderzoeksresultaten erop dat mensen geneigd zijn zonder al te veel nadenken te beslissen wanneer er weinig op het spel staat. Maar als er veel op het spel staat, nemen mensen wel degelijk de waarde van de opgegeven reden in overweging bij hun beslissing.

Deze onderzoeksresultaten drukken je er weer eens met je neus bovenop dat je altijd moet zorgen dat je verzoeken vergezeld gaan van krachtige argumenten, zelfs als je aanneemt dat de argumenten nogal duidelijk zijn. Wanneer je bijvoorbeeld een afspraak maakt met een klant of een collega vraagt om samen met jou aan een nieuw project te werken, moet je nooit vergeten de redenering achter je verzoek te vermelden. Dat klinkt misschien heel voor de hand liggend, maar we nemen maar al te vaak ten onrechte aan dat anderen de redenen voor ons verzoek begrijpen.

Zo'n strategie zal naar alle waarschijnlijkheid thuis ook vruchten afwerpen. In plaats van je kinderen te bevelen aan tafel te komen of onmiddellijk naar bed te gaan, is het aanzienlijk effectiever om er meteen de reden bij te geven waarom je hun vraagt iets bepaalds te doen, en dan niet alleen 'omdat ik het zeg'.

En vergeet vooral niet dat het woord 'want' twee kanten op werkt. Je moet namelijk ook anderen zover zien te krijgen dat ze 'want' tegen jou zeggen. Stel dat je bij een IT-firma werkt. De klanten die je al van oudsher hebt, zijn er misschien aan gewend geraakt om met jouw bedrijf te werken, maar het is best mogelijk dat de redenen om dat te doen in de loop van de jaren steeds minder in het oog springen of, en dat is nog erger, totaal in de vergetelheid zijn geraakt. Het gevolg kan zijn dat het bedrijf erg kwetsbaar wordt voor concurrentie. Een goede manier om de zakelijke banden met zulke klanten aan te halen en hun vertrouwen in jouw bedrijf te versterken is degenen die bij deze klant de beslissingen nemen te vragen naar de redenen waarom ze van jullie diensten gebruik blijven maken. Dat kun je doen middels feedbackenquêtes waarin klanten wordt gevraagd te beschrijven waarom ze graag zaken met jouw bedrijf doen. Uit onderzoek verricht door Gregory Maio en zijn collega's is naar voren gekomen dat deze aanpak de band tussen je klanten en het bedrijf kan versterken door hen eraan te helpen herinneren dat de voortgezette relatie eerder uit rationele overwegingen dan uit gemakzucht voortkomt. Met andere woorden: probeer mensen zover te krijgen dat ze 'want' tegen je zeggen, dan zullen ze net als Dorothy en haar reisgenoten uiteindelijk ook nog eens je lof zingen.

39

Wanneer is het een slecht idee om naar alle redenen te vragen?

'Ik zal ... nooit iemand kwaad doen.' De eed van Hippocrates geldt weliswaar in de allereerste plaats voor de verplichtingen die artsen tegenover hun patiënten hebben, maar het gaat beslist ook op voor de verplichtingen van adverteerders tegenover de producten die ze proberen te verkopen. Op zijn minst mogen ze de producten of diensten die ze aan de man willen brengen geen schade berokkenen. Maar op wat voor manier zou een copywriter met de beste bedoelingen toch potentiële klanten naar de concurrent kunnen jagen?

In het vorige hoofdstuk hebben we besproken dat het een buitengewoon effectieve strategie kan zijn om het vertrouwen van bestaande klanten te verstevigen door hun te vragen redenen aan te dragen voor het feit dat ze klant zijn. Als we die gedachte op reclame-uitingen loslaten, zou het wel eens verstandig kunnen zijn om consumenten aan te moedigen zoveel mogelijk redenen te bedenken waarom ze voor onze goederen en diensten kiezen. Uit recent onderzoek komt echter naar voren dat deze strategie onder bepaalde omstandigheden ook een averechtse uitwerking kan hebben.

Stel, je hebt plannen om een nieuwe dure auto aan te schaffen en je hebt je opties inmiddels teruggebracht tot een BMW of een Mercedes. Je slaat een tijdschrift open en ziet daar een advertentie van BMW staan die luidt: 'BMW of Mercedes? Er zijn talloze redenen om voor een BMW te kiezen. Kunt u er tien bedenken?'

Bij een onderzoek uitgevoerd door Michaela Wänke en haar collega's kreeg een groep bedrijfskundestudenten zo'n advertentie voorgelegd, naast een aantal andere advertenties. Een andere groep bedrijfskundestudenten aan dezelfde universiteit kreeg een net iets andere advertentie te zien: 'BMW of Mercedes? Er zijn talloze redenen om voor een BMW te kiezen. Kunt u er één bedenken?' (Die nadruk was toegevoegd.)

Achteraf kregen de deelnemers vragen voorgelegd over hun ideeën omtrent BMW en Mercedes, onder andere of ze geïnteresseerd waren om in de toekomst een auto van een van beide merken te kopen. De resultaten waren duidelijk: de advertentietekst waarin de lezers gevraagd werd tien redenen te noemen om voor een BMW te kiezen leidde tot een *lagere* waardering voor de BMW en een hogere voor de Mercedes dan de advertentie waarin de lezers om slechts één reden werd gevraagd om een BMW te kiezen.

Wat veroorzaakt dit averechtse effect? De verklaring is volgens de onderzoekers dat de deelnemers hun beoordeling van BMW baseerden op het gemak waarmee ze redenen konden bedenken die dit merk ondersteunden. Wanneer ze slechts één antwoord moesten bedenken, hadden ze geen probleem. Moesten ze echter met tien antwoorden komen, dan werd het een stuk moeilijker. Dus ze gebruikten niet het aantal redenen dat ze bedachten als graadmeter voor hun beoordeling, maar het *gemak of de moeite* die ze hadden met het bedenken van redenen. Meer in het algemeen noemen psychologen het gemak of de moeite waarmee mensen iets ervaren het verwerkingsgemak van zo'n ervaring, een concept waar we nog op terugkomen.

Uit de gegevens die dit onderzoek opleverde, blijkt dat je beter eerst even goed kunt bedenken hoe gemakkelijk het voor je publiek zal zijn om meerdere redenen te genereren ter ondersteuning van je positie voordat je hun vraagt zoiets te doen. Als het een relatief lastige opdracht lijkt, kun je hun beter om maar een paar redenen vragen. Uit het onderzoek zou je ironisch genoeg ook een wel heel merkwaardige strategie kunnen afleiden, namelijk dat je wellicht jezelf een leuke voorsprong op de concurrentie kunt bezorgen door je publiek te vragen een groot aantal redenen te bedenken *ten gunste van datgene wat je rivaal te bieden heeft.* Hoe moeilijker het voor je toehoorders is om met een groot aantal redenen te komen, hoe beter jouw goederen, diensten of initiatieven uit de verf zullen komen.

Ander onderzoek heeft aangetoond dat de beslissingen van

consumenten ook beïnvloed worden door het gemak of de moeite waarmee ze zich kunnen *voorstellen* dat ze een bepaald product gebruiken. Uit onderzoek uitgevoerd door sociale wetenschapper Petia Petrova blijkt dat het verzoek aan klanten zich voor te stellen hoe het zal zijn om van de geneugten van een bepaald restaurant of een bepaalde vakantiebestemming te genieten, de behoefte aan een bezoek slechts dan zal vergroten wanneer het gemakkelijk is je zoiets voor te stellen.

Daarom is het wellicht ook een goed idee om na te gaan in hoeverre je product, of meer in het algemeen het verzoek aan je publiek om iets specifieks te doen, acties omvat die nieuw of onbekend voor hen zijn. Stel dat je bijvoorbeeld een gebruikersgroep ervan wilt overtuigen dat ze een gloednieuw product moeten kopen dat door jouw firma op de markt wordt gebracht. Als het om een product gaat met gecompliceerde technische kanten waarmee deze groep weinig of geen ervaring heeft en die nog niet goed zijn uitgelegd, kan het voor je potentiële klanten lastig worden om zich voor te stellen dat ze het product ook werkelijk gebruiken, waarmee de kans kleiner wordt dat ze het product zullen kiezen.

Een ander terrein waarop deze bevindingen overduidelijk van belang zijn, is dat van de ontwikkeling van reclamecampagnes. Art directors krijgen meestal carte blanche bij het genereren van in het oog springende, gemakkelijk te onthouden beelden, maar dat levert nogal eens veel te abstracte afbeeldingen op, waarbij men geen aandacht besteedt aan de vraag wat voor effect dat soort beelden heeft op het vermogen van de doelgroep om zich voor te stellen dat ze dit product gebruiken. Uit dit onderzoek blijkt dat concrete afbeeldingen effectiever zijn dan abstracte beelden. Bovendien kan de besluitvorming in dit soort gevallen aanzienlijk worden verbeterd door een intensievere samenwerking met de copywriters, het van tevoren uittesten van de advertenties, en focusgroepen die met name gericht zijn op inzicht in hoe gemakkelijk of moeilijk het voor een relevant publiek is om zichzelf in de relevante situaties voor te stellen.

40

Hoe kan een eenvoudige merknaam ervoor zorgen dat het product waardevoller lijkt?

Toen Wall Street-bankier J.P. Morgan eens de gecompliceerde vraag kreeg voorgelegd wat de beurs ging doen, gaf hij naar verluidt een eenvoudig antwoord: 'Ze zal fluctueren.' Maar op wat voor manier kan de kracht van eenvoud jou helpen je invloed te vergroten, met name als het gaat om de naamgeving van je product, je project en zelfs je bedrijf?

Volgens sociale wetenschappers Adam Alter en Daniel Oppenheimer hebben mensen vaak meer op met woorden en namen die gemakkelijk zijn uit te spreken (woorden of namen die een hoge mate van verwerkingsgemak hebben) dan met woorden en namen die lastig uit te spreken zijn. Ze stellen dat mensen positiever gestemd zijn jegens bedrijfsnamen en beurssymbolen die eenvoudig te lezen en uit te spreken zijn dan tegenover bedrijven en beurssymbolen met lastige namen. Een consequentie van deze psychologische neiging is dat een bedrijf of beurssymbool met een eenvoudig te lezen of uit te spreken naam waardevoller lijkt, wat op zijn beurt de prijs van de aandelen gunstig zal beïnvloeden.

Om te beginnen onderwierpen ze deze hypothese aan een test in een gecontroleerd onderzoek door namen van fictieve aandelen te genereren die gemakkelijk danwel moeilijk te verwerken waren. Ze vertelden de deelnemers dat dit echte bedrijven waren en vroegen hun in te schatten hoe goed elk aandeel het in de toekomst zou doen. De uitslag was overduidelijk: niet alleen voorspelden de deelnemers dat de aandelen met een uitspreekbare naam (bijvoorbeeld Slingerman, Vander, Tanley) het beter zouden doen dan de andere (bijvoorbeeld Sagxter, Frurio, Xagibdan), maar ook dat de eerste in waarde zouden stijgen en de laatste zouden dalen.

Om erachter te komen of ditzelfde ook in het echte leven opging kozen Alter en Oppenheimer in het wilde weg 89 bedrijven die tussen 1990 en 2004 de beurs op waren gegaan en waarvan de aandelen in New York werden verhandeld. Vervolgens bekeken ze de samenhang tussen de uitspreekbaarheid van de naam van een aandeel en zijn prestatie na één dag, één week, een half jaar en een jaar na zijn beursgang. De onderzoekers kwamen tot de conclusie dat als iemand duizend dollar had belegd in de tien bedrijven met de gemakkelijkst uitspreekbare namen van de lijst, die belegging het in elk van de genoemde periodes beter had gedaan dan als hij of zij had belegd in een van de tien lastigst uit te spreken bedrijfsnamen, waaronder een verschil van 333 dollar slechts één jaar na de beursgang. In een apart onderzoek werden bovendien ruim 750 beursgenoteerde bedrijven verdeeld al naar gelang hun beurssymbool wel (bijvoorbeeld KAR) of niet (bijvoorbeeld RDO) gemakkelijk uit te spreken was, wat vergelijkbare resultaten opleverde.

Betekent dit nu dat we je aanraden onmiddellijk je aandelen Mxyzptlk Holding Corp. in te wisselen voor aandelen Yahoo!, je financieel adviseur te ontslaan, je dartbord van de hand te doen of de beursgorilla het bos in te sturen? Dat nu ook weer niet. We adviseren je echter wel om de kracht van eenvoud vooral niet te onderschatten bij het uitkiezen van een naam voor je bedrijf, product of initiatief. Mensen zijn vaak zo bezig met die aspecten van hun projecten die op het eerste gezicht van meer invloed lijken te zijn dat ze volledig voorbijgaan aan het eerste stukje informatie waarmee iets aan zijn publiek wordt gepresenteerd: de naam. Vooropgesteld dat al het andere gelijk blijft, is de kans dat klanten, potentiële aandeelhouders en andere beslissers positief tegen iets aankijken groter naarmate de naam gemakkelijker te lezen en uit te spreken is.

Onderzoekers hebben ook geconstateerd dat de overtuigingskracht van een handgeschreven tekst samenhangt met de kwaliteit van het handschrift: hoe slordiger geschreven, hoe minder overtuigend een tekst zal zijn. Net als bij de processen die we in de voorgaande twee hoofdstukken hebben beschreven, komt dat doordat lezers de moeite die het hun kost om een slordig geschreven tekst te lezen ten onrechte aanzien voor het gevoel dat ze moeite hebben om de inhoud van de boodschap te geloven. Op het eerste gezicht lijkt er een gemakkelijke en bereikbare oplossing voor diegenen onder ons die de kalligrafie niet machtig zijn: we kunnen onze overtuigende teksten toch zeker ook wel typen en printen? Jazeker, maar daar moeten we toch ook weer een voorbehoud bij maken: uit onderzoek is gebleken dat je argumenten een stuk overtuigender gevonden zullen worden wanneer ze in een goed leesbaar lettertype zijn geprint.

Uit de bevindingen van al deze onderzoeken vallen ook algemenere implicaties af te leiden voor de manier waarop mensen met elkaar besluiten te communiceren. Zo is er het feit dat mensen die moeten communiceren nogal eens proberen hun eruditie over het voetlicht te krijgen middels hun magniloquente, sesquipedale breedsprakigheid; met andere woorden: die mensen proberen een slimme indruk te maken door onnodig lange woorden of uitgesproken technisch jargon te gebruiken.* Neem bijvoorbeeld het onderstaande bericht van een manager aan zijn team zoals dat in oktober 2006 in de *New York Post* gepubliceerd werd: *We're leveraging our assets and establishing strategic alliances to create a robust knowledge center – one with a customer-ruled business structure using market-leading technologies to maximize our human systems.*

Pardon? Dit betekent kennelijk zoiets als 'Wij zijn consultants'. Uit recent onderzoek is naar voren gekomen dat je met overmatig ingewikkeld taalgebruik als het bovenstaande meestal precies het tegenovergestelde van het bedoelde effect bereikt: omdat het publiek er moeite mee heeft de taal te interpreteren, zal de boodschap minder overtuigend zijn en de opsteller ervan als minder intelligent worden beschouwd.

Helaas komen dit soort teksten maar al te veel voor in het dagelijks leven, of het nu gaat om zakelijke mededelingen, adviezen op gezondheidsgebied of om de essays van studenten. Zo kwam uit een aan Stanford University gehouden enquête naar voren dat 86,4 procent van de ondervraagde studenten toegaf dat ze in hun essays ingewikkelde taal hadden gebruikt om een slimmere indruk te maken. Zorgelijker is echter dat uit een onderzoek van een Engels adviesbureau naar voren kwam dat 56 procent van de werk-

---

* Iets wat wij natuurlijk nooit zouden doen.

nemers vond dat hun managers en chefs niet duidelijk met hen communiceerden en vaak onbegrijpelijke taal bezigden waardoor mededelingen verwarrend werden. Je kunt dit soort problemen vermijden door zulke mededelingen voordat je ze wegstuurt aan collega's voor te leggen die niet rechtstreeks bij het project betrokken zijn.

41

Hoe kan dichten anderen doen zwichten?

From Michigan State direct to your plate. Welk bedrijf deed die uitspraak en waar ging het over? Het was een reclamekreet van Heinz Corporation voor hun witte bonen in tomatensaus. Het bedrijf, dat in 1869 door Henry John Heinz te Sharpsburg in de staat Pennsylvania was opgezet, begon als leverancier van kruiderijen aan plaatselijke kruideniers. Aanvankelijk leverden ze per paard en wagen mierikswortel, later ingelegd zuur en daarna tomatenketchup. In 1896 zag Heinz een advertentie voor '21 schoenstijlen'. Hij vond dat zijn eigen producten geen stijlen waren maar variëteiten en ondanks dat hij inmiddels al ruim zestig soorten voedingsmiddelen in productie had, besloot hij voortaan de reclamekreet '57 Varieties' te voeren omdat hij een voorliefde had voor de cijfers 5 en 7. En zodoende werd er een nieuwe reclamecampagne gelanceerd. De '57 Varieties' worden nog steeds gebruikt, en hetzelfde geldt voor een aantal andere opmerkelijke reclameboodschappen van Heinz, waaronder het rijmpje voor hun witte bonen in tomatensaus.

In een typisch Britse versie van deze televisiecommercial die in de jaren 1960 werd gelanceerd zie je een moeder eten klaarmaken voor haar twee kinderen die onverwacht met een heel stel hongerige vriendjes thuiskomen en iets vragen in de trant van: 'Mogen Suzan en Robert en Steven en Debbie alsjeblieft blijven eten, mam?' Na een korte geërgerde blik loopt de hartelijke moeder naar de kast om nog wat blikjes witte bonen in tomatensaus van Heinz te pakken. En vervolgens klinkt de jingle: *A million housewives every day pick up a tin of beans and say Beanz Meanz Heinz.*

De reclameboodschappen sloegen zo aan dat Heinz ze ruim drie decennia bleef vertonen. In de tijd dat de reclameboodschappen in Groot-Brittannië werden vertoond, kon een significant aantal mensen die willekeurig op straat staande werden gehouden de zin *A million housewives every day pick up a tin of beans and say...* zonder aarzelen afmaken met *Beanz Meanz Heinz*.

Wat vooral opmerkelijk is, is dat een van de beroemdste reclames van Heinz helemaal niet bedoeld was om de consument op de hoogte te stellen van bepaalde aspecten of voordelen van het betreffende product. De naam van het product was in een rijmpje verwerkt, dat was alles. Waarom had Heinz van alle mogelijke reclamestrategieën die er waren voor een rijmende boodschap gekozen? Deels kan dat zijn omdat rijmende reclameboodschappen aantrekkelijker en beter te onthouden zijn, en omdat je ze gemakkelijk voor iemand anders kunt herhalen. Maar is het misschien ook zo dat rijmende uitspraken juister en waarheidsgetrouwer worden gevonden?

Vanwege de alomtegenwoordigheid van rijmende gezegden ('Oost west, thuis best', 'Avondrood, water in de sloot') besloten de sociale wetenschappers Matthew McGlone en Jessica Tofighbakhsh te onderzoeken of uitspraken die rijmen wellicht als juister worden gezien dan uitspraken die dat niet doen. Daarbij namen ze een aantal rijmende gezegden die de deelnemers niet kenden en bedachten daar niet rijmende versies van. Zo namen ze bijvoorbeeld het tamelijk onbekende gezegde *Caution and measure will win you treasure* (Het is een wijze man die maat ramen kan) en maakten daar *Caution and measure will win you riches* van. En van *What sobriety conceals, alcohol reveals* (Een dronken mond spreekt 's harten grond) maakten ze *What sobriety conceals, alcohol unmasks*.

De deelnemers kregen een aantal van deze gezegden te lezen en moesten elk daarvan beoordelen op de mate waarin het de werkelijkheid weerspiegelde. En zelfs al waren alle deelnemers er stellig van overtuigd dat rijmen absoluut niets zegt over de juistheid van een uitspraak, ze bleken niettemin de rijmende uitspraken als correcter te beschouwen dan de niet-rijmende.

De onderzoekers legden uit dat rijmende zinnen een groter verwerkingsgemak hebben, dus gemakkelijker door de hersenen kunnen worden verwerkt, dan niet-rijmende uitspraken. En aangezien mensen hun oordeel over de juistheid van een uitspraak op zijn minst deels baseren op het waargenomen verwerkingsgemak van de binnenkomende informatie, zullen rijmende uitspraken als juister worden beoordeeld.

Deze uitkomsten kunnen op allerlei manieren in het dagelijks leven worden toegepast. Zo zouden marketingmensen en ondernemers die hun gedachten laten gaan over reclamekreten, motto's, handelsmerken en jingles, er goed aan doen te beseffen dat de boodschap een stuk aantrekkelijker wordt en als juister zal worden ervaren wanneer er van rijm gebruik wordt gemaakt. Dat is misschien ook de reden waarom een door de wol geverfde reclameman, toen hij de vraag kreeg voorgelegd wat een bedrijf over zijn product moet zeggen als er niets nieuws te vertellen valt, antwoordde: 'Nou ja, als je niets over je product te vertellen hebt, kun je er altijd nog over zingen.'

En voor ouders is het wellicht een goed idee om rijm te gebruiken als ze geconfronteerd worden met een alledaagse vermoeiende bezigheid: de kinderen in bed krijgen. Misschien kun je ze na het verhaaltje voor het slapengaan overhalen om gezellig samen nog wat 'naar bed, naar bed, zei duimelot' op te zeggen. Wie weet lukt het dan wel.

Zelfs in de rechtszaal kom je een heel eind met rijmelarij. Degenen die bovengenoemd onderzoek hebben opgezet, halen een voorbeeld aan van een berucht rijmpje dat misschien wel echt zoveel gewicht in de gerechtelijke weegschaal heeft gelegd dat die naar één kant is doorgeslagen. Tijdens het proces wegens moord tegen O.J. Simpson hield Simpsons verdediger Johnnie Cochran de jury voor: *If the gloves don't fit, you must acquit!* (als de handschoenen niet passen, moeten jullie hem vrijspreken). De subtiele invloed van rijm in aanmerking genomen, hebben de onderzoekers wellicht gelijk als ze zich afvragen hoe de uitspraak had geluid als Cochran de jury had voorgehouden: *If the gloves don't fit, you must find him not guilty!* (als de handschoenen niet passen, moeten jullie hem niet schuldig verklaren).

42

Wat kan een slagman je leren over overtuigen?

Sport kan een heel nuttig oefenterrein zijn voor mensen die overtuigender willen worden. Bij honkbal bijvoorbeeld, zie je nogal eens dat spelers voor de warming-up een zware ring om hun knuppel doen. Een aantal keren met een zwaardere knuppel zwaaien zorgt ervoor dat de niet verzwaarde knuppel lichter lijkt dan hij feitelijk is, zeggen ze.

Het principe dat aan dit effect ten grondslag ligt, staat in de sociale wetenschappen bekend als 'perceptueel contrast'. Eenvoudig geformuleerd betekent dat dat de kenmerken van een voorwerp niet in een vacuüm worden waargenomen maar in vergelijking met andere voorwerpen. Als je bijvoorbeeld op de sportschool de opdracht krijgt een gewicht van tien kilo op te tillen, zal dat gewicht lichter lijken als je eerst twintig kilo hebt opgetild dan wanneer je eerst vijf kilo hebt opgetild. Die tien kilo blijven gewoon tien kilo, maar je waarneming van dat gewicht is veranderd. Dat psychologische proces beperkt zich niet tot gewichten; het is van toepassing op vrijwel alle soorten beoordelingen die je kunt maken. En in alle gevallen doet zich hetzelfde patroon voor: wat je als eerste ervaart, heeft invloed op de perceptie van wat je daarna ervaart.

Sociaal-psychologen Zakary Tormala en Richard Petty hebben dat principe onlangs toegepast om aan te tonen op wat voor manier contrasteffecten je overtuigingskracht kunnen beïnvloeden. Met name bekeken ze hoe de hoeveelheid informatie die mensen over iets bepaalds denken te hebben, kan worden beïnvloed door de hoeveelheid informatie die ze over iets anders krijgen. De onderzoekers vroegen mensen een wervende tekst te lezen voor het fictieve warenhuis Brown's (de zogenaamde 'doeltekst'), maar pas nadat ze eenzelfde soort tekst te lezen hadden gekregen voor het eveneens fictieve warenhuis Smith's (de zogenaamde 'voorafgaande tekst'). De doeltekst was voor alle deelnemers aan het experiment hetzelfde (er werden drie afdelingen bij Brown's in beschreven). De hoeveelheid informatie die de voorafgaande tekst over Smith's bevatte varieerde daarentegen van een betrekkelijk kleine hoeveelheid (één afdeling) tot een behoorlijk grote hoeveelheid (zes afdelingen). Ze constateerden dat de doeltekst minder overtuigend werd gevonden en dat de houding tegenover het betreffende warenhuis minder positief was, wanneer de voorafgaande tekst heel veel informatie bevatte, terwijl het omgekeerde zich voordeed wanneer de voorafgaande tekst heel weinig informatie bevatte. Blijkbaar hadden de deelnemers het gevoel dat ze meer over Brown's te weten waren gekomen nadat ze betrekkelijk weinig over Smith's te horen hadden gekregen, en vice versa. Dat is het effect van perceptuele contrasten.

Voortbordurend op deze bevindingen voerden de onderzoekers een vergelijkbaar experiment uit; het enige verschil was dat de deelnemers voorafgaand aan de wervende informatie over Brown's een beetje of juist heel veel wervende informatie kregen over een bepaalde auto (de Mini Cooper). De resultaten stemden overeen met de uitslagen van het eerste onderzoek, waaruit blijkt dat de voorafgaande informatie niet eens heel relevant hoeft te zijn om invloed te hebben op de overtuigingskracht van een daaropvolgende tekst.

Dit idee kan ook worden toegepast als je iets aan de man wilt brengen. Stel, je werkgever verkoopt een productenlijn en jij weet zeker dat een bepaald product geknipt is voor jouw potentiële klant. Zorg er dan voor dat je de voordelen van dat product uitgebreid bespreekt *nadat* je eerst aanzienlijk minder tijd besteed hebt aan een ander product. Datzelfde gaat ook op voor prijzen, zoals we al gezien hebben bij wijn.

Het principe van perceptueel contrast biedt ons een buitengewoon effectief middel om mensen te overtuigen. Vaak verkeren we niet in de gelukkige omstandigheden dat we iets aan onze producten, diensten of verzoeken kunnen veranderen, omdat dat veel te kostbaar en te tijdrovend zou zijn. Maar wat je wel kunt veranderen is datgene waarmee je producten, diensten en verzoeken vergeleken worden. Om maar een voorbeeld uit het echte leven te noemen: een bedrijf slaagde erin de verkoop van zijn allerduurste buitenspa met maar liefst vijfhonderd procent op te schroeven, doodeenvoudig door (a) potentiële klanten naar waarheid te vertellen dat veel kopers van de betreffende spa hadden gemeld dat ze het gevoel hadden een complete kamer aan het huis te hebben toegevoegd, en (b) hun te vragen na te gaan hoeveel het zou kosten als ze echt een extra kamer aan hun huis lieten bouwen. Een buitenspa van 7000 euro klinkt immers al een stuk minder duur wanneer je het afzet tegen de kosten van een verbouwing, die zeker tweemaal zo hoog zouden uitvallen.

43

Hoe krijg je een voorsprong in de race om een trouwe klantenkring?

Of het nu gaat om gratis kopjes koffie, kortingsbonnen, goedkopere vluchten of korting op je volgende vakantie, veel bedrijven proberen met leuke aanbiedingen de trouw van hun klanten te vergroten. Recent onderzoek biedt inzichten in de manier waarop je de kans kunt vergroten dat anderen zich trouwer tegenover jou zullen opstellen en geïnteresseerder zullen zijn in wat jij te bieden hebt.

Marktonderzoekers Joseph Nunes en Xavier Dreze vermoedden dat klanten die deelnamen aan een loyaliteitsprogramma een grotere loyaliteit jegens het betrokken bedrijf zouden tonen en eerder bijvoorbeeld het vereiste aantal punten bij elkaar zouden hebben gespaard om een cadeau te incasseren, als het bedrijf ze meteen al een voorsprong gaf, zelfs al zou het aantal vereiste aankopen om voor de beloning in aanmerking te komen niet worden verlaagd.

Bij een onderzoek werden onder driehonderd klanten van een plaatselijke autowasserette spaarkaarten uitgedeeld. De klanten kregen te horen dat ze bij elke wasbeurt een zegel op hun kaart zouden krijgen. Er waren echter twee soorten kaarten. Op de ene stond dat er acht zegels nodig waren voor één gratis wasbeurt, zonder dat er al een zegel op de kaart zat. En op de andere stond dat er tien zegels voor nodig waren en er zaten al twee zegels op de kaart geplakt. Dus in beide gevallen waren er acht betaalde wasbeurten nodig om de beloning binnen te halen, maar de tweede groep leek al een eind op streek.

Telkens als een klant daarna terugkwam voor een wasbeurt werd er een zegel op de spaarkaart geplakt met de datum van aankoop ernaast. Na een aantal maanden, toen de onderzoekers het programma afrondden en de gegevens bekeken, werd hun hypothese bevestigd: slechts 19 procent van de klanten met een spaarkaart voor acht zegels had voldoende bezoeken afgelegd om een gratis wasbeurt te kunnen opeisen, tegenover 34 procent van de mensen met de kaart voor tien zegels die een voorsprong van twee zegels hadden meegekregen. Bovendien had de groep met de voorsprong er minder lang over gedaan om de acht wasbeurten vol te maken, gemiddeld zat er 2,9 dag minder tussen de opeenvolgende bezoeken.

Nunes en Dreze stellen dat als je een spaarprogramma inricht als iets waarmee al begonnen is, maar wat nog niet compleet is, in plaats van als iets waarmee nog begonnen moet worden, mensen gemotiveerder zijn om zo'n programma af te maken. Ze wezen er ook op dat mensen naarmate ze dichter bij het einddoel komen meer hun best zullen doen om dat ook te bereiken. Dat idee wordt ondersteund door het gegeven dat de hoeveelheid tijd tussen de bezoeken bij elke nieuwe wasbeurt met gemiddeld zo'n halve dag afnam.

Afgezien van de voor de hand liggende manier waarop deze bevindingen in loyaliteitsprogramma's kunnen worden toegepast, kun je hieruit ook afleiden dat je, wanneer je iemand om hulp wilt vragen, moet proberen duidelijk te maken dat de persoon in kwestie in feite al stappen heeft ondernomen in de richting van de voltooiing van de taak. Wil je bijvoorbeeld om hulp vragen bij een project dat vergelijkbaar is met iets waaraan deze persoon in het verleden heeft gewerkt, dan kun je benadrukken dat hij of zij in feite al een eind op streek is om de complicaties die de voltooiing van deze taak met zich mee kan brengen te overwinnen. En als dat niet het geval is, maar je hebt al aardig wat werk verzet voor dit project, dan kun je benadrukken dat de taak eigenlijk al voor dertig procent is voltooid.

Of stel, je bent manager van de afdeling Verkoop. Je verkoopteam heeft een bepaalde doelstelling, maar in de beginfase brengt het team er nog niet veel van terecht. Als je hoort dat er binnen afzienbare tijd een flinke order aankomt die centraal zal worden verwerkt, zou je moeten overwegen om dat je team te laten weten in plaats van de informatie voor jezelf te houden met het idee dat je daar altijd nog op kunt terugvallen in het geval je team de doelstelling niet haalt. Daarmee zou je ze wel eens een zetje in de goede richting kunnen geven.

Leerkrachten en ouders kunnen ook hun voordeel doen met deze strategie. Stel je voor dat je kind zich hevig verzet tegen het maken van huiswerk en jij voelt je gedwongen om met prikkels te werken. Als je besluit om hem een huiswerkvrij weekend te gunnen voor elke zes weekenden dat hij zijn huiswerk wel maakt, zou je wel eens kunnen merken dat je hem extra motiveert om mee te werken als je hem meteen al een bonus van één weekend meegeeft voordat het programma officieel van start gaat.

De boodschap is duidelijk: mensen zullen zich eerder aan een programma of een taak houden wanneer je hun laat zien dat ze al meteen een eindje in de goede richting gevorderd zijn. Als je die strategie toepast, zul je merken dat je invloed zal stralen als een auto die net uit de wasstraat komt.

44

Wat kan een doos kleurkrijt ons leren over overtuigingskracht?

Ooit waren de namen van kleuren doodsimpel. Die tijd is voorbij. Wie een verfwinkel binnenstapt, komt er al snel achter dat die gewone namen van vroeger (groen, geel, bruin) vervangen zijn door namen als Zeeschuim, Zonnigst! en Carrousel. Hoe houdt je bedrijf *blue chips* en hoe voorkom je rode cijfers met kleuren als Korenbloem of Razzmatazz?

Onderzoekers Elizabeth Miller en Barbara Kahn merkten dit verschijnsel op bij kleurkrijtjes en talloze andere producten en wilden een beter inzicht krijgen in de manier waarop deze verschillen in namen de voorkeuren van consumenten beïnvloeden. Om te beginnen formuleerden ze vier categorieën voor namen van kleuren en smaken:

1. Gewone, niet-specifieke namen (bijv. blauw)
2. Gewone, beschrijvende en specifieke namen (bijv. hemelsblauw)
3. Onverwachte, beschrijvende en specifieke namen (bijv. Kermitgroen)
4. Vage, atypische en niet-specifieke namen (bijv. millenniumoranje)

De onderzoekers opperen dat onverwachte beschrijvende (3) en vage (4) namen voor kleuren en smaken positievere gevoelens jegens een bepaald product oproepen dan de andere twee typen namen (1 en 2). Deze twee typen namen zijn echter om uiteenlopende redenen effectief. Onverwachte beschrijvende namen als 'Kermitgroen' zijn effectief omdat ze een soort raadseltje vormen dat moet worden opgelost, wat er meestal toe leidt dat mensen over andere aspecten van het product gaan nadenken, en dan met name over de positieve kanten ervan. Het oplossen van dit raadseltje betekent niet onmiddellijk dat een consument in aanmerking komt voor het lidmaatschap van Mensa, maar het kan wel zorgen voor een soort 'Aha-erlebnis' die ervoor zorgt dat hij of zij positieve gevoelens gaat associëren met het product. Vage namen als millenniumoranje roepen bij consumenten de neiging op om te achterhalen wat de makers van het product proberen over te brengen, aangezien elke betekenisvolle informatie ontbreekt. Daarmee gaan ze ook nadenken over de positieve aspecten die het bedrijf met die naam probeert op te roepen. Met behulp van een reeks namen voor verschillende smaken snoepgoed en kleuren van truien wisten Miller en Kahn hun hypothese te bevestigen.

Wat impliceert dit alles voor ondernemingen? Een mogelijk antwoord is dat je er als onderneming niet voor moet terugschrikken om voor bepaalde aspecten van je producten niet zo heel voor de hand liggende benamingen te gebruiken.* Maar deze aanpak heeft niet alleen succes bij producten of diensten. Stel, je wilt van collega's hulp en middelen loskrijgen ter ondersteuning van een nieuw project of een trainingsinitiatief. Dan zou je met de keuze van een onverwachte titel of naam voor het project wel eens de interesse van anderen kunnen wekken.

De lessen van dit onderzoek kun je ook thuis in de praktijk brengen. Wanneer je kinderen aarzelen of ze bij een vriendje zullen blijven eten of liever thuis aanschuiven, zou je hen met een gerecht dat je 'kipsurprise' noemt in plaats van de afgezaagde 'kip' wel eens kunnen verleiden om thuis te komen. Maar als je liever een rustig avondje hebt, is het ook een optie om 'broccoli en spruitjes' in het vooruitzicht te stellen.

---

* Hierbij moet worden opgemerkt dat die niet zo heel voor de hand liggende namen nog altijd wel gemakkelijk leesbaar en uit te spreken moeten zijn, zoals we in hoofdstuk 40 hebben gezien.

45

Hoe kun je je boodschap zo verpakken dat die maar blijft doorgaan en doorgaan en doorgaan?

Wie ben ik? Ik ben roze, ik ben een speelgoedkonijn, en ik heb een trommel. En ik loop op een batterij die langer meegaat dan die van concurrerende merken. Dus wie ben ik?

Afhankelijk van het land waar je woont, ben ik de zogenaamde Energizer Bunny of de Duracell Bunny. Kun je het niet meer volgen? Dan ben je niet de enige.

Om helderheid te scheppen en beter te begrijpen wat we van deze verwarrende toestand kunnen leren over effectief overtuigen en het in de markt zetten van producten, is een lesje geschiedenis op zijn plaats. De allereerste roze bunny op batterijen met een grote voorliefde voor onophoudelijk getrommel die op de televisie verscheen, was de Duracell Bunny. Om precies te zijn ging het niet om één enkel speelgoedkonijn maar om een hele soort, de zogenaamde Duracell Bunny's – met batterijen die naar verluidt langer meegingen dan de batterijen van enig ander merk. Zo is er bijvoorbeeld een commercial waarin een stel trommelende speelgoedkonijnen, die elk op een ander merk batterijen werken, een voor een langzaamaan tot stilstand komen totdat er nog maar een (die met de Duracell-batterijen) energiek voorttrommelt.

Ruim vijftien jaar geleden liet Duracell echter na om zijn handelsmerk in de Verenigde Staten te verlengen, waarop concurrent Energizer toesloeg en zijn eigen roze op alkalinebatterijen trommelende bunny tot handelsmerk verhief in een poging de Duracell-campagne op de hak te nemen en de superioriteit van het eigen product te claimen. Zo komt het dat televisiekijkers in Noord-Amerika gewend zijn aan konijnen die op Energizer lopen, terwijl het in de rest van de wereld Duracell-batterijen zijn.

Bij de tv-commercials van Energizer denken kijkers dat ze naar een commercial van een heel ander product zitten te kijken (een middel tegen aambeien), die ineens wordt onderbroken door de Energizer die door het beeld komt gelopen met de begeleidende tekst 'gaat maar door en maar door en maar door... Niets gaat langer mee dan de Energizer'. Ondanks de positieve reacties van publiek en critici op de reclameboodschappen met de Energizer Bunny die zomaar een andere commercial binnenloopt, was er toch een probleem, namelijk dat zelfs mensen die weg waren van deze reclame zich vaak niet konden herinneren over welk merk batterijen het eigenlijk ging. Uit een enquête bleek dat zelfs onder kijkers die het de leukste commercial van het jaar vonden, maar liefst veertig procent zeker wist dat de reclame voor Duracell was. Terwijl de Energizer Bunny zich in een heleboel opzichten heel duidelijk onderscheidt van zijn concurrent: hij heeft grotere oren, een zonnebril, een grotere trommel en een feller roze gekleurde vacht. En dan zouden we nog bijna vergeten te vermelden dat de Duracell Bunny's de hele tijd op hun blote pootjes moeten rondlopen, terwijl de wat steviger gebouwde Energizer Bunny's slippers dragen.

Wat hier voor een deel aan de hand was, was dat mensen de konijnen van de beide merken door elkaar haalden. Maar zelfs veel mensen die de reclames voor Duracell nog nooit hadden gezien hadden de neiging om zich het merk achter deze nieuwere commercials verkeerd te herinneren en te denken dat het om Duracell ging. Kort nadat deze reclamefilmpjes populair waren geworden, ging het marktaandeel van Duracell zelfs omhoog, terwijl dat van Energizer licht afnam.

Wat had Energizer moeten doen om dit soort problemen te voorkomen en welke lessen kunnen we hieruit trekken? Psychologisch onderzoek is daar duidelijk over: als ze op de schappen in de winkel en op de verpakking van hun product een geheugensteuntje hadden gezet, bijvoorbeeld in de vorm van een afbeelding van de Energizer Bunny met de tekst 'gaat maar door en maar door en maar door', had dat niet alleen het haperende geheugen van de consumenten geholpen, ook de keuzen die zij op basis van hun herinneringen maakten was het ten goede gekomen. En dat was precies wat de onderneming uiteindelijk deed, met groot succes.

Wat betekent dat nu voor reclame maken in het algemeen? Bedrijven proberen zichzelf in toenemende mate in de markt te zetten met uitgebreide mediacampagnes waarin het belangrijkste element van hun merk (bijv. duurzaamheid, kwaliteit of zuinigheid) wordt benadrukt middels een personage dat zo'n element belichaamt. Men neemt aan dat kijkers hun product in verband zullen brengen met dat specifieke element als ze aan de commercials worden blootgesteld, wat een heel redelijke veronderstelling is op voorwaarde dat die commercials goed in elkaar zitten. Ze nemen ook aan dat kijkers zich dat verband nog zullen herinneren op het moment dat ze iets willen gaan kopen, maar dat is helaas behoorlijk naïef. In de moderne samenleving staat het geheugen van consumenten voortdurend bloot aan honderdduizenden van dat soort associaties, dus zoiets is een beetje te veel gevraagd; in elk geval zeker als de consument op de plek van aankoop geen geheugensteuntjes aantreft die de gewenste associatie oproepen. Daarom moet er bij grootscheepse reclamecampagnes voor gezorgd worden dat de cruciale beelden, personages of kreten uit de reclameboodschappen terugkomen in de displays waarop de producten in de winkel worden gepresenteerd en op de verpakking die de consument onder ogen krijgt wanneer hij een aankoopbeslissing neemt. Op de korte termijn is het wellicht nogal kostbaar om die displays en de verpakking aan te passen aan de belangrijkste kenmerken van de mediacampagne, maar het is van essentieel belang.

Deze strategie gaat niet alleen op voor het op de markt brengen van producten; ze kan ook worden toegepast wanneer je informatie of ideeën aan de man wilt brengen. Stel je bijvoorbeeld eens voor wat een opgave het zou zijn wanneer je je als gezondheidsorganisatie wilt inzetten voor het terugdringen van alcoholmisbruik onder jongeren. Zelfs al zou je erin slagen een advertentiecampagne op poten te zetten die jongeren inderdaad motiveert wanneer ze de boodschap om minder te drinken lezen, hoe zie je dan kans om ervoor te zorgen dat die boodschap ook nog in hun hoofd zit als het er echt op aankomt?

Een bepaald type campagne, dat de laatste tijd erg in trek is bij de gezondheidszorgafdelingen van Amerikaanse universiteiten die proberen het drankmisbruik onder studenten terug te dringen, wordt ook wel 'social norms marketing' genoemd. Uit onderzoek is gebleken dat studenten vrijwel altijd het aantal drankjes overschatten dat medestudenten nuttigen; en zoals we al weten uit onze bespreking van het sociaal bewijs, hebben mensen de neiging zich te gedragen in overeenstemming met de veronderstelde sociale normen. Het oogmerk van dit soort reclamecampagnes is om het alcoholmisbruik onder studenten terug te dringen door hun misvattingen te corrigeren. Een postertekst die in zo'n 'social norms'-reclamecampagne past zou bijvoorbeeld kunnen luiden dat uit een enquête het volgende naar voren is gekomen: '65 procent van de studenten aan deze universiteit drinkt op een feestje drie drankjes of minder.' De gedachte daarachter is dat studenten tijdens feestjes minder zullen drinken als ze beter op de hoogte zijn van het aantal drankjes dat hun medestudenten gemiddeld drinken.

Dit soort programma's zien er weliswaar veelbelovend uit, maar voorlopig zijn de resultaten wisselend. Deze posters kunnen heel overtuigend zijn wanneer studenten ze lezen, maar een van de redenen waarom deze campagnes niet beter aanslaan is wellicht dat studenten die in een situatie terechtkomen waarin gedronken wordt, geneigd zijn dat soort informatie te vergeten of terzijde te schuiven. Posters, bordjes en andere communicatievormen die boodschappen overbrengen in het kader van een anti-alcoholcampagne zijn meestal (vanuit praktisch oogpunt heel begrijpelijk) te vinden in bibliotheken, klaslokalen, aula's, gezondheidscentra en gemeenschappelijke ruimten in studentenflats en niet zozeer in ruimten waar de kans dat er gedronken wordt het grootst is. Helaas ontbreekt dus een duidelijk verband tussen de plek waar de studenten de informatie zien en de plek waar ze zijn als ze drinken, waardoor de boodschap waarschijnlijk volkomen overstemd wordt door het geluid van rinkelend glaswerk en dronken gelach dat je in cafés en discotheken en op feestjes meestal hoort.

De resultaten van het onderzoek naar geheugensteuntjes wijzen erop dat studenten zich in de aangewezen situaties eerder bewust zullen zijn van de informatie over sociale normen wanneer men het logo van een dergelijke campagne op voorwerpen aanbrengt die op zulke plekken thuishoren (zoals bierviltjes, toegangsarmbandjes en stempels). Of de organisatie kan voorwerpen weggeven waarop het logo van de campagne staat afgebeeld, zoals frisbees. Die dingen zullen studenten vaker meenemen naar hun kamer, waar ze het geheugensteuntje ook eerder zullen zien staan. (De ironie wil dat deze strategie wel eens nog effectiever kan zijn zodra de studenten eenmaal een slok op hebben. Uit onderzoek is namelijk gebleken dat eenvoudige wervende teksten eerder aanslaan bij mensen die alcohol drinken.) In de Verenigde Staten zijn in sommige steden ook pogingen ondernomen om het aantal mensen dat met te veel drank op achter het stuur gaat zitten, terug te dringen door café-eigenaren over te halen zogenaamde *light cubes* in hun drankje te gooien. Dit zijn in plastic gevatte LED-lampjes in de vorm van ijsblokjes. Ze geven rood of blauw licht af, waardoor zo'n drankje aan het zwaailicht van een politieauto doet denken en functioneert als een uitbreiding van de lange arm van de wet.

Ongeacht of zulke geheugensteuntjes bedoeld zijn voor campagnes voor het grote of voor een klein publiek, ze zullen er in elk geval voor zorgen dat je boodschap niet vervaagt maar gewoon blijft doorgaan en doorgaan en doorgaan.

46

Welk voorwerp kan mensen overhalen om over hun normen en waarden na te denken?

Spiegeltje, spiegeltje aan de wand, wat is een van de meest overtuigende voorwerpen in het land? Dat ben jij, spiegeltje.

Er is geen mens die eraan twijfelt dat spiegels vooral bedoeld zijn om te bekijken hoe wij er aan de buitenkant uitzien, maar ze bieden ons ook een inkijkje in hoe we eruitzien (en misschien nog wel belangrijker: hoe we eruit *willen* zien) aan de binnenkant. Het gevolg is dat een blik in de spiegel maakt dat we in sociaal opzicht wenselijker gedrag gaan vertonen.

Neem bijvoorbeeld het onderzoek dat eens met Halloween werd uitgevoerd door sociale wetenschapper Arthur Beaman en zijn collega's. Beaman besloot het experiment niet in een universiteitslaboratorium of op straat uit te voeren, hij richtte achttien huizen in als tijdelijk onderzoekscentrum. Wanneer kinderen bij een van de huizen aanbelden, werden ze begroet door een onderzoeksassistent die hen naar hun naam vroeg en vervolgens naar een grote schaal vol snoepjes wees die vlakbij op een tafel stond. Nadat ze tegen de kinderen had gezegd dat ze allemaal één snoepje mochten nemen, vertelde ze dat ze weer aan de slag moest en verliet ze snel de kamer. Tot zover wat de snoepjes betreft, maar nu volgt de truc van het experiment: de kinderen wisten uiteraard niet dat ze aan een slim opgezet experiment deelnamen, en evenmin beseften ze dat ze via een kijkgaatje door iemand in de gaten werden gehouden. Deze onderzoeksassistent had de taak bij te houden welke kinderen oneerlijk waren en meer dan één snoepje namen.

De resultaten wezen uit dat ruim een derde van de kinderen meer nam dan de bedoeling was: 33,7 procent om precies te zijn. De onderzoekers wilden echter bekijken of ze het aantal snoepjesdiefstallen konden terugdringen met behulp van een spiegel.

Daartoe stelde de onderzoeksassistent voordat de bel ging bij de schaal met snoepjes een spiegel op zo'n manier op dat de kinderen zichzelf in de spiegel moesten aankijken als ze de snoepjes pakten. Hoe vaak er dan nog gepikt werd? In slechts 8,9 procent van de gevallen.

Een van ons heeft eens meegedaan aan een soortgelijk onderzoek om vast te stellen of mensen zich meer in overeenstemming met hun normen en waarden gaan gedragen als je ze naar zichzelf of hun spiegelbeeld laat kijken. Onder leiding van gedragswetenschapper Carl Kallgren peilden we eerst aan het begin van een semester de opvattingen van deelnemers over rommel op straat gooien. Verderop in het jaar kreeg de helft van de deelnemers zodra ze het laboratorium betraden via een gesloten televisiecircuit beelden van zichzelf te zien (bijna alsof ze zichzelf in de spiegel zagen), terwijl de andere helft beelden van geometrische vormen zag. Ze kregen te horen dat ze een opdracht moesten uitvoeren en dat hun hartslag zou worden bijgehouden, waarvoor ze wat gel op hun hand kregen gesmeerd. Zodra de taak van de deelnemers in het onderzoek er in hun ogen op zat, kregen ze van een onderzoeksassistent een papieren zakdoekje aangereikt om de gel mee van hun hand te vegen, en ze kregen het verzoek om via het trappenhuis te vertrekken. We wilden zien of de deelnemers bij hun vertrek het papieren zakdoekje al dan niet in het trappenhuis zouden weggooien.

Het bleek dat ongeveer 46 procent van degenen die zichzelf niet te zien hadden gekregen voordat ze in de gelegenheid waren om het papieren zakdoekje weg te gooien, dat ook inderdaad deed. Maar als ze zichzelf wel hadden gezien, deed nog maar zo'n 24 procent dat. Dit onderzoek geeft op zijn minst antwoord op de vraag: 'Hoe kunnen mensen die hun afval op straat gooien zichzelf elke dag in de spiegel onder ogen komen?' Het heeft er alle schijn van dat ze dat eenvoudigweg niet doen.

In het leven van alledag kunnen we met behulp van spiegels anderen uitermate subtiel overhalen zich op een sociaal acceptabeler manier te gedragen. We kunnen eruit afleiden hoe we met Halloween snoepjes moeten neerzetten, en het geeft aan dat we met zorgvuldig opgestelde spiegels kinderen kunnen overhalen aardiger met elkaar om te gaan. En een manager die te maken heeft met diefstal door werknemers (uit het magazijn van de onderneming, bijvoorbeeld) zou wel eens kunnen merken dat spiegels wonderen doen bij de bestrijding daarvan. In dit geval functioneren spiegels als een goed alternatief voor bewakingscamera's die niet alleen kostbaar zijn maar werknemers ook het gevoel geven dat ze niet vertrouwd worden, wat zelfs tot meer in plaats van tot minder diefstal kan leiden.

Als het praktisch niet uitvoerbaar is om op een specifieke plek spiegels op te hangen, zijn er twee andere opties die een vergelijkbaar effect hebben. Ten eerste hebben sociaal-psycholoog Ed Diener en zijn collega's vastgesteld dat je een vergelijkbaar effect sorteert als je mensen vraagt hoe ze heten. Met andere woorden: als je kinderen en werknemers vraagt om met een naamplaatje rond te lopen, leg je daarmee al een aardige basis voor wenselijker gedrag. En ten tweede is uit onderzoek verricht door Melissa Bateson en haar collega's gebleken dat je door een eenvoudige afbeelding van een paar ogen aan de muur te hangen er al voor zorgt dat anderen zich op een sociaal verantwoordere manier gedragen. Zo hingen de onderzoekers bij een experiment een afbeelding op in een gemeenschappelijke ruimte waar medewerkers geacht werden geld in een potje te stoppen als ze een kop koffie of thee namen. Maar de afbeelding was elke week een andere: de ene week waren het bloemen, de week daarop ogen, daarna een ander stel bloemen, vervolgens andere ogen, en ga zo maar door. Uit de resultaten bleek dat wanneer er bij het bordje een afbeelding van een stel ogen hing, koffie- en theedrinkers 2,5 maal vaker voor hun kopje betaalden dan bij een plaatje van bloemen.

Kortom: of het nu je eigen ogen zijn of die van een ander, het kan nooit kwaad om de situatie door een extra paar ogen te laten bekijken.

47

Gaat onderhandelen niet bij tegenslag of verdriet?

In een aflevering van de enorm populaire televisieserie *Sex and the City* loopt hoofdpersoon Carrie Bradshaw over straat in New York met boezemvriendin Samantha Jones, die Carrie vertelt waarom ze de laatste tijd zo teneergeslagen is. Jones loopt nogal te strompelen en op een gegeven moment kreunt ze even. Meelevend vraagt Carrie daarop: 'Als het dan zo'n pijn doet, lieve schat, waarom gaan we dan winkelen?' Waarop Samantha reageert met: 'Mijn teen is gebroken, maar mijn geest niet.'

Jaarlijks maken miljoenen mensen die in de put zitten hun ellende draaglijk door te shoppen. In een recent onderzoek uitgevoerd door sociale wetenschapper Jennifer Lerner en haar collega's werd bekeken hoe het toch komt dat emoties als verdriet zo'n ingrijpende invloed hebben op het koop- en verkoopgedrag van mensen. Het leverde een paar boeiende inzichten in dit fenomeen op.

De hypothese van de onderzoekers luidde dat een 'negatieve stemming' mensen kan motiveren hun omstandigheden te veranderen, wat kan helpen bij het verbeteren van hun stemming. Ze verwachtten ook dat die motivatie een andere invloed zou hebben op kopers dan op verkopers: negatief gestemde kopers zouden bereid zijn een hogere prijs te betalen voor een bepaald voorwerp dan neutraal gestemde kopers, terwijl negatief gestemde verkopers bereid zouden zijn om voor een lagere prijs afstand te doen van dat voorwerp dan neutraal gestemde verkopers.

In een experiment dat ontworpen was om deze ideeën te testen, riepen de onderzoekers ofwel een negatieve stemming ofwel geen emotie bij hun deelnemers op door ze een van twee filmfragmenten te tonen. Degenen die in een negatieve stemming moesten raken, kregen een stukje te zien uit de film *The Champ* waarin de mentor van een jongen overlijdt; vervolgens moesten ze een kort verslagje schrijven over hoe zij zich in de gegeven situatie zouden voelen. Degenen die in een niet-emotionele stemming moesten verkeren kregen een neutrale filmclip te zien waarin vissen voorkwamen, en daarna schreven ze een stukje over hun alledaagse bezigheden. Vervolgens kregen alle deelnemers te horen dat ze zouden deelnemen aan een tweede experiment dat losstond van het voorafgaande. De helft van de deelnemers kreeg een setje markeerstiften waarvan ze moesten aangeven voor welk bedrag ze die zouden verkopen; de andere helft moest aangeven voor welk bedrag ze de stiften zouden kopen.

De resultaten bevestigden Lerners vermoedens. Negatief gestemde kopers waren bereid zo'n dertig procent meer te betalen dan emotioneel neutrale kopers. En negatieve gestemde verkopers waren bereid om voor maar liefst 33 procent minder afstand te doen van het voorwerp dan hun neutrale medeverkopers. Bovendien stelden de onderzoekers vast dat de invloed van de door de film opgeroepen emotie op hun economische beslissingen volledig buiten hun bewuste waarneming plaatsvond: ze hadden absoluut geen idee dat ze zo waren aangedaan door deze restgevoelens van de negatieve stemming.

Op wat voor manier is dit onderzoek voor jou van belang? Het is van het allergrootste belang om te onderkennen in wat voor gemoedstoestand je verkeert voordat je een belangrijke beslissing neemt, aan een cruciale onderhandeling begint of zelfs maar op een onvriendelijke e-mail reageert. Stel, het is aan jou om met een verkoper te onderhandelen over de financiële voorwaarden van een contract. Als je net iets aangrijpends hebt meegemaakt, kun je misschien wel denken dat je vermogen om beslissingen te nemen daar niet onder heeft geleden, maar toch loont het de moeite te overwegen zo'n onderhandeling nog even uit te stellen. Met zo'n kort uitstel geef je je emoties de gelegenheid om te betijen, zodat jij rationelere beslissingen kunt nemen.

Ongeacht je gemoedstoestand is het over het algemeen sowieso een goed idee om in een situatie waarin beslissingen moeten worden genomen waarmee veel geld is gemoeid, enige tijd te laten verstrijken om te kalmeren. Het komt vaak genoeg voor dat mensen de ene vergadering meteen na de andere plannen omdat dat beter uit zou komen. Maar als je jezelf even een pas op de plaats gunt tussen de vergaderingen door, verklein je de kans dat gevoelens die door een nogal heftige vergadering zijn opgeroepen zich ook in de volgende nog doen gelden, en dat moet je al helemaal voorkomen als er tijdens die volgende bijeenkomst belangrijke beslissingen vallen.

Hetzelfde geldt voor beslissingen die je thuis neemt. Misschien ben je van plan om nieuw meubilair te kopen of nieuwe apparatuur, je huis te laten opknappen of zelfs een nieuw huis te kopen. Of je bent prijzen aan het bepalen voor dingen die je op internet te koop wilt aanbieden. In dat soort situaties is het altijd verstandig om even een stap terug te doen, te bekijken hoe je je voelt en eventueel die activiteit uit te stellen tot een moment dat je neutraler gestemd bent.

En ten slotte moeten diegenen onder ons die andermans beslissingen willen beïnvloeden zich ook bewust zijn van de rol die hun stemming speelt. Natuurlijk zou het onverstandig en zeer verwerpelijk zijn om te proberen iemand van iets te overtuigen van wie je weet dat hij of zij net iets verdrietigs heeft vernomen, of erger nog, om iets aan te snijden waarvan de ander in een negatieve stemming raakt (bijvoorbeeld: 'Hé, ik hoor net dat je hond is doodgereden. O ja, dit is de prijs die ik je kan aanbieden voor onze deal.') Zulke beslissingen zullen mensen vaak achteraf betreuren, en dat is geen manier om een duurzame relatie op te bouwen. Als je daarentegen voorstelt om de onderhandelingen uit te stellen als iemand net een moeilijke emotionele ervaring heeft gehad, zul je jullie relatie zeker versterken doordat je overkomt als een nobel, gevoelig en verstandig persoon, en dat zijn onbetaalbare karaktertrekken voor iemand die graag overtuigender wil zijn.

48

Hoe stel je met emoties je overtuigingskracht in werking?

In 2002 leidde het uitbreken van het zogenaamde *Severe Acute Respiratory Syndrome* (oftewel SARS) in Azië alom tot grote paniek, met als gevolg dat de reismarkt voor die landen instortte. En dat terwijl de kans SARS op te lopen, laat staan eraan dood te gaan, uitermate klein was. Maar wat kunnen de reacties van de mensen op deze gebeurtenis ons leren over hoe emotioneel beladen onderwerpen de beslissingen van mensen en de manier waarop zij door anderen worden beïnvloed kunnen veranderen?

Onderzoekers Christopher Hsee en Yuval Rottenstreich hebben vastgesteld dat het beoordelingsvermogen van mensen en hun beslissingsvaardigheid geschaad kan worden door een gebeurtenis als het uitbreken van SARS, en dan niet omdat dat negatieve gevoelens oproept maar omdat het een emotioneel beladen onderwerp is, los van de gevoelens die het oproept. Met name betogen ze dat emoties ervoor zorgen dat mensen minder gevoelig worden voor de verschillen in *hoogte van getallen*; ze zullen eerder aandacht schenken aan de simpele *aan- of afwezigheid* van een gebeurtenis. In zakelijke termen betekent dit dat mensen eerder geneigd zijn aandacht te besteden aan de eenvoudige aan- of afwezigheid van een emotioneel beladen aanbod dan aan de specifieke getallen die daarbij betrokken zijn.

Om dat idee te testen vroegen de onderzoekers deelnemers om korte tijd over een aantal kwesties na te denken, hetzij met hetzij zonder emoties. Vervolgens kregen de deelnemers aan het onderzoek de opdracht zich voor te stellen dat iemand die ze kenden een stel cd's van Madonna wilde verkopen. Tegen de ene helft werd gezegd dat er een set van vijf cd's in de aanbieding was, de andere helft kreeg te horen dat het er tien waren. Daarop kregen ze de vraag voorgelegd wat het hoogste bedrag was dat ze bereid waren voor het hele pakket te betalen.

De onderzoekers constateerden dat degenen die van tevoren zo emotieloos mogelijk hadden zitten denken, bereid waren meer te betalen voor het pakket van tien cd's dan voor het pakket van vijf, wat heel redelijk is. Interessanter is dat degenen die emotionele gedachten hadden opgeroepen minder gevoelig waren voor het verschil in aantal cd's. Zij bleken bereid te zijn om ongeveer hetzelfde te betalen voor beide sets.

Uit de uitkomsten van dit onderzoek valt af te leiden dat emotionele ervaringen een negatief effect kunnen hebben op je vermogen beslissingen te nemen, waardoor je wel eens in de verleiding zou kunnen komen om ja te zeggen tegen een aanbod dat je beter niet zou kunnen aannemen. Stel, je bent in onderhandeling met een leverancier over ruwe materialen en er zit een kloof van 10.000 euro tussen het bedrag dat jij biedt en de hoeveelheid goederen die de leverancier bereid is je voor dat bedrag te leveren. De leverancier erkent die kloof maar is niet bereid om voor het bedrag dat jij biedt meer te leveren. In plaats daarvan komt hij misschien met het aanbod om je vijftig eenheden te schenken van een splinternieuw product waar jij heel enthousiast over bent. Het kan zijn dat honderd eenheden en niet vijftig ongeveer overeenkomen met een bedrag van 10.000 euro, maar uit dit onderzoek blijkt dat een dergelijk met emoties beladen aanbod de koper ertoe kan verleiden de waarde van die vijftig eenheden te overschatten, wat maakt dat zijn beslissing ongunstig uit kan pakken.

Hoe kunnen we voorkomen dat dit soort factoren ons beïnvloedt? Uit deze experimenten blijkt dat zoiets eenvoudigs als je voorafgaand aan de onderhandelingen concentreren op de getallen wel eens zou kunnen helpen de verschillen in aantallen uit elkaar te houden. Als je de emoties wegneemt die je scherpe blik vertroebelen, zul je beter kunnen onderhandelen op basis van feitelijke, relevante informatie en in staat zijn de best mogelijke beslissing te nemen.

49

Wat maakt dat mensen alles geloven wat ze lezen?

Een voormalige politieke gevangene uit China beschreef zijn ervaringen als doelwit van hersenspoeling eens als volgt: 'Je wordt vernietigd, uitgeput, je hebt geen zeggenschap over jezelf en weet niet meer wat je twee minuten geleden hebt gezegd. Je hebt het gevoel dat alles verloren is. Vanaf dat moment is de rechter degene die zeggenschap over je heeft. *Alles* wat hij zegt neem je voor waar aan.'

Naar welke techniek verwijst hij hier, en wat vertelt die ons over de factoren die anderen in staat stellen ons te overtuigen?

Hoewel deze voormalige gevangene waarschijnlijk had blootgestaan aan diverse tactieken om mensen op een andere manier te laten denken, was de strategie waar hij het over had slaapdeprivatie, ofwel het onthouden van slaap. Natuurlijk zal het je niet verbazen dat we meestal beter functioneren wanneer we een goede nachtrust achter de rug hebben. We weten allemaal uit ervaring dat we ons beter kunnen concentreren, helderder zijn en beter communiceren als we goed uitgerust zijn. Onderzoek verricht door sociaalpsycholoog Daniel Gilbert heeft een veel minder voor de hand liggend inzicht opgeleverd dat desalniettemin geheel overeenstemt met de ervaringen van de politieke gevangene: wanneer we moe zijn, zouden we wel eens gevoeliger kunnen zijn voor de misleidingstactieken van anderen. Een reeks experimenten leverde aanwijzingen op die de hypothese ondersteunen dat wanneer iemand een uitspraak doet, de ontvanger van de boodschap in eerste instantie zal aannemen dat de mededeling waar is, ongeacht of dat werkelijk zo is. Pas na enige geestelijke inspanning zal de luisteraar een fractie van een seconde later eventueel beseffen dat een bewering niet klopt en hem vervolgens verwerpen.

Wanneer er veel op het spel staat, beschikken de meeste mensen wel over voldoende cognitieve middelen en motivatie om uitspraken die niet lijken te kloppen te verwerpen. Maar wanneer mensen moe zijn, is de kans groot dat ze goedgeloviger zijn vanwege de verminderde cognitieve capaciteit en motivatie die uitputting met zich meebrengt. Volgens de uitkomsten van Gilberts onderzoek is het gevolg dat het proces dat normaal gesproken plaatsvindt bij het begrijpen van de boodschap wordt afgekapt voordat het verwerpingsstadium bereikt is, waardoor mensen in die situatie eerder geneigd zijn andermans zwakke argumenten of uitgesproken onwaarheden te geloven. Een manager die om offertes vraagt voor een groot distributiecontract zal bijvoorbeeld minder geneigd zijn vraagtekens te plaatsen bij een onwaarschijnlijke bewering van een potentiële distributeur als 'onze distributiesystemen behoren wereldwijd tot de allerbeste' wanneer hij of zij slecht geslapen heeft. In zo'n situatie zal iemand eerder bereid zijn een dergelijke bewering voor waar aan te nemen.

En we raken niet alleen gemakkelijker overtuigd vanwege slaapgebrek of vermoeidheid. Uit onderzoek blijkt dat afleiding een vergelijkbaar effect heeft op de gevoeligheid van mensen voor beïnvloeding, zelfs al duurt die afleiding maar heel even. Zo heeft onderzoek uitgevoerd door Barbara Davis en Eric Knowles aangetoond dat mensen tweemaal vaker kerstkaarten kochten bij iemand die bij ze aan de deur kwam wanneer de persoon in kwestie hen afleidde door de prijs ineens in centen te noemen en vervolgens te verklaren: 'Het is een koopje.' Tevens bleek dat het niet aan het in centen vermelden van de prijs alleen lag, maar dat de kans dat mensen kaarten kochten uitsluitend steeg wanneer die vermelding gevolgd werd door de wervende tekst 'Het is een koopje.' Blijkbaar kan een verkoper gedurende het korte ogenblik dat iemand is afgeleid ongemerkt een wervende bewering in zijn verhaal moffelen.

Bij een ander onderzoek dat dit team uitvoerde, bleek dat mensen die op een braderie rondliepen een grotere kans maakten 'cupcakes' te kopen wanneer de verkopers ze ineens 'halfcakes' in plaats van cupcakes noemden, maar dan alleen als dat onmiddellijk gevolgd werd door 'Ze smaken heerlijk.'

Wat vertellen deze onderzoeken ons nu over hoe je weerstand

moet bieden aan factoren die je gemakkelijker te overtuigen maken? Het meest voor de hand liggende advies is zorgen dat je genoeg slaapt. Natuurlijk willen we allemaal meer slaap krijgen en we zijn het er allemaal over eens dat dat gemakkelijker is gezegd dan gedaan. Als je inderdaad eens erg afgeleid of niet uitgerust bent, probeer dan uit de buurt te blijven van dingen als infomercials, zaken waarin nogal eens aanvechtbare beweringen worden gedaan. Doe je dat niet, dan zou je je wel eens kunnen laten overtuigen dat je heus een hometrainer nodig hebt waarop je al fietsend popcorn kunt poffen. Zorg liever dat je alleen als je volkomen fris bent belangrijke beslissingen neemt die afhangen van je vermogen om te beoordelen in hoeverre de beweringen van anderen waar zijn.

En stel, je krijgt de taak toebedeeld om een nieuwe leverancier te kiezen, dan is het goed om te beseffen dat je de informatie die je op een website of in een offerte leest eerder gelooft als je bent afgeleid doordat je bijvoorbeeld tegelijkertijd een telefoongesprek voert. Je maakt meer kans andermans beweringen juist te beoordelen en zult over het geheel genomen beter bestand zijn tegen misleidende overtuigingstechnieken als je de afleidingen zoveel mogelijk reduceert. Zo zou je op je werk of thuis een eigen 'beslisplek' kunnen creëren, waar zo min mogelijk afleiding en ruis is zodat je je volledig kunt concentreren op je taak. Om te voorkomen dat je er eerst in vliegt (door de praatjes van een misleider) en er vervolgens uit vliegt (bij een bedrijf dat niet tevreden over je is), is het een goed idee om het multitasken zoveel mogelijk terug te dringen wanneer er veel op het spel staat.

50

Kun je je invloed aanzwengelen dankzij trimeth-labs?

Bedplassen, een droge mond en zelfs *restless legs*. Tegenwoordig lijkt er voor elke aandoening wel een remedie te bestaan. Maar je kijkt er misschien nog wel van op als je hoort dat er een medicijn is dat 1,3,7-trimethylxanthin heet waarmee je gemakkelijker te overtuigen wordt als je het inneemt, en gemakkelijker overtuigend overkomt als je het aan anderen geeft. En wellicht is het schokkendste nog wel dat dit middel alom verkrijgbaar is via zogenaamde 'trimeth-labs' waarvan er steeds meer verschijnen.

Het middel is een stuk bekender onder de naam cafeïne, en deze 'trimeth-labs' zijn een stuk bekender als cafés, barretjes en koffiehuizen. De Amerikaanse keten Starbucks alleen al heeft bij elkaar ruim negenduizend filialen in 38 landen, al betwijfelen we ten zeerste dat de voorzitter van de raad van bestuur Howard Schultz ooit van zijn leven gedroomd heeft dat de drank die hij op elke straathoek en in elk winkelcentrum aanbiedt mogelijk een middel is om mensen te overtuigen. We weten allemaal, en velen van ons hebben het ook vaak genoeg ervaren, dat cafeïne je helderder maakt, maar hoe kunnen we door die stof overtuigender worden?

Om die vraag te beantwoorden vroegen wetenschapper Pearl Martin en haar collega's alle deelnemers aan hun experiment een vloeistof op te drinken die op sinaasappelsap leek. Als een ondeugende tiener die op een schoolfeestje een heupflesje in de vruchtenbowl leegt, goten de onderzoekers bij de helft van de deelnemers iets anders bij de sinaasappelsap. En dan geen wodka maar cafeïne, van ongeveer de hoeveelheid die in twee kopjes espresso zit.

Kort na het opdrinken van het sinaasappelsap kregen de deelnemers een reeks teksten te lezen waarin een aantal ijzersterke argumenten werden aangevoerd voor een bepaalde opvatting over een omstreden kwestie. Degenen die de met cafeïne aangelengde drank hadden gedronken voordat ze deze argumenten te lezen kregen, stonden 35 procent vaker positief tegenover die opvatting dan degenen die het onversneden sap hadden gedronken.

Betekent dat nu dat je tijdens de lunchpauze even naar een barretje kunt lopen en daar aan de eerste de beste de Euromast kunt verkopen? Nou nee. In een tweede onderzoek bekeek men het effect van cafeïne wanneer de deelnemers teksten te lezen kregen waarin zwakke argumenten werden aangevoerd. De uitslag wees erop dat cafeïne onder die omstandigheden nauwelijks overtuigingskracht had.

Deze testresultaten hebben implicaties voor de aanpak van presentaties, ongeacht of ze nu voor potentiële klanten of voor collega's zijn. Het is bijvoorbeeld zinvol om na te denken over het tijdstip dat je uitkiest om je informatie aan te bieden. Stel, je moet een verkooppresentatie geven voor een nieuwe klant. Dan is het geen goed idee om dat meteen na de lunch of later op de dag te doen. Een goed moment is tamelijk vroeg, wanneer zo'n klant wellicht net zijn shot koffie achter de rug heeft. En heb je het tijdstip van de presentatie niet in de hand, dan kun je er nog met koffie of frisdrank met een scheutje cafeïne erin voor zorgen dat je gehoor ontvankelijker is, op voorwaarde dat je ervoor zorgt dat je argumenten goed zijn onderbouwd, zoals uit het onderzoek blijkt. Maar natuurlijk zijn ze dat!

Beïnvloeding in de eenentwintigste eeuw

Aan het begin van de eenentwintigste eeuw is onze omgang met anderen binnen en buiten onze organisaties veranderd op twee fundamentele manieren, die beide invloed hebben op de wijze waarop we andere mensen overreden. Ten eerste heeft het algemeen gebruik van internet thuis en in vrijwel het hele bedrijfsleven geleid tot een gigantische verschuiving in de manier waarop we dagelijks met andere mensen communiceren. Ten tweede heb je tegenwoordig meer kans dan ooit om op je werk en tijdens zakelijke contacten mensen uit andere culturen dan de jouwe tegen te komen. Het meest recente onderzoek over deze razendsnelle veranderingen biedt je nog meer waardevolle inzichten in de wetenschap van het overtuigen.

E-beïnvloeding

Zoals elk communicatiebedrijf is US Cellular, een groot mobieletelefoniebedrijf dat is gevestigd in het midwesten van de Verenigde Staten, vrijwel volledig afhankelijk van technologie als de ruggengraat van al zijn activiteiten. Daarom lijkt het wel heel ironisch, zo niet volkomen geschift, dat het bedrijf een paar jaar geleden een nieuw beleid invoerde: de ruim vijfduizend werknemers kregen te horen dat ze op vrijdag niet meer per e-mail met elkaar mochten communiceren.

Hoe was dat mogelijk? In een tijd waarin we allemaal afhankelijk zijn van elektronische berichten om snel, efficiënt en accuraat met onze collega's te communiceren, is het verbieden van e-mail net zoiets als een verbod op rekenmachines ten gunste van vingers en tenen. Waarom zou Jay Ellison, de onderdirecteur van US Cellular, zo'n oekaze uitvaardigen? Was het wellicht een snood plan dat de hoofddirectie had gesmeed om werknemers te dwingen hogere telefoonkosten te maken met hun privémobieltje en daarmee op korte termijn de bedrijfswinst te verhogen?

Het bleek dat Ellison, die dagelijks meer e-mail binnenkreeg dan hij kon openen, werd bekropen door het gevoel dat de eindeloze stroom onpersoonlijke, elektronische berichten een negatief effect had op het teamwerk en de algehele productiviteit, in plaats van deze te verbeteren. Volgens een reportage van ABCNews.com zei Ellison in zijn memo aan de werknemers: 'Kom van je stoel en ontmoet je teams in levenden lijve. Pak de telefoon en geef iemand een belletje. [...] Ik verheug me erop om van jullie te horen, en kom zo vaak langs als je wilt.'

De reportage beschreef vervolgens een aantal ingrijpende gevolgen van dit nieuwe beleid. Zo werden twee collega's die tot dan toe alleen per e-mail contact met elkaar hadden gehad, gedwongen om elkaar over de telefoon te spreken. Tijdens dit gesprek ontdekten ze tot hun verbazing dat ze helemaal niet in verschillende delen van het land zaten, maar in hetzelfde kantoorgebouw! Deze ontdekking leidde tot face-to-face-ontmoetingen, die hun contact verstevigden.

Hoewel het ongetwijfeld even wennen was, beschouwt iedereen bij US Cellular de mail-loze vrijdag inmiddels als een doorslaand succes. Hieruit blijkt maar weer hoe belangrijk mensen persoonlijk ontmoeten is om de band met hen te versterken. Maar dit verhaal laat vooral duidelijk zien wat het effect van elektronische interactie is op de relatie tussen werknemers. Hoe beïnvloedt de communicatie via elektronische kanalen onze overtuigingskracht?

Wat maakt het bijvoorbeeld uit voor een onderhandelingsproces of het via internet wordt afgehandeld of door mensen die tegenover elkaar zitten? De tijd waarin er uitsluitend rondom de tafel of via de telefoon werd onderhandeld, ligt achter ons. Tegenwoordig worden onderhandelingen in toenemende mate via internet gevoerd. Wat daarbij op het spel staat, loopt uiteen van belangrijke zaken als een contract ter waarde van vele miljarden tot de verschillende smaken pizza voor een personeelsfeestje.

Het internet wordt vaak de elektronische snelweg genoemd,

maar zou het ook niet kunnen dat het gebrek aan persoonlijk contact tussen de onderhandelaars eerder een wegversperring is dan een route die naar een goede uitkomst leidt? Om die hypothese te testen, voerden sociale wetenschapper Michael Morris en zijn collega's een experiment uit waarbij MBA-studenten een onderhandelingsopdracht ofwel samen aan tafel ofwel via de e-mail uitvoeren. De onderzoekers ontdekten dat de onderhandeling per e-mail de kans verkleinde dat de onderhandelaars elkaar de persoonlijke informatie verstrekten die doorgaans helpt om het ijs te breken. Dat zou kunnen leiden tot een slechtere uitkomst van de onderhandeling.

Gedragswetenschapper Don Moore en zijn collega's dachten dat ze misschien een vrij eenvoudige oplossing hadden voor dit niet zo eenvoudige probleem: stel dat de onderhandelaars vóór de onderhandeling elkaar iets persoonlijks toevertrouwden? Met andere woorden: ze zouden iets over elkaars achtergrond te weten komen en een paar minuten e-babbelen over onderwerpen die losstonden van de onderhandeling. Om dit idee te testen, stelden de onderzoekers koppels samen van studenten aan twee vooraanstaande Amerikaanse business schools en lieten hen per e-mail onderhandelen over een overeenkomst. Terwijl de helft slechts opdracht kreeg om te onderhandelen, werd aan de andere helft een foto van de onderhandelingspartner verstrekt, enige biografische informatie (bijv. over zijn of haar vooropleiding en hobby's) plus de opdracht om voorafgaand aan de onderhandeling even de tijd te nemen om via de e-mail kennis met elkaar te maken.

De uitkomst van dit experiment maakte duidelijk dat als de deelnemers geen aanvullende informatie was verstrekt, 29 procent van de koppels in een impasse raakte en geen overeenstemming wist te bereiken. Daarentegen kwam het bij 'persoonlijke condities' in slechts zes procent van de gevallen tot een impasse. Met behulp van een andere maatstaf voor onderhandelingssucces stelden de onderzoekers vast dat als de koppels in het experiment in staat waren om een oplossing te bereiken die voor beide partijen acceptabel was, de gezamenlijke uitkomst van het vergelijk – d.w.z. een optelling van de bedragen die de twee deelnemers er ieder voor zichzelf uit hadden gesleept – onder persoonlijke condities in

18 procent hoger lag dan onder onpersoonlijke condities. Dus door de tijd te nemen om iets persoonlijks te weten te komen over je onderhandelingspartner en iets persoonlijks over jezelf te onthullen, kun je er waarschijnlijk voor zorgen dat je samen een groter stuk van de taart te verdelen hebt.

Deze experimenten maken ons iets duidelijk over de rol van elektronische communicatie bij onderhandelingen. Maar hoe zit het met directe beïnvloeding, waarbij een spreker probeert om de ander op andere gedachten te brengen over een bepaald idee of over een bepaalde kwestie? Tijdens een experiment dat een van ons samen met sociaal-psycholoog Rosanna Guadagno uitvoerde, bogen we ons over deze vraag. Tegen de deelnemers werd gezegd dat ze tijdens een gesprek onder vier ogen met iemand anders zouden discussiëren over studieproblemen, en dat ze dat ofwel met elkaar aan tafel ofwel via de e-mail zouden doen. Zonder dat ze dat wisten, was die ander in werkelijkheid een onderzoeksmedewerker die deed alsof hij ook een deelnemer was. Aan de hand van een vast scenario met vooraf bepaalde argumenten probeerde de onderzoeksmedewerker de echte deelnemer ervan te overtuigen dat de universiteit een overzichtsexamenbeleid zou moeten invoeren, wat inhield dat Bachelor-studenten hun bul pas kregen nadat ze een lang en zwaar overzichtstentamen hadden gedaan, waarin hun kennis over allerlei verschillende onderwerpen werd getoetst. Hierbij moet worden opgemerkt dat er maar weinig dingen zijn waarover Amerikaanse studenten het zo roerend eens zijn. Aan studenten, met uitzondering van een enkele bolleboos, vragen of ze voorstander zijn van een overzichtstentamen voordat ze hun bul krijgen, is net zoiets als vragen of ze voorstander zijn van een drankverbod onder de 25 jaar. Hoewel studenten aanvankelijk bijna allemaal tegen overzichtstentamens zijn, kun je hen blijkbaar toch van mening doen veranderen. Maar maakt het uit of die overtuigende argumenten rond de tafel of via de e-mail aan de deelnemers worden gepresenteerd?

Het antwoord op die vraag hangt af van het geslacht van de mensen waar het om gaat. Omdat vrouwen doorgaans meer gericht zijn op het opbouwen van een hechte band met leeftijdsgenoten van het eigen geslacht dan mannen, en een face-to-face-gesprek dit proces vergemakkelijkt, voorspellen we dat vrouwen bij interactie met een leeftijdsgenoot van hetzelfde geslacht vaker zouden worden overgehaald bij een face-to-face-gesprek dan via de e-mail, terwijl de communicatiemethode bij mannen minder zou uitmaken. En dat is inderdaad wat we ontdekten: vrouwen werden vaker overtuigd tijdens de face-to-face-gesprekken, maar mannen werden in beide situaties net zo vaak overtuigd, ongeacht de communicatiemethode. Helaas hebben we de verschillen in overtuigingskracht niet onderzocht bij koppels die niet van hetzelfde geslacht waren. Maar misschien is dat maar goed ook, want de overreding van het andere geslacht is een onderwerp voor een heel ander soort boek!

Tot nu toe hebben we gezegd dat bepaalde aspecten van communicatie via internet een beletsel kunnen zijn voor het vormen en onderhouden van persoonlijke relaties. Maar elektronische berichten kunnen ook om een andere reden schadelijk zijn: er is domweg meer kans dat er misverstanden optreden. En helaas koop je weinig voor sterke argumenten en effectieve overredingsstrategieën als de ontvanger jouw boodschap, de bedoelingen achter je boodschap of – nog erger – allebei verkeerd opvat.

Onderzoek van gedragswetenschapper Justin Kruger en zijn collega's verklaart waarom er zo vaak communicatiestoornissen optreden bij het e-mailen. Ze beweren dat intonatie en lichaamstaal – twee non-verbale signalen die in de communicatie per e-mail ontbreken – doorgaans belangrijke aanwijzingen bieden omtrent de ware betekenis van de boodschap als die in enig opzicht dubbelzinnig is. Zo zou je in antwoord op een bericht van een collega over verkoopcontracten kunnen schrijven: 'Dat is echt een prioriteit.' Terwijl jij dat serieus bedoelt, kan het gebeuren dat je collega dat als een sarcastische opmerking opvat, omdat je in het verleden bezwaar hebt gemaakt tegen verkoopcontracten. Als je dat in zijn aanwezigheid zou hebben gezegd, hadden je intonatie, gezichtsuitdrukking en lichaamstaal duidelijk gemaakt dat je het meende. Dat gegeven maakt de communicatie per e-mail op zich al problematisch. Maar volgens Kruger en zijn collega's dreigt er een nog groter probleem, want de zenders van deze berichten beseffen maar nauwelijks dat hun bericht verkeerd kan worden begrepen. Omdat de zenders precies weten wat hun bedoeling is wanneer ze hun bericht schrijven, gaan ze er vaak van uit dat de ontvanger dat ook begrijpt.

De onderzoekers voerden een aantal experimenten uit om hun hypothesen te testen. Tijdens één daarvan werden er deelnemerkoppels gevormd waarbij de ene deelnemer werd aangewezen als de zender en de ander als de ontvanger van een aantal berichten. De zender kreeg opdracht om verschillende uitspraken te produceren die op de ontvanger duidelijk een van de volgende emoties moesten overbrengen: sarcasme, ernst, woede of verdriet. De deelnemers kregen eveneens willekeurig een van drie communicatiemethoden toegewezen: e-mail, telefonisch contact of face to face. Na elke uitlating probeerde de ontvanger te raden wat de bedoelde toon van de uitlating was. Voorafgaand aan deze opdracht vermeldden de zenders of ze verwachtten dat de ontvanger het goed zou raden.

De uitkomst van dit onderzoek liet duidelijk zien dat, hoewel zenders uit alle groepen overschatten hoe vaak de ontvangers de toon van hun boodschap correct interpreteerden, de kloof het grootst was binnen de groep die mailde. De zenders verwachtten, in welk groep ze ook zaten, dat de ontvanger de toon van hun bericht in ongeveer 89 procent van de gevallen goed zou raden. Terwijl door de deelnemers die alleen stemcontact hadden of bij elkaar zaten ongeveer 74 procent goed geraden werd, raadden de leden van de mailende groep slechts 63 procent goed. Die uitkomst geeft aan dat het bij schriftelijke communicatie doorgaans moeilijker is om het bericht van de zender juist te interpreteren, omdat de ontvanger diens stembuigingen niet kan horen.

Nu denk je misschien dat die uitkomst geen verrassing mag heten, omdat deze experimenten vrijwel altijd worden uitgevoerd met mensen die elkaar niet kennen en niets samen hebben meegemaakt. Goede vrienden zijn vast beter in staat om de toon van elkaars e-mails te interpreteren. Dat hadden de onderzoekers ook bedacht. Opmerkelijk genoeg is het datapatroon in dat geval precies hetzelfde. Het feit dat schriftelijke communicatie nooit volledig kan worden ontcijferd, zelfs niet door anderen die jou goed kennen, bewijst dat je beste vrienden ongelijk hebben als ze zeggen dat ze met je kunnen lezen en schrijven – tenzij je natuurlijk een bericht stuurt per audioboek of videoboodschap.

Dus wat moet iemand die communiceert doen om dit gevaar te vermijden? Misschien kun je emoticons gebruiken, die grappige gezichtjes die bedoeld zijn om emoties grafisch weer te geven (bijvoorbeeld ':-()'). Zoals uit dit voorbeeld echter blijkt, kunnen emoticons ook opgaan in de rest van het bericht of in andere opzichten onduidelijk zijn, wat tot nog meer verwarring leidt. Is het dan mogelijk om de e-mail helemaal uit te schakelen en alleen nog maar te communiceren via de telefoon of van face to face? Misschien is dat één dag per week mogelijk, zoals bij US Cellular, maar we hebben niet altijd de tijd of de gelegenheid om zo met elkaar te communiceren.

Laten we voor een mogelijke oplossing terugkeren naar een van de centrale psychologische verklaringen van deze communicatiestoornissen. Zoals we al eerder zeiden, weten zenders precies welke boodschap ze willen overbrengen, maar zijn ze niet van nature geneigd om zich in de ontvanger te verplaatsen. Op grond van deze redenatie voerden de onderzoekers nog een experiment uit om te kijken of ze de overmoedige gedachte van de afzender dat zijn boodschap precies overkomt zoals hij bedoelt, konden uitschakelen. De opzet van dit experiment was vergelijkbaar met het experiment dat we zojuist beschreven, met enkele variaties. Ten eerste communiceerden alle deelnemers uitsluitend per e-mail met elkaar. Ten tweede kregen sommige deelnemers instructies die waren bedoeld om hen aan het denken te zetten over mogelijke verkeerde interpretaties van hun uitspraken. De onderzoekers ontdekten dat deelnemers uit deze groep beter in staat waren om te voorspellen of hun boodschappen werden begrepen zoals ze bedoeld waren.

Hoe kunnen we op basis van de uitkomst van dit experiment leren hoe je elektronisch communiceert en daarmee onze overtuigingskracht via internet verhogen? Voordat je andere mensen een mail stuurt over een belangrijke kwestie, is het verstandig om je boodschap rustig door te lezen en daarbij speciaal te letten op de mogelijkheid dat bepaalde aspecten van je boodschap door de ontvanger verkeerd begrepen worden. Dan kun je de boodschap zo herschrijven dat er duidelijker staat wat je bedoelt. Met andere woorden: zoals je de spelling- en grammaticacontrole gebruikt om de leesbaarheid van je bericht te verbeteren voordat je op de knop 'verzenden' drukt en niet meer terug kunt, zo kan ook het werpen van een kritische blik de begrijpelijkheid van je boodschap verhogen. Bill Gates, als je dit leest, is het te laat: we zijn al bezig met de patentaanvraag.

Ten slotte moeten we opmerken dat zelfs als de ontvangers van je berichten je bedoelingen volledig begrijpen, dat nog niet garandeert dat ze je verzoek inwilligen of jou te hulp schieten. Om slechts één voorbeeld te noemen: een arts die wij kennen, had de grootste moeite om iemand te vinden die een dienst van hem wilde overnemen, zodat hij naar een trouwerij toe kon. Dat vonden wij nogal vreemd, omdat het een sympathieke en door iedereen gewaardeerde man is, van wie we wisten dat hij in het verleden voor verschillende collega's was ingevallen. Maar toen we vroegen op welke manier hij zijn collega's precies om hulp had gevraagd, wisten we onmiddellijk wat het probleem was: hij had het verzoek gedaan in de vorm van een groepsmail, waardoor iedereen de naam van alle andere ontvangers kon lezen.

Het probleem met deze strategie is dat ze leidt tot zogenaamde diffuse verantwoordelijkheid. Door de groepsmail te versturen op een manier die zichtbaar maakte dat het verzoek aan verschillende collega's was gericht, voelde niemand zich individueel verantwoordelijk om te helpen. Ze namen waarschijnlijk allemaal aan dat iemand anders op de lijst wel zou inspringen. Tijdens hun klassieke onderzoek naar diffuse verantwoordelijkheid ensceneerden sociaal-psychologen John Darley en Bibb Latané een situatie waarin een student deed alsof hij een epileptische aanval kreeg. Als daarbij één enkele omstander aanwezig was, bood die in ongeveer 85 procent van de gevallen hulp. Maar als er vijf omstanders aanwezig waren – die zich allemaal in verschillende kamers bevonden, zodat niemand zeker kon weten of het slachtoffer hulp kreeg – bood slechts 31 procent van de omstanders hulp.

Dus wat had onze vriend kunnen doen om de kans te vergroten dat iemand zich aanbood om zijn dienst over te nemen? Als hij daarvoor de tijd had gehad, had hij de mensen kunnen selecteren van wie hij het sterkst vermoedde dat ze ja zouden zeggen – bijvoorbeeld omdat hij zelf wel eens voor hen was ingevallen – en hun ofwel persoonlijk of via een individuele e-mail om hulp had gevraagd. Als dat om een of andere reden niet mogelijk was, had hij op zijn minst wat mensen een Blind Carbon Copy (bcc'tje) kunnen mailen, zodat de ontvangers niet konden zien hoeveel anderen hij gevraagd had.

We hebben het tot nu toe gehad over de wijze waarop de communicatie met en het beïnvloeden van anderen wordt veranderd door het gebruik van e-mail in plaats van traditionele communicatiemiddelen. Maar hoe zit het met andere aspecten van e-overreding? Wat is bijvoorbeeld de relevantie van psychologisch onderzoek voor het ontwerp van je zakelijke website? Laten we dit eerst eens illustreren.

Stel dat je op een dag, na het lezen van dit boek, besluit dat je er nog twee exemplaren van wilt hebben, dus drie in totaal – één voor thuis, één voor op kantoor en één in het handschoenenvakje van je auto, voor het geval dat.

Nadat je de laatste twee exemplaren van *Overtuigingskracht* uit de kast van de plaatselijke boekhandel hebt geplukt en naar de kassa bent gelopen, zegt de verkoper tot je grote verbazing: 'Weet u zeker dat u deze boeken hier wilt kopen? Ik weet dat we dat boek redelijk scherp geprijsd hebben, maar de boekhandel verderop verkoopt het voor pakweg vijftien procent minder dan wij. Als u wilt, kan ik wel een routebeschrijving voor u tekenen.' Die klantvriendelijkheid – of beter gezegd, klantloze vriendelijkheid – roept bij jou de vraag op hoe het mogelijk is dat deze winkel niet failliet is.

Dit voorbeeld klinkt misschien vrij bizar, maar toch hanteren sommige bedrijven dit op het eerste gezicht zelfdestructieve beleid. Neem nou Progressive Auto Insurance, de op twee na grootste autoverzekeringsmaatschappij in de Verenigde Staten. Het bedrijf is altijd trots geweest op de vernieuwingen waarmee het zich van de concurrentie onderscheidt. Zo lanceerde het in 1995 als eerste grote verzekeringsmaatschappij ter wereld een website. Een jaar later konden autobezitters die op zoek waren naar verzekeringstarieven de website van Progressive niet alleen raadplegen voor informatie over de tarieven van Progressive zelf, maar ook voor informatie over de tarieven van zijn grootste concurrenten. Tegenwoordig heeft de maatschappij een 'tarieven-ticker' zelfs een prominente plaats op haar homepage gegeven: een scrollende informatiebalk met een lijst van vergelijkingen die recente bezoekers hebben gemaakt. Hoewel Progressive in veel van deze voorbeelden duidelijk lagere tarieven hanteert, is dat zeker niet altijd zo. Toen we bijvoorbeeld één minuut voordat we dit schreven de website raadpleegden, onthulde de tarieven-ticker dat iemand met de initialen C.M. uit de Amerikaanse staat Wisconsin bijna 942 dollar per jaar kon besparen door zijn of haar Toyota te verzekeren bij een concurrent van Progressive.

De vraag is dus: verzekert Progressive meer klanten dankzij deze strategie, of verzekert de maatschappij zich zo van haar eigen ondergang? De grote groei die de maatschappij sinds de invoering van deze innovatie doormaakte – een gemiddelde van 17 procent per jaar, waarbij de jaarlijkse premies opliepen van 3,4 miljard tot 14 miljard dollar – geeft aan dat het werkt. Onderzoek door Valerie Trifts en Gerald Häubl kan wellicht verklaren hoe dat komt.

In het kader van hun experiment vertelden Trifts en Häubl aan de deelnemers dat hun universiteit overwoog om een joint venture op te zetten met één uit een aantal verschillende internetboekhandels. De deelnemers kregen de opdracht om op internet te zoeken naar een bepaalde lijst boeken, de prijs van deze boeken bij verschillende boekhandels te vergelijken en te bepalen bij welke boekhandel er gekocht moest worden. Bij de helft van de deelnemers toonde één bepaalde boekhandel niet alleen de eigen prijs voor een bepaald boek, maar ook de prijzen van een aantal andere boekhandels, terwijl de andere helft van de deelnemers deze vergelijkingen niet te zien kreeg. De onderzoekers varieerden ook de marktpositie van die ene boekhandel, wat inhield dat sommige deelnemers zagen dat de prijzen van die boekhandel relatief laag waren, terwijl anderen zagen dat ze relatief hoog waren, en weer anderen zagen dat ze min of meer hetzelfde waren als die van de andere boekhandels.

Bewees de uitkomst dat de aanpak van Progressive werkt? Tot op grote hoogte wel, maar het is belangrijk om daarbij op te merken dat de marktpositie de doorslaggevende factor was. Als de prijzen van de boekhandel met net zulke prijsvergelijkingen als Progressive duidelijk en consequent lager of hoger waren dan die van de andere boekhandels, maakte het niet zo veel uit of de prijsvergelijking wel of niet werd aangeboden. Maar als de prijzen van de Progressive-achtige boekhandel hoger waren voor sommige boeken en lager voor andere – wat meer lijkt op hoe het er in de echte wereld aan toe gaat – leidde het aanbieden van de vergelijkingsmogelijkheid wel tot verschil: in die situatie zeiden deelnemers dat ze waarschijnlijk eerder bij de Progressive-achtige boekhandel zouden kopen. Niet alleen maakte deze een meer betrouwbare indruk – zoals we eerder in het boek besproken hebben, argumenteren oneerlijke mensen en organisaties zelden tegen hun eigenbelang in – maar consumenten stellen het waarschijnlijk ook op prijs dat die prijsvergelijkingen op één plaats bij elkaar staan, aangezien dat hen zowel tijd als moeite bespaart.

Om terug te keren naar het oorspronkelijke boekhandelscenario: de uitkomst van dit onderzoek – en het succes dat Progressive tot op heden met deze aanpak heeft behaald – geeft aan dat bedrijven die potentiële klanten informeren over de prijzen van de concurrent misschien af en toe een slag verliezen, maar beslist in staat zijn om de prijzenoorlog te winnen.

Het onderzoek naar internetvergelijkingen liet zien dat een bedrijf bepaalde onderdelen van zijn website zo kan ontwerpen dat potentiële klanten worden overgehaald om gebruik te maken van zijn diensten. Maar zijn er ook minder voor de hand liggende aspecten van websites die het gedrag van consumenten kunnen beïnvloeden? Zou bijvoorbeeld zoiets subtiels als de achtergrond van je website potentiële klanten kunnen veranderen van 'websurfers' in webkopers?

Een aantal experimenten die consumentenonderzoekers Naomi Mandel en Eric Johnson uitvoerden, geven aan dat het antwoord daarop 'ja' luidt. In het kader van een van deze experimenten bezochten deelnemers de website van een fictieve internetwinkel waar ze tussen twee banken moesten kiezen. De ene bank werd omschreven als erg comfortabel maar ook erg duur, terwijl de andere werd omschreven als wat minder comfortabel maar goedkoop. De onderzoekers varieerden ook de achtergrond van de website om daarmee de beslissing van de deelnemers te sturen in de richting van geldbesparing of comfort. Bij de keuze van deze achtergronden maakten ze gebruik van gegevens uit een eerder onderzoek, waarin de deelnemers een advertentie voor een bank zagen tegen één van twee mogelijke achtergronden: plaatjes van muntgeld op een groen veld of plaatjes van donzige wolken op een blauw veld. Nadat de deelnemers was gevraagd om een lijst te maken van de belangrijkste overwegingen bij de aanschaf van een bank, ontdekten ze dat de deelnemers die de achtergrond met muntgeld hadden gezien, gemiddeld vaker het belang van de kostprijs noemden dan degenen die de achtergrond met wolken zagen. Omgekeerd legden de mensen die de wolkenachtergrond hadden gezien vaker de nadruk op comfort dan degenen die de achtergrond met muntgeld hadden gezien.

Vanwege deze eerdere bevindingen, vermoedden Mandel en Johnson dat als deelnemers bij een internetwinkel met een achtergrond met wolken naar een bank gingen zoeken, ze vaker de meer comfortabele (maar duurdere) bank zouden kopen, terwijl het omgekeerde zou gebeuren bij de achtergrond met muntgeld – en dat ontdekten ze ook. Het gebruik van andere producten leidde tot dezelfde uitkomst. Zo verkozen de deelnemers vaker de veilige (maar duurdere) auto boven de minder veilige (maar goedkopere) auto als de achtergrond bestond uit een rood-oranje afbeelding die deed denken aan de vlammen die je bij een auto-ongeluk zou kunnen zien.

Wat vooral opmerkelijk is aan deze bevindingen, is hoe sterk deze subtiele signalen het menselijk gedrag beïnvloeden. Zo beweerden vrijwel alle deelnemers aan deze experimenten met grote stelligheid dat de achtergronden geen enkele invloed hadden gehad op hun productkeuze. Maar zoals we weten, stemmen zulke gedachten niet overeen met de psychologische werkelijkheid.

De belangrijkste implicatie van deze bevindingen is wellicht dat bepaalde aspecten van de website van je bedrijf, zoals de beelden die op de achtergrond worden getoond, veel meer invloed hebben op het gedrag van consumenten dan je in eerste instantie zou denken. Ze geven ook aan dat je een strategische selectie kunt maken van achtergronden en andere afbeeldingen op je website, op grond van de sterke kanten van je artikelen en diensten. Met andere woorden, door de achtergrond van je website zorgvuldig te kiezen, kun je de goede kanten van je producten – en misschien ook wel die van je bedrijf – naar de voorgrond halen.

Wereldwijde beïnvloeding

Hai. Hao. Da. Yes. Sí. Oui. Mensen uit alle windstreken zeggen op allerlei verschillende manieren 'ja'. Moeten we dan ook verschillende overredingsstrategieën hanteren om hen over te halen om ja te zeggen, afhankelijk van de culturele achtergrond van de ontvanger van de boodschap? Of is één uniforme benadering waarschijnlijk net zo effectief voor iedereen, ongeacht het land van herkomst? Hoewel de basisprincipes van de sociale beïnvloeding en veel strategieën die we in dit boek hebben besproken in alle culturen krachtige verleiders zijn, wijst recent onderzoek uit dat je tactiek en boodschap op subtiele wijze moet afstemmen op de culturele achtergrond van de persoon die je probeert te overtuigen. Deze verschillen zijn het gevolg van verschillende culturele normen en tradities, die ervoor zorgen dat mensen uit verschillende culturen meer gewicht toekennen aan het ene aspect van een reclameboodschap dan aan het andere.

Neem nu het onderzoek dat werd verricht door Michael Morris en zijn collega's. Zij bestudeerden de werknemers van Citibank, één van de grootste financiële multinationals ter wereld. Morris en zijn collega's onderzochten vestigingen van Citibank in vier verschillende landen – de Verenigde Staten, Duitsland, Spanje en China (Hongkong) – en maten daar de bereidheid van werknemers om vrijwillig te voldoen aan het verzoek van een collega om hen bij een opdracht te helpen. Hoewel de respondenten van het onderzoek door veel van dezelfde factoren werden beïnvloed, hadden sommige factoren in bepaalde landen een grotere invloed.

Zo kozen werknemers in de Verenigde Staten vaker voor een benadering die berustte op directe wederkerigheid. Ze vroegen zich af: 'Wat heeft deze persoon voor mij gedaan?' en voelden zich verplicht om bij te springen als ze bij de hulpvrager in het krijt stonden. Duitse werknemers daarentegen werden het meest beïnvloed door de vraag of het verzoek wel of niet binnen de regels van de organisatie paste. Ze beslisten of ze zouden meewerken door zich af te vragen: 'Word ik volgens de officiële regels en omgangsvormen geacht om deze hulpvrager bij te staan?' Spaanse personeelsleden van Citibank baseerden hun beslissing voornamelijk op vriendschapsnormen die trouw aan je vrienden aanmoedigen, ongeacht hun functie of status. Ze vroegen zich af: 'Heeft deze hulpvrager connecties met mijn vrienden?' En de Chinese werknemers reageerden vooral op autoriteit in de vorm van loyaliteit aan mensen met een hoge status binnen hun groepje. Ze vroegen zich af: 'Heeft deze hulpvrager connecties met iemand op mijn afdeling, en dan vooral met iemand met een hoge functie?'

Zoals Morris en zijn collega's aangeven, heeft dit onderzoek een aantal belangrijke implicaties. Om te beginnen moeten bedrijven die plannen hebben om werkprocedures, beleid en organisatiestructuren over te hevelen van de ene culturele setting naar de andere, oog hebben voor de omgangsvormen, normen en waarden van de nieuwe cultuur, anders lopen ze het risico dat iets wat in het ene land een gesmeerd draaiende machine is, in een ander land verandert in een rammelkast vol smurrie.

De uitkomst geeft ook aan dat managers die zelf van de ene culturele setting naar de andere verhuizen, de strategieën die ze hanteren om de medewerking van anderen in hun vestiging te verkrijgen waarschijnlijk moeten aanpassen. Zo kan een manager die wordt overgeplaatst van München naar een vestiging in Madrid tot de ontdekking komen dat het opbouwen van persoonlijke vriendschappen daar veel belangrijker is voor het verkrijgen van medewerking op zijn nieuwe werkplek. Een manager die in de omgekeerde richting verhuist, kan echter tot de ontdekking komen dat het indienen van verzoeken die buiten de formele richtlijnen van de organisatie om gaan – zoals een collega vragen om de papieren rompslomp achterwege te laten, wat in zijn voormalige werkomgeving geaccepteerd werd – in zijn of haar nieuwe omgeving ongepast wordt gevonden.

Hoewel de vier culturen die tijdens het Citibank-onderzoek werden bekeken in een aantal belangrijke psychologische dimensies van elkaar verschillen, richtten de onderzoekers hun aandacht op de vraag hoe de dimensie 'individualisme-collectivisme' het beïnvloedingsproces beïnvloedt. Kort gezegd: het individualisme is een mentaliteit die de hoogste prioriteit toekent aan de wensen en rechten van het individu. Het collectivisme is een mentaliteit die juist de hoogste prioriteit toekent aan de wensen en rechten van de groep. Hoewel dat een beetje kort door de bocht is, zou je kunnen zeggen dat het in individualistische culturen vooral om 'ik' draait, terwijl het in collectivistische culturen meer om 'wij' draait. Mensen in de Verenigde Staten, het Verenigd Koninkrijk en andere West-Europese landen zijn overwegend individualistisch ingesteld, terwijl in veel andere landen, waaronder landen die momenteel sterk in opkomst zijn als internationale zakenpartners – in Azië, Zuid-Amerika, Afrika en Oost-Europa – een meer collectivistische mentaliteit heerst.

Onderzoekers Sang-Pil Han en Sharon Shavitt vatten het plan op om te onderzoeken wat de implicaties zijn van deze verschillende culturele oriëntaties voor de overtuigingskracht van reclame-uitingen. Ze voorspelden dat in collectivistische culturen advertenties die de aandacht van consumenten vestigen op de voordelen van een product voor de leden van iemands groep (vrienden, familie of collega's) overtuigender zouden zijn dan advertenties die de aandacht van consumenten uitsluitend vestigden op de voordelen van een product voor de consument zelf. Ze verwachtten bovendien dat dit met name het geval zou zijn bij producten die doorgaans samen met anderen worden gebruikt, zoals airconditioners of tandpasta.

Han en Shavitt gingen allereerst op zoek naar bewijs wat hun vermoedens bevestigde. Ze kozen twee Amerikaanse tijdschriften en twee Zuid-Koreaanse, waarbij ze ervoor zorgden dat de tijdschriften uit beide landen qua populariteit en genre vergelijkbaar waren. Vervolgens selecteerden ze willekeurig advertenties uit die tijdschriften en lieten hoogopgeleide mensen die alleen hun moedertaal spraken of tweetalig waren de advertenties beoordelen, waarbij ze moesten zeggen of deze de aandacht vestigden op de voordelen van het product voor de lezer zelf of op de voordelen voor zijn groep. De onderzoekers ontdekten dat de Amerikaanse advertenties inderdaad vaker dan de Zuid-Koreaanse advertenties de nadruk legden op de voordelen van producten voor het individu dan voor de groep, met name bij producten die samen met anderen gebruikt werden. De Amerikaanse advertenties appelleerden doorgaans aan de individualiteit van de lezer ('de kunst van het uniek-zijn'), de drang om de persoonlijke positie te verbeteren ('jij, maar dan beter') en individuele doelstellingen ('met deze nieuwe look ben ik klaar voor mijn nieuwe rol'). De Zuid-Koreaanse advertenties appelleerden doorgaans aan het verantwoordelijkheidsgevoel van de lezer voor de groep ('een fijnere manier om je gezin te onderhouden'), de drang om de positie van de groep te verbeteren ('de droom van welvaart voor ons allemaal') en het rekening houden met de mening van de groep ('onze familie is het eens met onze meubilairkeuze').

Na de bevestiging dat de reclameboodschappen in deze advertenties zich inderdaad richtten op verschillende motivaties van klanten, op basis van de uiteenlopende culturele gerichtheid in die landen, zochten de onderzoekers naar het antwoord op een vraag die van meer psychologisch belang was: zijn op het collectief en op het individu gerichte boodschappen werkelijk overtuigender in hun respectievelijke culturen? Zoals we in de inleiding van het boek immers zeiden: dat marketingmensen geloven dat bepaalde boodschappen het meest doeltreffend zijn, wil nog niet zeggen dat het zo is.

Om deze vraag te beantwoorden, maakten Han en Shavitt twee versies van advertenties voor verschillende producten – de ene versie was meer op het individu gericht en de andere meer op het collectief. Zo stond er in de individualistische versie van een advertentie voor een merk kauwgum: 'Trakteer jezelf op een ademverfrissende ervaring.' Let wel, deze boodschap richt zich op de ademverfrissende voordelen waar alleen de consument zelf baat bij heeft. Maar zoals we allemaal uit ervaring weten, is de frisheid van iemands adem geen zuiver individuele aangelegenheid, ook de mensen om hem heen hebben ermee te maken. Het is dan ook begrijpelijk dat de meer collectivistische versie van deze advertentie de volgende tekst bevatte: 'Deel de ademverfrissende ervaring met anderen.' (Uiteraard waren de advertenties voor de Amerikaanse deelnemers in het Engels en die voor de Zuid-Koreaanse deelnemers in het Koreaans.)

Uit de resultaten bleek dat de Zuid-Koreaanse deelnemers vaker werden overtuigd door de collectivistische dan door de individualistische advertentie, terwijl het voor de Amerikaanse deelnemers andersom lag. Net als in het eerdere onderzoek kwam dit effect vooral sterk naar voren bij producten die mensen doorgaans samen met anderen gebruiken. Dat zou reclamemakers die overwegen om diverse landen met één uniforme campagne te bestoken toch aan het denken moeten zetten. Zulke campagnes zouden juist moeten worden toegesneden op de specifieke culturele gerichtheid van de landen waarin ze gevoerd worden. De adem van een hele natie kan ervan afhangen.

Het onderzoek van Han en Shavitt liet zien dat mensen uit individualistische culturen doorgaans meer belang hechten aan hun eigen ervaringen, terwijl mensen uit collectivistische culturen doorgaans meer belang hechten aan de ervaringen van de mensen om hen heen. Welk effect zouden deze cultuurverschillen hebben op het relatieve belang dat mensen toekennen aan de fundamentele principes van sociale beïnvloeding?

Laten we als inleiding op die vraag eerst even een voorbeeld bekijken. En wie is er beter geschikt om het gedrag van mensen in een individualistische cultuur te illustreren dan een vooraanstaande figuur uit het meest individualistische land van allemaal – de VS – en uit een ontzettend individualistische sport – golf? Een aantal jaren geleden maakte de legendarische Amerikaanse golfer Jack Nicklaus een haast ondraaglijk drama mee. Hij was aanwezig bij de hartverscheurende dood van zijn jonge kleinzoontje. Een paar dagen later vertelde Nicklaus tijdens een interview dat de kans dat hij zou deelnemen aan een van de meest prestigieuze golfevenementen, het Masters, 'klein tot nul was'. Maar tot veler verbazing maakte hij tevens bekend dat hij in de nabije toekomst wel zou meedoen aan twee andere golftoernooien. Welke machtige factor kon een man in rouw overhalen om aan deze evenementen deel te nemen, zo kort nadat hij door zo'n tragedie was getroffen?

Het bleek dat Nicklaus had toegezegd op deze beide evenementen te zullen spelen voordat zijn kleinzoontje overleed. Zoals de golfer zelf zei: 'Wat je toezegt, dat moet je doen.' Zoals we eerder al zeiden, kan de motivatie om te handelen overeenkomstig je beloften het menselijk gedrag sterk bepalen. Maar is die motivatie in alle verschillende culturen even sterk? Zou een golfer met een andere culturele achtergrond zich in deze situatie net zozeer verplicht voelen door zijn eerdere daden en toezeggingen?

Laten we, om deze vraag te beantwoorden, eens kijken naar een experiment dat een van ons uitvoerde met socioloog Stephen Sills en sociaal-psycholoog Petia Petrova. Tijdens dat experiment ontvingen Amerikaanse studenten (doorgaans meer individualistisch ingesteld) en buitenlandse studenten uit Aziatische landen (doorgaans meer collectivistisch ingesteld) een e-mail waarin zij verzocht werden een online enquête in te vullen. Een maand na de ontvangst van het eerste verzoek kreeg iedere deelnemer een tweede e-mail, waarin gevraagd werd mee te werken aan een tweede online enquête, die verband hield met het eerste project. Daarbij werd meegedeeld dat het invullen tweemaal zo veel tijd zou kosten als bij de eerste enquête.

En wat waren onze bevindingen? Allereerst ontdekten we dat de Amerikaanse studenten gemiddeld iets minder vaak voldeden aan het eerste verzoek dan de Aziatische studenten. Maar van alle deelnemers die aan het eerste verzoek hadden voldaan, voldeden de Amerikaanse deelnemers vaker aan het tweede verzoek (rond de 22 procent) dan de Aziatische deelnemers (rond de 10 procent). Anders gezegd: we ontdekten dat de honorering van het eerste verzoek veel meer invloed had op de daaropvolgende medewerking bij Amerikaanse deelnemers dan bij Aziatische deelnemers.

Hoe kwam dat? Misschien kon een ander onderzoek, dat een van ons met een aantal collega's uitvoerde, licht op dat verbijsterende vraagstuk werpen. Tijdens dit onderzoek ontdekten we dat als we Amerikaanse studenten vroegen om onbetaald mee te werken aan een marktonderzoek, ze meer werden beïnvloed door hun eigen voorgeschiedenis van instemming met dergelijke verzoeken – met andere woorden: door hun eigen commitments uit het verleden – dan door de eerdere commitments van hun groepsgenoten. Maar in Polen, een land met een meer collectivistische mentaliteit, gebeurde precies het tegenovergestelde: daar was wat de groepsgenoten van een student in het verleden hadden gedaan meer bepalend voor hun medewerking dan wat de student zelf had gedaan.

Deze uitkomst wordt voornamelijk veroorzaakt door het culturele verschil op het vlak van individualisme en collectivisme. Omdat mensen uit individualistische culturen doorgaans meer belang hechten aan hun persoonlijke ervaringen, is consistentie met iemands eerdere ervaringen vaak bepalender bij mensen uit Noord-Amerika of West-Europa. En omdat mensen uit collectivistische culturen in de regel meer belang hechten aan de ervaringen van de mensen om hen heen, weegt het gedrag van die anderen bij hen vaak zwaarder. Dus wanneer je een Brit, Amerikaan of Canadees om een gunst vraagt, bereik je meer door hem erop te wijzen dat die gunst in het verlengde ligt van wat hij in het verleden heeft gedaan. Maar als je iemand uit meer collectivistische landen om een gunst vraagt, bereik je volgens dit onderzoek meer door deze persoon erop te wijzen dat die gunst in het verlengde ligt van wat leden van zijn of haar peergroup in het verleden hebben gedaan.

Om een specifiek voorbeeld te nemen: stel dat je bedrijf al twee jaar succesvol zaken doet met een Oost-Europees bedrijf. In die tijd heb je je Oost-Europese partners herhaaldelijk gevraagd om recente marketinginformatie. Je belangrijkste contactpersoon daar, Slawek, en zijn collega's hebben zich vaak uitgesloofd om je ter wille te zijn. Stel bovendien dat je opnieuw recente informatie nodig hebt en dat je dat verzoek tijdens een telefoongesprek als volgt formuleert: 'Slawek, je hebt me in het verleden zo goed geholpen dat ik hoop dat je me opnieuw de meest recente informatie kunt verstrekken.' Maar daarmee bega je een fout. Volgens de uitkomst van dit onderzoek had je meer bereikt door te zeggen: 'Slawek, jij en je collega's hebben me in het verleden zo goed geholpen dat ik hoop dat jullie me opnieuw de meest recente informatie kunnen verstrekken.' Dit is een fout die Britten, West-Europeanen en Noord-Amerikanen heel gemakkelijk maken, omdat zij ervan uitgaan dat iedereen het prettig vindt om te werken volgens het principe van de persoonlijke consistentie – de neiging om te beslissen wat je moet doen op basis van wat je zelf in het verleden hebt gedaan. Maar zoals dit onderzoek aantoont, weegt in veel collectivistische landen de individuele consistentie minder zwaar dan het principe van het sociaal bewijs – de neiging om te beslissen wat je moet doen op basis van wat je groep in het verleden heeft gedaan.

Mensen uit collectivistische en individualistische culturen kennen doorgaans ook een verschillend gewicht toe aan twee belangrijke functies van communicatie. De ene functie van communicatie is informatief: bij het communiceren verschaffen we anderen informatie. De tweede, minder in het oog springende functie van communicatie is relationeel: wanneer we met iemand communiceren, werken we aan de relatie met die ander, en onderhouden we die. Hoewel deze twee functies natuurlijk voor mensen uit alle culturen van belang zijn, leggen individualistische culturen volgens Yuri Miyamoto en Norbert Schwarz meer nadruk op de informatieve functie van communicatie, terwijl collectivistische culturen meer nadruk leggen op de relationele functie.

Hoewel dit cultuurverschil gevolgen heeft voor allerlei zaken die met communicatie samenhangen, onderzochten Miyamoto en Schwarz slechts één vorm van communicatie waarmee we in ons dagelijks leven, zowel thuis als op het werk, regelmatig te maken krijgen: het inspreken van berichten op een antwoordapparaat. De onderzoekers hadden het vermoeden dat Japanners, die vanwege hun collectivistische instelling meer gericht zijn op het vormen en onderhouden van relaties, het moeilijker zouden vinden om een tamelijk ingewikkeld verzoek over te brengen via een antwoordapparaat. Ze redeneerden als volgt: als Japanners meer bezig zijn met het effect van hun boodschap op hun relatie met de ontvanger dan Amerikanen, dan moet het inspreken van een bericht, waarbij ze geen respons krijgen over hoe die boodschap overkomt, hen geestelijk meer vermoeien. Om dat te meten, lieten Miyamoto en Schwarz Amerikaanse en Japanse deelnemers in hun eigen taal een tamelijk gedetailleerd verzoek om hulp inspreken op een antwoordapparaat. Terwijl de Amerikaanse deelnemers snel ter zake kwamen, hadden de Japanse deelnemers meer tijd nodig voor het inspreken van hun bericht, en leken zij zich meer zorgen te maken over het effect van het bericht op hun relatie met de ontvanger.

De onderzoekers lieten Japanse en Amerikaanse deelnemers ook een enquête invullen over hun ervaringen met antwoordapparaten. Terwijl de Amerikanen zeiden dat ze in ongeveer de helft van de gevallen de hoorn erop legden als ze een antwoordapparaat troffen, bleken de Japanners dat in wel 85 procent van de gevallen te doen. In overeenstemming met de verklaring die de onderzoekers gaven voor de uitkomst van het eerdere onderzoek, noemden Japanse respondenten aan wie gevraagd werd wat hen het meest aan antwoordapparaten tegenstond, vaker relationele redenen ('Het is moeilijk om persoonlijk te klinken op een antwoordapparaat') dan Amerikanen, terwijl het cultuurpatroon andersom lag als het om informatie ging ('Mensen luisteren soms hun berichten niet af').

Wat vertellen deze bevindingen ons over het beïnvloeden van anderen op het werk en daarbuiten? Zoals we al eerder zeiden, spelen relaties een sleutelrol in het overtuigingsproces – maar dat geldt vooral voor mensen uit landen met een collectivistische mentaliteit. Bij het inspreken van een bericht op een antwoordapparaat kan het verleidelijk zijn, vooral voor mensen uit een individualistische cultuur, om je volledig te richten op het efficiënt en bondig overbrengen van de informatie, en daarbij de relatie met de ontvanger van het bericht te negeren. Deze onderzoeksresultaten wijzen er echter op dat het in de omgang met mensen uit een collectivistische cultuur bijzonder belangrijk is om aandacht te schenken aan je relatie met hen – en vooral aan dingen die je werkelijk met elkaar gemeen hebt.

Dat zou ook voor gesprekken moeten gelden. Op basis van eerder onderzoek dat uitwees dat Japanse luisteraars tijdens een gesprek doorgaans meer respons geven (bijv. 'oh, op die manier', 'jaja') dan Amerikaanse luisteraars, stellen Miyamoto en Schwarz dan ook dat in de beleving van Japanners een gesprek met een Amerikaan vrij sterk lijkt op het inspreken van een antwoordapparaat. Dat werd door een aanvullend onderzoek bevestigd. Daaruit bleek dat Japanse deelnemers vaker zeiden dat ze niet van antwoordapparaten hielden omdat 'het moeilijk is om te spreken wanneer je niets terug hoort'. Deze bevindingen wijzen er ook op dat je eraan moet denken dat je mensen uit collectivistische culturen respons geeft, om aan te geven dat je zowel aandacht besteedt aan de relatie die je met hen hebt als aan de informatie die ze proberen over te brengen.

De uitkomst is ook een waarschuwing dat 'het antwoordapparaat laten opnemen' een verraderlijke beslissing kan zijn, met name als de beller afkomstig is uit een collectivistische cultuur.

Als je in de veronderstelling verkeert dat je daardoor in het ergste geval achter elkaar aan belt en gedwongen wordt een soort 'telefonisch krijgertje' te spelen, kom je misschien tot de ontdekking dat het al gauw een spel voor één speler wordt.

Ethisch verantwoord beïnvloeden

In dit boek hebben we strategieën voor sociale beïnvloeding beschreven als een soort overtuigingsgereedschap. En dat is ook precies zoals ze bedoeld zijn: als constructieve hulpmiddelen waarmee je een authentieke relatie kunt opbouwen met anderen, de werkelijk bestaande sterke kanten van je boodschap, initiatief of product kunt onderstrepen en uitkomsten kunt scheppen waar alle betrokken partijen bij gebaat zijn. Wanneer deze hulpmiddelen echter op onethische wijze als wapen worden ingezet, bijvoorbeeld door op een oneerlijke of kunstmatige manier de principes van sociale beïnvloeding in te zetten in situaties waar ze van nature niet thuishoren, zal de winst op de korte termijn vrijwel altijd gevolgd worden door verlies op de lange termijn. Een oneerlijk gebruik van overtuigingsstrategieën zal best af en toe op de korte termijn werken (misschien lukt het om iemand met een slecht stel argumenten te overtuigen of tot de aankoop van een slecht product te verleiden) maar wanneer die onoprechtheid uiteindelijk wordt ontdekt, zijn de consequenties voor de reputatie op de lange termijn buitengewoon ernstig.

Je doet er niet alleen beter aan om alleen het oneerlijke gebruik van overtuigingsmiddelen te vermijden; ook als je probeert sommige van de middelen toe te passen die we hier hebben beschreven, zijn daar gevaren aan verbonden. Zo kwam het Verenigd Koninkrijk in het voorjaar van 2000 in een ernstige crisis te verkeren. In heel het land sloeg de zakenwereld alarm; scholen stonden leeg; winkels waren wanhopig op zoek naar klanten; allerlei overheidsinstanties stonden op hun kop. En hoe kwam dat allemaal? De benzine was op. Nou ja, dat laatste was niet helemaal waar. Er was genoeg benzine, alleen hadden de pompstations geen aanvoer omdat een aantal olieraffinaderijen geblokkeerd werden door actievoerders die kwaad waren over de hoge prijs die ze voor hun benzine moesten betalen.

Het tekort had al snel effect. Tienduizenden automobilisten stonden in de file voor benzinestations om het onmisbare goedje bij te tanken. Naarmate de tekorten voelbaarder werden, veranderde de houding van de automobilisten. Regionale en landelijke kranten, radio- en televisiezenders beschreven hoe autobezitters in de ene file voor een benzinestation gingen staan om te tanken en vervolgens een paar kilometer verder reden om opnieuw te tanken. Andere automobilisten brachten de nacht door in hun auto op de parkeerplaats bij een garage in de hoop dat ze terecht zouden kunnen bij een van de weinige tankwagens die kans zagen door de blokkade heen te glippen. Zo gaat dat als er een gebrek aan iets is.

Op het toppunt van de crisis ging het gerucht dat er bij een bepaalde garagehouder benzine was afgeleverd. In feite was het de enige garagehouder in de wijde omtrek die nog benzine kreeg aangeleverd en het nieuws verspreidde zich als een lopend vuurtje. De eigenaar besefte dat hij in een unieke positie verkeerde en toen hij de lange file zag die zich voor zijn pomp vormde, besloot deze ondernemende man zijn voordeel te doen met de situatie door de prijs van zijn benzine wat op te schroeven. Maar in plaats van er een beetje op te doen vertienvoudigde hij zijn prijzen tot ruim zes pond per liter.

Weigerden de ontstemde maar nog altijd naar benzine snakkende automobilisten als één man zulke exorbitante prijzen te betalen? Nou nee. Ze werden wel kwaad, maar dat nam niet weg dat ze nog steeds in groten getale toestroomden om alle benzine binnen te halen die ze maar te pakken konden krijgen. Binnen een paar uur was de laatste druppel benzine uit de tank gepompt, en de eigenaar had in één enkele dag een winst gemaakt waar hij normaal gesproken twee weken voor nodig had.

Maar wat gebeurde er twee weken later, toen de crisis voorbij was, met zijn zaak? De consequenties waren in één woord rampzalig. Hij had misbruik gemaakt van de schaarsheid van benzine en wanhopige automobilisten gedwongen exorbitante prijzen te betalen, waardoor hij op de korte termijn een leuke winst had gemaakt, maar op de lange termijn de boot in ging. Mensen boycotten zijn bedrijf doodeenvoudig. En sommigen gingen zelfs nog verder en maakten er een punt van om ook hun vrienden, buren en collega's op de hoogte te stellen van wat de eigenaar op zijn geweten had. Zijn bedrijf raakte vrijwel al zijn klanten kwijt en binnen de kortste keren zag hij zich vanwege zijn beschadigde reputatie gedwongen de boel te sluiten. Dit is volledig in overeenstemming met een overmaat aan onderzoek dat heeft aangetoond dat wie zich onbetrouwbaar gedraagt er weinig aan kan doen om het vertrouwen van het publiek te herwinnen.

Als de eigenaar ook maar even gedacht had aan het effectieve gereedschap voor sociale overtuiging dat hij tot zijn beschikking had, zou hij beseft hebben dat er beslist betere keuzen mogelijk waren, namelijk keuzen die tot veel grotere winsten op de lange termijn hadden geleid. Om te beginnen had hij ervoor kunnen zorgen dat zijn benzine in de eerste plaats naar zijn plaatselijke, vaste klanten was gegaan. Dan had hij hun tegelijkertijd moeten laten weten dat hij dat deed omdat hij hun trouw zeer op prijs stelde. Of hij had een bord kunnen neerzetten met de mededeling dat hij weigerde behoeftige automobilisten in een crisis het vel over de oren te halen; Als hij op die manier tegen zijn eigen belang (of in elk geval tegen zijn belang op de korte termijn) had gehandeld, zou hij beslist aardiger, genereuzer en betrouwbaarder zijn overgekomen, en het zou in de toekomst zeker ruimschoots vruchten hebben afgeworpen. Al had hij alleen maar de prijzen op een aanvaardbaar niveau gehouden, dan nog waren ze met alle liefde bereid geweest iets extra's uit zijn winkeltje te kopen omdat ze hem dankbaar waren dat hij in zulke zware tijden geen misbruik van hen maakte.

In zeker opzicht was de actie van de garagehouder echter best begrijpelijk. Veel mensen op wie wij invloed willen uitoefenen zijn regelmatig gedwongen om in de snelle wereld van vandaag vlug tot beslissingen te komen, en voor ons als overtuigers gaat hetzelfde net zo goed op. Vaak zal de eerste strategie die daarbij in je hoofd opkomt, niet per se de meest ethisch verantwoorde zijn. Maar als je even de moeite neemt om alle opties die je nu tot je beschikking hebt (dankzij je nieuwe gereedschapskist) op een rijtje te zetten, kun je mensen op een eerlijke, oprechte en duurzame manier voor jouw perspectief, product of initiatief winnen. En tegelijkertijd kunnen we troost putten uit het besef dat degenen die sociale beïnvloeding als wapen gebruiken in plaats van als gereedschap, zichzelf onvermijdelijk in de vingers zullen snijden.

Overtuigingskracht in actie

In dit boek hebben we geprobeerd vanuit een wetenschappelijk standpunt een aantal inzichten te bespreken over de manier waarop beïnvloeding in zijn werk gaat. We hebben ervoor gezorgd alleen die beïnvloedingsstrategieën aan te dragen waarvan in streng gecontroleerde studies en onderzoeken is aangetoond dat ze ook echt werken. Met opzet hebben we onze aanbevelingen niet gebaseerd op onze eigen vermoedens en anekdotes. We hebben ons juist compleet verlaten op de aanzienlijke hoeveelheid onderzoeken binnen de wetenschap van de sociale beïnvloeding en overtuigingskracht. En dus hoef je bij je pogingen om anderen te beïnvloeden en te overtuigen niet louter meer af te gaan op je intuïtie en ervaring. Voortaan staat de wetenschap je terzijde.

We krijgen geregeld berichten van mensen over hun ervaringen met het toepassen van de wetenschap op het gebied van het overtuigen. Deze mensen zijn afkomstig uit alle mogelijke bedrijfstakken. Sommigen werken bij multinationals, anderen voor de overheid of als docent, weer anderen zijn freelancer, en nog weer anderen zijn doodgewoon geïnteresseerd in wat de wetenschap ons kan vertellen over hoe je overtuigend kunt zijn. Hier zijn een paar voorbeelden van de manier waarop zij ethisch verantwoord een of meer van de wetenschappelijke inzichten hebben gebruikt om overtuigender te worden.

Nick Pope, directeur Training Verkopers afdeling Europa, Midden-Oosten, Afrika van Bausch and Lomb:
Een manier waarop we goede betrekkingen ontwikkelen met onze klanten is door hen uit te nodigen voor leerzame presentaties en bijeenkomsten. Tegenwoordig worden onze klanten overstelpt met

uitnodigingen voor bijeenkomsten en studiedagen die door allerlei bedrijven worden gesponsord. Geen wonder dus dat het nogal eens voorkomt dat mensen die toezeggen dat ze ergens bij aanwezig zullen zijn uiteindelijk toch niet komen opdagen. Dat kan een forse invloed op onze onderneming hebben.

Met in ons achterhoofd het principe van commitment en consistentie vragen we klanten voordat we hen uitnodigen voor een belangrijke bijeenkomst om (a) aan te geven in welk onderwerp ze met name geïnteresseerd zijn, en (b) om een paar vragen te bedenken die ze over dat bepaalde onderwerp graag beantwoord zouden willen zien.

Wanneer ze hun uitnodiging ontvangen, geven we duidelijk aan dat sommige van deze vragen door onze gastspreker, een expert op dat specifieke gebied, beantwoord zullen worden.

De verwachting dat hun vraag (ze hebben zich er tenslotte al aan verbonden om die vraag te stellen) ook inderdaad gesteld zal kunnen worden, heeft ervoor gezorgd dat het aantal deelnemers ingrijpend is gestegen sinds we dit principe toepassen.

Dan Norris, directeur Training, Holt Development Services, San Antonio, Texas:
Weggevertjes zijn een vast onderdeel in de wereld van de sportfranchises. Of het nu ijsmutsen zijn, T-shirts of vrijkaartjes, heel veel teams proberen daarmee fans naar hun wedstrijden te lokken. De eigenaar van ons bedrijf heeft diverse sportteams, waaronder een ijshockeyclub uit de eerste divisie.

Na een periode waarin weinig kaartjes werden verkocht, moesten we onze seizoenkaarthouders laten weten dat we gingen snijden in ons promotiemateriaal. We organiseerden een aantal focusgroepen, en de eerste daarvan reageerde zeer negatief op dit nieuws. Ze beschouwden de weggevertjes bijna als iets waar ze recht op hadden in plaats van als een geschenk. Onbedoeld hadden we ervoor gezorgd dat ze ineens met hun neus op de mogelijkheid gedrukt werden dat ze dingen zouden kwijtraken die ze als vanzelfsprekend waren gaan beschouwen. De bijeenkomst werd allengs onaangenamer en menige fan ging uiteindelijk kwaad naar huis.

Naderhand kwamen we bijeen om een andere strategie te bespreken en we lieten onze gedachten gaan over een manier om meer effect te sorteren door gebruik te maken van het principe van de wederkerigheid. Bij de volgende bijeenkomst legden we de focusgroep de vraag voor om eens op te noemen wat we zoal in de loop van de jaren hadden weggegeven. Ze begonnen dingen te roepen als truien, extra kaartjes, gesigneerde ijshockeysticks, enzovoort. Daarop zeiden wij: 'We zijn heel blij dat we in het verleden in de gelegenheid waren om jullie die dingen ten geschenke te geven en we zouden daar in de toekomst heel graag mee doorgaan. Maar de kaartverkoop loopt terug en daardoor wordt dat erg moeilijk. Wat kunnen we samen doen om ervoor te zorgen dat er meer fans naar de wedstrijden komen?' Dat maakte een compleet andere reactie los dan bij de eerste groep. De fans begonnen actief mee te denken over manieren om meer vrienden en familieleden naar de wedstrijden te krijgen en er waren er zelfs bij die zeiden: 'Dat is wel het minste wat we kunnen terugdoen voor alle leuke dingen die jullie voor ons hebben gedaan.'

John Fisher, Preston, Groot-Brittannië

Mijn vrouw had een eigen bedrijf voor het maken en verkopen van kinderkleding. Aanvankelijk kon ze haar klanten maar uit een paar modellen en stoffen laten kiezen. Naarmate haar bedrijf groeide en ze steeds meer klanten kreeg, besloot ze het aanbod aan modellen en stoffen uit te breiden. We kwamen onveranderlijk tot de ontdekking dat als mensen meer keus hadden, ze minder kochten. Je zou verwachten dat een groter keuze-aanbod prettig is, maar mijn vrouw merkte dat haar kanten juist minder kochten naarmate ze hun meer keus bood.

Brian F. Ahearn, State Auto Insurance Companies, Columbus, Ohio:

Een van mijn taken is om nieuwe, onafhankelijke kantoren te rekruteren om ons bedrijf te vertegenwoordigen. Daarvoor sturen we marketingmateriaal naar in aanmerking komende kantoren zodat ze meer over ons te weten komen. We hopen weliswaar dat de meeste verzekeringsagenten onze berichten lezen, maar we kregen vroeger zelden een reactie. Toen we over het principe van de schaarsheid vernamen, beseften we dat we een prachtkans hadden laten liggen die zo voor het grijpen was geweest!

We doen niet in alle staten van de VS zaken, en we stellen ons jaarlijks een bescheiden doel voor het aantrekken van nieuwe agenten in de gebieden waar we actief zijn. We hadden nooit overwogen om die feiten en onze huidige voortgang in onze mailings te vermelden. Toen we eenmaal begrepen dat schaarste mensen ertoe kan bewegen om in actie te komen, begonnen we aan het eind van onze berichten iets toe te voegen als: 'Jaarlijks stellen we ons ten doel om slechts een paar nieuwe agentschappen uit te kiezen om met ons te gaan samenwerken. Voor 2006 bedraagt dat aantal slechts 42 agentschappen verspreid over de 28 staten waarin wij actief zijn en tot nu toe hebben we er al ruim 35 aangewezen. We hopen oprecht dat uw bedrijf een van de resterende agentschappen zal zijn die wij voor het einde van het jaar aanwijzen.'

Het verschil was onmiddellijk waarneembaar! Binnen een paar dagen kregen we al verzoeken om inlichtingen binnen. Geen extra kosten, geen nieuwe marketingcampagne, en geen aanpassingen in producten of systemen waren daarvoor nodig. De enige verandering was die toevoeging van drie zinnetjes waarin alleen maar de waarheid stond vermeld.

Kathy Fragnoli, Resolutions Group, Dallas en San Diego:
Dertien jaar geleden heb ik me als advocaat uit de rechtspraktijk teruggetrokken en inmiddels ben ik fulltime mediator. Ik voer gesprekken met partijen die in juridische conflicten verwikkeld zijn en help hen hun geschillen bij te leggen. De meesten van hen laten zich vertegenwoordigen door een advocaat. Normaal gesproken begint zo'n bemiddeling met alle partijen in één ruimte. Ieder krijgt de vraag om een verklaring af te leggen over de betreffende zaak. Na deze openingsverklaring begeleid ik elke partij naar haar eigen ruimte en loop ik heen en weer tussen die ruimten om te proberen de partijen ervan te overtuigen dat het standpunt wat ze vroeger die ochtend hebben ingenomen, zal moeten verschuiven, wil men tot een vergelijk komen. Vaak geef ik onder vier ogen mijn ideeën over de sterke en zwakke kanten van elke opstelling, om zo de voortgang te versoepelen.

Voordat ik me verdiept had in de psychologie van het overtuigen liet ik toe dat de betrokkenen tijdens de eerste sessie in aanwezigheid van de tegenpartij hun financiële eisen kenbaar maakten. Zodra ik echter het principe achter consistentie begreep stond ik erop dat elke partij zijn of haar eisen of aanbod op financieel gebied voor zich hield totdat ik onder vier ogen met hen sprak. Mijn slaagkans nam reusachtig toe toen ik eenmaal besefte dat het openlijk uitspreken van een bepaald getal de bereidheid om zich in te spannen voor een compromis danig dwarsboomde. Ik zag al snel in dat hoe meer mensen die eerste eisen hoorden, hoe moeilijker het was om de betrokkenen daarna nog van hun aanvankelijk ingenomen standpunt af te krijgen!

Dil Sidhu, waarnemend assistent algemeen directeur, wijkraad Lambeth, Londen:
Toen ik naar dit kantoor werd overgeplaatst, had de wijkraad grote problemen op het gebied van bedrijfsvoering en leiderschap en er werd hard gewerkt aan een ingrijpende verandering. Gebruikmakend van het autoriteitsprincipe (volgens welk principe mensen geneigd zijn naar personen met meer kennis of wijsheid te kijken om te bepalen hoe ze moeten reageren) bedacht ik handige manieren om ervoor te zorgen dat het adviesorgaan van de overheid het type verandering en de snelheid waarmee die verandering zich voltrok gunstig beoordeelde. Ik zorgde er namelijk voor dat de kwalificaties van de mensen die we erbij haalden om aan de omslag te werken vermeld werden, alsmede de namen van andere organisaties waar zij kans hadden gezien de prestaties te verbeteren. Het is misschien iets kleins, maar het zorgde wel voor een reusachtige verandering in de houding van het adviesorgaan waardoor wij de ruimte kregen om door te gaan met de wederopbouw.

Christy Farnbauch, gemeentelijke scholen Hilliard, Ohio:
Ik was in de gelegenheid om een paar van de principes te testen tijdens een campagne voor een *school bond* (een door kiezers goed te keuren hypotheek voor de bouw van scholen). Ik werk voor het op acht na grootste schooldistrict in Ohio, en we hadden driemaal vruchteloos geprobeerd een belastingverhoging erdoor te krijgen

waarmee geld binnen zou komen voor een derde middelbare school en een veertiende basisschool. Tijdens de laatste campagne (in februari en maart 2006) stelde ik voor om een paar nieuwe tactieken te gebruiken op basis van de wetenschap van het overtuigen.

We kozen voor een negatief geformuleerd campagnethema: 'Onze kinderen kunnen niet wachten.' In het verleden waren zulke kreten altijd positief geweest (bijv.: 'Als één man achter de kinderen', 'Vandaag bouwen voor morgen', enzovoort). We wilden een gevoel overbrengen dat de tijd om datgene te doen wat goed was, begon te dringen en wilden inspelen op de zogenaamde *loss aversion*. De impliciete boodschap was: Onze kinderen (en de hele gemeenschap) zullen erbij verliezen als we niet snel handelen. We ontwikkelden drie heldere teksten op basis van onderzoek dat in de gemeenschap was verricht, en lieten die teksten ook keer op keer duidelijk horen (een aanpak die zijn nut heeft bewezen in de politiek). Daarnaast bouwden we met behulp van een zogenaamde 'Mine+9'-strategie een sociaal netwerk op van ruim 10.000 kiezers. Via een telefonisch onderzoek werden degenen geselecteerd die ons naar alle waarschijnlijkheid zouden steunen, en duizend vrijwilligers kregen de opdracht negen namen uit te kiezen van vrienden of collega's, die ze vervolgens in de drie weken voorafgaande aan de verkiezing enige keren zouden bellen. Deze vrijwilligers waren goed op de hoogte. Veel van hen waren 'bekeerlingen' die ook al tegen eerdere heffingen gestemd hadden. De potentiële kiezers werd gevraagd of ze wilden beloven om over de schoolkwestie te stemmen en tegelijkertijd werden ze door een vriend of collega aan hun commitment herinnerd. Tot op het moment dat de stemlokalen sloten, kregen ze seintjes door om ze aan de verkiezing te helpen herinneren. We ontwierpen campagnebriefkaarten en andere communicatiemiddelen die waren toegesneden op specifieke gebieden in het district. Allemaal dingen die voor het eerst gebeurden.

Ik kan weliswaar niet wetenschappelijk aantonen dat een van deze strategieën ons de overwinning heeft opgeleverd, maar ons voorstel werd wel met een ruime meerderheid aangenomen. Volgens mij waren deze tactieken van onschatbare waarde voor ons succes en we zullen ze zeker opnieuw gebruiken bij volgende campagnes.

Tim Batchelor, manager Trainingen, Surrey:
Als hoofd Trainingen van een grote farmaceutische onderneming was ik verantwoordelijk voor het lanceren van een nieuw trainingsprogramma presentatievaardigheden voor onze verkoopstaf van 400 personen in Groot-Brittannië. We wisten dat het een uitgesproken vernieuwend programma was maar beseften ook dat niet iedereen er hetzelfde over zou denken als wij. Veel stafleden werkten al jaren voor het bedrijf en dachten waarschijnlijk dat er voor hen niets nieuws onder de zon was. Op basis van het idee dat mensen zich richten naar wat veel anderen die erg op hen lijken van iets vinden, vroegen we tijdens de eerste workshops aan mensen om nu eens één ding op te schrijven dat hun erg beviel aan deze workshop. Die positieve commentaren lieten we op grote posters drukken die we bij volgende bijeenkomsten aan de muur hingen. Voordat we met zo'n training begonnen, vroegen we de deelnemers de posters te bekijken om te zien wat hun collega's over het programma te zeggen hadden. Aanvankelijk had ik zo mijn bedenkingen of zo'n simpele aanpak wel zou werken, maar het effect was ongelooflijk. Tegen het eind van het programma hadden we ruim 200 e-mails binnengekregen van mensen die aan de workshop hadden deelgenomen (een aantal dat nog nooit was vertoond). En dankzij deze catalogus met aanbevelingen kon ik de topmanagers ook overhalen om hun steun te geven aan andere projecten die ik ging leiden. Ik was tenslotte niet de enige die hun voorhield hoe geweldig de afdeling Trainingen was. Ik had ook nog eens de geschreven aanbevelingen van maar liefst 200 employees.

Influence At Work

Graag ontvangen we van lezers van dit boek voorbeelden van hun eigen gebruik van ethisch verantwoorde beïnvloeding die dan misschien in volgende edities kunnen worden opgenomen. Wees zo vriendelijk om ze naar onderstaand contactadres te sturen, of geef ze door via onze websites. Wil je meer informatie over Influence At Work, wie trainingen en adviezen geeft op basis van de in dit boek beschreven strategieën, neem dan contact op met een van beide onderstaande adressen.

Influence At Work (VK)
Dixies Barn D. High Street
Ashwell
Hertfordshire SG7 5NT
Groot Brittannië
+44 (0) 870 787 4747
info@influenceatwork.co.uk
www.influenceatwork.co.uk

Influence At Work (VS)
The Broadmor Place
2248 South Forest Avenue
Tempe, AZ 85252
Verenigde Staten
+1 (0) 480 967 6070
info@influenceatwork.com
www.influenceatwork.com

Voor onze gratis maandelijkse *Inside Influence Report Newsletter* kun je je opgeven via www.influenceatwork.com of www.influenceatwork.co.uk.

Geraadpleegde bronnen

Inleiding

Influence: Science and Practice (Boston: Allyn & Bacon, 2001) van Robert Cialdini is ook in het Nederlands verschenen: Robert B. Cialdini, *Invloed: Theorie en praktijk*, vert. Marjolijn Stoltenkamp, Academic Service, Den Haag 2005.

1 Hoe vergroot je je overtuigingskracht door het je publiek lastig te maken?

Het onderzoek naar omhoog kijken is afkomstig uit: S. Milgram, L. Bickman en L. Berkowitz (1969), 'Note on the drawing power of crowds of different size', *Journal of Personality and Social Psychology*, 13: 79–82.

De gegevens van het hotelonderzoek zijn afkomstig uit een manuscript dat momenteel wordt beoordeeld voor publicatie: N.J. Goldstein, R.B. Cialdini en V. Griskevicius (2007), 'A room with a viewpoint: the role of situational similarity in motivating conservation behaviors', manuscript aangeboden ter publicatie.

Als je wilt weten waarom het soms verstandig is om met de massa mee te doen, zie: J. Surowiecki (2005), *The Wisdom of Crowds*, New York: Doubleday.

2 Waardoor gaan mensen harder meelopen?

Voor een interessante verzameling experimenten over de automatische associatie van bepaald gedrag met specifieke omgevingen en situaties, zie: H. Aarts en A. Dijksterhuis (2003), 'The silence of the library: environment, situational norm, and social behaviour', *Journal of Personality and Social Psychology*, 84: 18–28.

De gegevens over het hotelonderzoek in dit hoofdstuk zijn afkomstig uit hetzelfde manuscript als die in het vorige hoofdstuk.

3 **Welke veel gemaakte fout zorgt ervoor dat boodschappen zichzelf vernietigen?**

Je kunt deze twee reclamespotjes bekijken op de website van Keep America Beautiful: www.kab.org.

De gegevens over het nationale park zijn verschenen in: R.B. Cialdini (2003), 'Crafting normative messages to protect the environment', *Current Directions in Psychological Science*, 12: 105–109.

Voor meer over de Petrified Forest-onderzoeken, zie: R.B. Cialdini, L.J. Demaine, B.J. Sagarin, D.W. Barrett, K. Rhoads en P.L. Winter (2006), 'Managing social norms for persuasive impact', *Social Influence*, 1: 3–15.

4 **Hoe vermijd je het magnetische middelpunt als overtuigingskracht averechts uitpakt?**

Het onderzoek over de energiebesparing van huishoudens is afkomstig uit: P.W. Schultz, J.M. Nolan, R.B. Cialdini, N.J. Goldstein en V. Griskevicius (2007), 'The constructive, destructive, and reconstructive power of social norms', *Psychological Science*, 18: 429–34.

5 **Wanneer zorgt meer aanbod ervoor dat mensen minder willen?**

De analyse van het pensioenfonds is afkomstig uit: S. Iyengar, G. Huberman en W. Jiang (2004), 'How much choice is too much?: contributions to 401(k) retirement plans', in O. Mitchell en S. Utkus (red.), *Pension Design and Structure: New Lessons from Behavioural Finance*, Oxford University Press, pp. 83–96.

Het onderzoek over jamkeuze is afkomstig uit: S.S. Iyengar en M.R. Lepper (2000), 'When choice is demotivating: can one desire too much of a good thing?', *Journal of Personality and Social Psychology*, 79: 995–1006.

Voor meer informatie over de bedrijfsmatige beslissing om minder alternatieven aan te bieden, zie: E. Osnos (1997), 'Too many choices? Firms cut back on new products', *Philadelphia Inquirer*, 27 september, pp. D1, D7.

Als je meer wilt weten over de reden waarom het aanbieden van meerdere keuzen een verlammend of vernietigend effect op anderen kan hebben, zie: B. Schwartz (2004), *The Paradox of Choice*, New York: Ecco.

6 Wanneer wordt een gegeven paard tot last?

Het onderzoek naar het boemerangeffect van bonusgeschenken is afkomstig uit: P. Raghubir (2004), 'Free gift with purchase: promoting or discounting the brand?', *Journal of Consumer Psychology*, 14: 181-6.

7 Hoe kan een nieuw, verbeterd product de verkoop van een slechter product verhogen?

Zowel het voorbeeld van de broodmachine als het onderzoek dat in dit hoofdstuk wordt beschreven is afkomstig uit: I. Simonson (1993), 'Get closer to your clients by understanding how they make choices', *California Management Review*, 35: 68-84.

8 Angst: overtuigend of verlammend?

Het volksgezondheidsonderzoek is afkomstig uit: H. Leventhal, R. Singer en S. Jones (1965), 'Effects of fear and specificity of recommendation upon attitudes and behaviour', *Journal of Personality and Social Psychology*, 2: 20-29.

9 Wat kan de schaaksport ons leren over overtuigende zetten doen?

Het krantenartikel over de reactie in IJsland op Bobby Fischer is afkomstig uit: L. Smith-Spark, (2005), 'Fischer "put Iceland on the map"', 23 maart, van internet geplukt op http://news.bbc.co.uk/2/hi/europe/4102367.stm.

Het onderzoek met het colablikje staat in: D.T. Regan (1971), 'Effects of a favour and liking on compliance', *Journal of Experimental Social Psychology*, 7: 627-39.

10 Welk kantoorartikel zorgt ervoor dat je invloed beklijft?

Het plakmemo-onderzoek is afkomstig uit: R. Garner (2005), 'Post-It Note persuasion: a sticky influence', *Journal of Consumer Psychology*, 15: 230-37.

11 Waarom moeten restaurants hun mandje pepermuntjes wegdoen?

Het fooienonderzoek staat in: D.B. Strohmetz, B. Rind, R. Fisher en M. Lynn (2002), 'Sweetening the till: the use of candy to increase restaurant tipping', *Journal of Applied Social Psychology,* 32: 300-309.

12 Wat win je met onvoorwaardelijkheid?

Deze hotelonderzoeksdata zijn afkomstig uit een manuscript dat momenteel wordt beoordeeld voor publicatie: N.J. Goldstein, R.B. Cialdini en V. Griskevicius (2007), 'Maximizing motivation to cooperate toward the fulfillment of a shared goal: initiation is everything'.

13 Gedragen bewezen diensten zich als brood of als wijn?

Het onderzoek naar de invloed van het tijdsverloop op de waardering van gunsten is afkomstig uit: F.J. Flynn (2003), 'What have you done for me lately? Temporal adjustments to favour evaluations', *Organisational Behaviour and Human Decision Processes,* 91: 38-50.

14 Hoe kan een voet tussen de deur tot grote stappen leiden?

Zowel het onderzoek naar lelijke advertentieborden als het huisoverval-onderzoek is afkomstig uit: J.L. Freedman en S.C. Fraser (1966), 'Compliance without pressure: the foot-in-the-door technique', *Journal of Personality and Social Psychology,* 4: 195-203.

Het deskundige verkoopadvies is afkomstig uit: F. Green, (1965), 'The "foot-in-the-door" technique', *American Salesman,* 10: 14-16.

15 Hoe word je een Jedi-meester van sociale beïnvloeding?

Het onderzoek naar de etiketteertechniek bij stemgedrag is afkomstig uit: A.M. Tyler en R.F. Yalch (1980), 'The effect of experience: a matter of salience?', *Journal of Consumer Research,* 6: 406-13.

Het onderzoek naar de etiketteertechniek met kinderen komt uit: R.B. Cialdini, N. Eisenberg, B.L. Green, K. Rhoads en R. Bator (1998), 'Undermining the undermining effect of reward on sustained interest: when unnecessary conditions are sufficient', *Journal of Applied Social Psychology,* 28: 249-63.

16 Hoe vergroot een simpele vraag de steun voor jou en je ideeën?

Het onderzoek naar stemgedrag is afkomstig uit: A.G. Greenwald, C.G. Carnot, R. Beach en B. Young (1987), 'Increasing voting behaviour by asking people if they expect to vote', *Journal of Applied Psychology*, 72: 315-18.

17 Wat is het werkzame bestanddeel in langdurige relaties?

Deze passage over verkoopdoelen wordt besproken in: Cialdini, Robert B., *Invloed: Theorie en praktijk*, vert. Marjolijn Stoltenkamp, Academic Service, Den Haag 2005.

Het onderzoek over actieve en passieve toezeggingen is afkomstig uit: D. Cioffi en R. Garner (1996), 'On doing the decision: effects of active versus passive commitment and self-perception', *Personality and Social Psychology Bulletin*, 22: 133-44.

18 Hoe bestrijd je consequentheid met consequentheid?

Het onderzoek over de met de jaren stijgende voorkeur voor consequentheid is afkomstig uit: S.L. Brown, T. Asher en R.B. Cialdini (2005), 'Evidence of a positive relationship between age and preference for consistency', *Journal of Research in Personality*, 39: 517-33.

19 Welke overtuigende tips kun je aan Benjamin Franklin ontlenen?

Het verband tussen de strategie en overtuigingskracht van Benjamin Franklin wordt uitmuntend beschreven in: E. Aronson, T.D. Wilson en R.M. Akert (2005), *Social Psychology* (5e ed.), Englewood Cliffs, NJ: Prentice Hall.

Het citaat van Benjamin Franklin is afkomstig uit: B. Franklin (1900), *The Autobiography of Ben Franklin* (red. J. Bigelow), Philadelphia, PA: Lippincott (oorspronkelijk verschenen in 1868).

Het onderzoek dat het Benjamin Franklin-effect toetste, is afkomstig uit: J. Jecker en D. Landy (1969), 'Liking a person as a function of doing him a favour', *Human Relations*, 22: 371-8.

20 Wanneer kan een klein beetje vragen veel opleveren?

Het 'elke cent helpt'-onderzoek staat in: R.B. Cialdini en D.A. Schroeder (1976), 'Increasing compliance by legitimizing paltry contributions: when even a penny helps', *Journal of Personality and Social Psychology*, 34: 599-604.

21 Hoog of laag beginnen? Wat maakt dat mensen kopen?

Het eBay-onderzoek is te vinden in: G. Ku, A.D. Galinsky en J.K. Murnigham (2006), 'Starting low but ending high: a reversal of the anchoring effect in auctions', *Journal of Personality and Social Psychology*, 90: 975–86.

22 Hoe schep je op zonder dat ze je een opschepper vinden?

Het onderzoek over de inzet van anderen om jezelf te legitimeren is te vinden in: J. Pfeffer, C.T. Fong, R.B. Cialdini en R.R. Portnoy (2006), 'Overcoming the self-promotion dilemma: interpersonal attraction and extra help as a consequence of who sings one's praises', *Personality and Social Psychology Bulletin*, 32: 1362–74.

23 Wat is het verborgen gevaar van de slimste van het gezelschap zijn?

Het onderzoek over groepen tegenover individuen is te vinden in: P.R. Laughlin, B. Bonner en A. Minor (2002), 'Groups perform better than the best individuals on letters-to-numbers problems', *Organisational Behaviour and Human Decision Processes*, 88: 605–20.

24 Wat kan *captainitis* je leren?

Meer informatie over de ramp met vlucht 90 is te vinden op: www.airdisaster.com/special/special-af90.shtml. Het onderzoek naar volgzaamheid van verpleegkundigen is te vinden in: C.K. Hofling, E. Brotzman, S. Dalrymple, N. Graves en C. M. Pierce (1966), 'An experimental study of nurse–physician relationships', *Journal of Nervous and Mental Disease*, 141: 171–80.

25 Waarom draait de aard van groepsvergaderingen soms uit op een onaardse ramp?

Voor meer 'groepsdunk', zie: I.L. Janis (1983), *Groupthink: Psychological Studies of Policy Decisions and Fiascoes* (2e ed.), Boston, MA: Houghton Mifflin. De transcriptie van het onderzoek naar de ramp met de *Columbia* is afkomstig uit: W. Langewiesche (2003), 'Columbia's last flight', *Atlantic Monthly*, 292: 58–87.

26 Wie is overtuigender? De advocaat van de duivel of de dwarsligger?

Het onderzoek naar de advocaat van de duivel versus de ware dwarsligger is te vinden in: C. Nemeth, K. Brown en J. Rogers (2001), 'Devil's advocate versus authentic dissent: stimulating quantity and quality', *European Journal of Social Psychology*, 31: 707–20.

Aanwijzingen dat een advocaat van de duivel het vertrouwen van de meerderheid in zijn oorspronkelijke opstelling kan versterken is te vinden in: C. Nemeth, J. Connell, J. Rogers en K. Brown (2001), 'Improving decision making by means of dissent', *Journal of Applied Social Psychology*, 31: 48–58.

27 Wanneer is de juiste aanpak de verkeerde aanpak?

Het onderzoek naar de opleiding van brandweerlieden is te vinden in: W. Joung, B. Hesketh en A. Neal (2006), 'Using "war stories" to train foradaptive performance: is it better to learn from error or success?', *Applied Psychology: An International Review*, 55: 282–302.

28 Hoe maak je van een zwak punt een sterk punt?

Het onderzoek waarin het effect wordt aangetoond van het toegeven van zwakke punten bij rechtszaken is te vinden in: K.D. Williams, M. Bourgeois en R.T. Croyle (1993), 'The effects of stealing thunder in criminal and civil trials', *Law and Human Behaviour*, 17: 597–609. 236-237 5/9/07 16:26:48

29 Welke gebreken zijn de sleutel tot andermans kluis?

Het 'klein maar knus'-onderzoek is te vinden in: G. Bohner, S. Einwiller, H.-P. Erb en F. Siebler (2003), 'When small means comfortable: relations between product attributes in two-sided advertising', *Journal of Consumer Psychology*, 13: 454–63.

Een ander interessant onderzoek over dit onderwerp is te vinden in: C. Pechmann (1992), 'Predicting when two-sided ads will be more effective than one-sided ads: the role of correlational and correspondent inferences', *Journal of Marketing Research*, 29: 441–53.

30 Wat is het juiste moment om toe te geven dat je verkeerd zat?

Het onderzoek naar het toegeven van fouten is te vinden in: F. Lee, C. Peterson en L.A. Tiedens (2004), 'Mea culpa: predicting stock prices from organisational attributions', *Personality and Social Psychology Bulletin*, 30: 1636–49.

31 Wanneer moet je blij zijn dat de server platligt?

Het onderzoek naar het effect van technische storingen is te vinden in: C.R. Naquin en T.R. Kurtzberg (2004), 'Human reactions to technological failure: how accidents rooted in technology vs. human error influence judgements of organisational accountability', *Organisational Behaviour and Human Decision Processes*, 93: 129–41.

De informatie over de hoeveelheid tijd die de gemiddelde Britse burger verliest ten gevolge van technische mankementen is afkomstig van de website van National Statistcs, die te vinden is op: www.statistics.gov.uk.

32 Hoe kunnen gelijkenissen het verschil maken?

Het onderzoek naar het effect van gelijkenis tussen namen is te vinden in: R. Garner (2005), 'Post-It Note persuasion: a sticky influence', *Journal of Consumer Psychology*, 15: 230–37.

33 Wanneer bepaalt je naam je carrière?

De citaten uit de Amerikaanse versie van *The Office* zijn afkomstig uit de aflevering 'The Coup'.

Het onderzoek naar het effect van namen op de belangrijke beslissingen in het leven zoals een loopbaan en een plek om te wonen is te vinden in: B.W. Pelham, M.C. Mirenberg en J.T. Jones (2002), 'Why Susie sells seashells by the seashore: implicit egotism and major life decisions', *Journal of Personality and Social Psychology*, 82: 469–87.

Het onderzoek waarin werd aangetoond dat mensen meer kans maken om met iemand te trouwen met een ongeveer gelijk klinkende naam is te vinden in: J.T. Jones, B.W. Pelham, M. Carvallo en M.C. Mirenberg (2004), 'How do I love thee? Let me count the Js: implicit egotism and interpersonal attraction', *Journal of Personality and Social Psychology*, 87: 665–83.

Het onderzoek naar het effect van namen op voorkeuren van consumenten is te vinden in: M.C. Brendl, A. Chattopadhyay, B.W. Pelham en M. Carvallo (2005), 'Name letter branding: valence transfers when product specific needs are active', *Journal of Consumer Research*, 32: 405–15.

34 Welke tip heeft de ober voor jou?

Het onderzoek naar het geven van fooien is te vinden in: R.B. van Baaren. R.W. Holland, B. Steenaert en A. van Knippenberg (2003), 'Mimicry for money: behavioural consequences of imitation', *Journal of Experimental Social Psychology*, 39: 393–8.

Het eerste onderzoek naar het spiegelen van houdingen is te vinden in: T.K. Chartrand en J.A. Bargh (1999), 'The Chameleon effect: the perception-behaviour link and social interaction', *Journal of Personality and Social Psychology*, 76: 893–910.

Het onderzoek naar de gevolgen van het spiegelen van houdingen bij onderhandelingen is te vinden in: W.W. Maddux, E. Mullen en A.D. Galinsky (te verschijnen), 'Chameleons bake bigger pies and take bigger pieces: strategic behavioural mimicry facilitates negotiation outcomes', *Journal of Experimental Social Psychology*.

35 Welke glimlach doet de wereld teruglachen?

Het onderzoek naar glimlachen is te vinden in: A.A. Grandey, G.M. Fisk, A.S. Mattila, K.J. Jansen en L.A. Sideman (2005), 'Is "service with a smile" enough? Authenticity of positive displays during service encounters', *Organisational Behaviour and Human Decision Processes*, 96: 38–55.

36 Wat kun je opsteken van het hamsteren van theedoeken?

Een informatiebron over de invloed van het uitstellen van het koninklijke huwelijk op koopgedrag is te vinden bij: P. Dear (2005), 'Fans "panic buy" 8 April mementos', 5 april, op http://news.bbc.co.uk/2/hi/uk_news/4412347.stm.

De bron van het onderzoek over het Australische rundvlees is: A. Knishinsky (1982), 'The effects of scarcity of material and exclusivity of information on industrial buyer perceived risk in provoking a purchase decision', ongepubliceerde dissertatie, Arizona State University, Tempe.

37 Wat kun je winnen bij verlies?

Een uitstekend verslag over het debacle met New Coke is te vinden in: O. Thomas (1986), *The Real Coke, the Real Story*, New York: Random House. Een ander facet ervan wordt besproken in: M. Gladwell (2005), *Blink: The power of thinking without thinking*, New York: Little, Brown & Co.

Het oorspronkelijke onderzoek naar loss aversion is te vinden in: D. Kahneman en A. Tversky (1979), 'Prospect theory: an analysis of decision under risk', *Econometrica*, 47: 263-91.

Het effect van loss aversion op het gedrag van aandeelhouders wordt uitgebreider besproken in: G.R. Shell, (1999), *Bargaining for Advantage*, New York: Penguin.

Onderzoek waarin het effect van loss aversion op beslissingen op managementgebied wordt onderzocht, is te vinden in: M.K. Shelley, (1994), 'Gain/loss asymmetry in risky intertemporal choice', *Organisational Behaviour and Human Decision Processes*, 59: 124-59

38 Door welk woordje word je een stuk overtuigender?

De onderzoeken met het kopieerapparaat zijn te vinden in: E. Langer, A. Blank en B. Chanowitz (1978), 'The mindlessness of ostensibly thoughtful action: the role of "placebic" information in interpersonal interaction', *Journal of Personality and Social Psychology*, 36: 639-42.

De onderzoeken waarin de kracht van het opgeven van redenen voor een bepaalde positie wordt aangetoond, zijn te vinden in: G.R., Maio, J.M. Olson, L. Allen en M.M. Bernard (2001), 'Addressing discrepancies between values and behaviour: the motivating effect of reasons', *Journal of Experimental Social Psychology*, 37: 104-17.

39 Wanneer is het een slecht idee om naar alle redenen te vragen?

Het 'BMW versus Mercedes'-onderzoek is te vinden in: M. Wänke, G. Bohner en A. Jurkowitsch (1997), 'There are many reasons to drive a BMW: does imagined ease of argument generation influence attitudes?', *Journal of Consumer Research*, 24: 170-77.

Twee onderzoeken die ons advies over de keuze van beelden ondersteunen zijn: L.W. Gregory, R.B. Cialdini en K.M. Carpentar (1982), 'Self-relevant scenarios as mediators of likelihood estimates and compliance: does imagining make it so?', *Journal of Personality and Social Psychology*, 43: 89-99; en P.K. Petrova en R.B. Cialdini (2005), 'Fluency of consumption imagery and the backfire effects of imagery appeals', *Journal of Consumer Research*, 32: 442-52.

40 Hoe kan een eenvoudige merknaam ervoor zorgen dat het product waardevoller lijkt?

De onderzoeken naar de naamgeving van aandelen is te vinden in: A.L. Alter, en D.M. Oppenheimer (2006), 'Predicting short-term stock fluctuations by using processing fluency', *Proceedings of the National Academy of Sciences*, 103: 9369-72.

Het van jargon overlopende citaat is afkomstig uit: B. Moore (2006), 'The towers of babble: the worst excesses of workplace jargon can leave one begging for a translator – and a return to plain English', terug te vinden op ww.nypost.com/seven/10092006/atwork/the_towers_of_babble_atwork_brian_moore.htm.

Het onderzoek naar het effect van het gebruik van dure woorden is te vinden in: D.M. Oppenheimer (2006), 'Consequences of erudite vernacular utilized irrespective of necessity: problems with using long words needlessly', *Applied Cognitive Psychology*, 20: 139-56.

41 Hoe kan dichten anderen doen zwichten?

Het onderzoek naar rijm is te vinden in: M.S. McGlone en J. Tofighbakhsh (2000), 'Birds of a feather flock conjointly: rhyme as reason in aphorisms', *Psychological Science*, 11: 424-8.

42 Wat kan een slagman je leren over overtuigen?

Het onderzoek naar contrastwerking is te vinden in: Z.L. Tormala en R.E. Petty (2007), 'Contextual contrast and perceived knowledge: exploring the implications for persuasion', *Journal of Experimental Social Psychology*, 43: 17-30.

43 Hoe krijg je een voorsprong in de race om een trouwe klantenkring?

Het onderzoek over de wasstraat is te vinden in: J.C. Nunes, en X. Dreze (2006), 'The endowed progress effect: how artificial advancement increases effort', *Journal of Consumer Research*, 32: 504-12.

44 Wat kan een doos kleurkrijt ons leren over overtuigingskracht?
Het onderzoek naar namen van kleuren is te vinden in: E.G. Miller, en B.E. Kahn (2005), 'Shades of meaning: the effect of colour and flavour names on consumer choice', *Journal of Consumer Research*, 32: 86–92.

45 Hoe kun je je boodschap zo verpakken dat die maar blijft doorgaan en doorgaan en doorgaan?

Een belangrijke bron van informatie over de verwarring rond Energizer versus Duracell is: J. Lipman (1990), 'Too many think the bunny is Duracell's, not Eveready's', *Wall Street Journal*, 31 July, p. B1.

Een uitstekend overzicht van het onderzoek naar de rol van het geheugen bij reclame-uitingen is te vinden in: K.L. Keller (1991), 'Memory factors in advertising: the effect of retrieval cues on brand evaluations', in A.A. Mitchell (red.), *Advertising Exposure, Memory, and Choice*, Mahwah, NJ: Erlbaum, pp. 11–48.

Een algemener overzicht van het onderzoek naar geheugensteuntjes is te vinden in: E. Tulving en D.M. Thompson (1973), 'Encoding specificity and retrieval processes in episodic memory', *Psychological Review*, 80: 352–73.

Wij hebben onze aanbevelingen voor gezondheidscampagnes eerder gedaan in: N.J. Goldstein, en R.B. Cialdini (2007), 'Using social norms as a lever of social influence', in A. Pratkanis (red.), *The Science of Social Influence: Advances and Future Progress*, Philadelphia, PA: Psychology Press. Dit boek is een uitstekende bron van academische informatie over recent onderzoek op het gebied van sociale beïnvloeding.

46 Welk voorwerp kan mensen overhalen om over hun normen en waarden na te denken?

Het ogenonderzoek is te vinden in: M. Bateson, D. Nettle en G. Roberts (2006), 'Cues of being watched enhance cooperation in a real-world setting', *Biology Letters*, 2: 412–14.

Het Halloween-onderzoek naar het effect van een spiegel is te vinden in: A.L. Beaman, B. Klentz, E. Diener en S. Svanum (1979), 'Self-awareness and transgression in children: two field studies', *Journal of Personality and Social Psychology*, 37: 1835–46.

Het onderzoek over het effect van het verzoek aan mensen om hun naam te noemen is te vinden in: E. Diener, S.C. Fraser, A.L. Beaman en R.T. Kelem (1976), 'Effects of deindividuation variables on stealing among Halloween trick-or-treaters', *Journal of Personality and Social Psychology*, 33: 178–83.

Nadere bespreking van de problemen rond surveillance, zie: R.B. Cialdini, P.K. Petrova en N.J. Goldstein (2004), 'The hidden costs of organizational dishonesty', *Sloan Management Review*, 45: 67–73.

Het onderzoek naar rommel op straat gooien is te vinden in: C.A. Kallgren, R.R. Reno en R.B. Cialdini (2000), 'A focus theory of normative conduct: when norms do and do not affect behaviour', *Personality and Social Psychology Bulletin*, 26: 1002–12.

47 Gaat onderhandelen niet bij tegenslag of verdriet?

De citaten uit *Sex and the City* zijn afkomstig uit de aflevering 'The Domino Effect'.

Het onderzoek naar het effect van een negatieve stemming is te vinden in: J.S. Lerner, D.A. Small en G. Loewenstein (2004), 'Heart strings and purse strings: carryover effects of emotions on economic decisions', *Psychological Science*, 15: 337–41.

48 Hoe stel je met emoties je overtuigingskracht in werking?

Het onderzoek naar de mate waarin mensen onder invloed van emoties minder goed in staat zijn onderscheid te maken tussen de hoogte van getallen is te vinden in: C.K. Hsee en Y. Rottenstreich (2004), 'Music, pandas, and muggers: on the affective psychology of value', *Journal of Experimental Psychology: General*, 133: 23–30.

49 Wat maakt dat mensen alles geloven wat ze lezen?

Het citaat van de Chinese politieke gevangene is te vinden op bladzijde 23 in: R.J. Lifton (1961), *Thought Reform and the Psychology of Totalism*, New York: Norton. Wij vonden het citaat in: D.T. Gilbert (1991), 'How mental systems believe', *American Psychologist*, 46: 107–19.

Het onderzoek waarin wordt aangetoond dat mensen geneigd zijn de beweringen van anderen te geloven als hun cognitieve hulpbronnen laag zijn, is te vinden in: D.T. Gilbert, D.S. Krull en P.S. Malone (1990), 'Unbelieving the unbelievable: some problems in the rejection of false information', *Journal of Personality and Social Psychology*, 59: 601–13; en in: D.T. Gilbert, R.W. Tafarodi en P.S. Malone (1993), 'You can't not believe everything you read', *Journal of Personality and Social Psychology*, 65: 221–33. Onze titel hebben we ontleend aan de titel van deze laatste verhandeling.

Voor mensen die graag meer willen weten over de boeiende ideeën en het onderzoek van Gilbert op het gebied van geluk, zie: D.T. Gilbert (2006), *Stumbling on Happiness*, New York: Knopf.

Het onderzoek waarin wordt aangetoond dat het verstoren van iemands concentratievermogen de neiging tot inschikkelijkheid kan vergroten, is te vinden in: B.P. Davis en E.S. Knowles (1999), 'A disrupt-then-reframe technique of social influence', *Journal of Personality and Social Psychology*, 76: 192–9; en in: E.S. Knowles en J.A. Linn (te verschijnen), 'Approach-avoidance model of persuasion: alpha and omega strategies for change', in E.S. Knowles en J.A. Linn (red.), *Resistance and Persuasion*, Mahwah, NJ: Erlbaum.

50 Kun je je invloed aanzwengelen dankzij trimeth-labs?

Het cafeïneonderzoek is te vinden in: P.Y. Martin, J. Laing, R. Martin en M. Mitchell (2005), 'Caffeine, cognition and persuasion: evidence for caffeine increasing the systematic processing of persuasive messages', *Journal of Applied Social Psychology*, 35: 160–82.

Beïnvloeding in de eenentwintigste eeuw

Het verhaal en de citaten over de mail-loze vrijdag komen uit: E. Horng (2007), 'No e-mail Fridays transforms office', ABC News, 7 april 2007, van internet geplukt op http://abcnews.go.com/WNT/story?id=2939232.

Het onderzoek over de verschillen tussen onderhandelen via e-mail en van face to face zijn afkomstig uit: M. Morris, J. Nadler, T. Kurtzberg en L. Thompson (2002), 'Schmooze or lose: social friction and lubrication in e-mail negotiations', *Group Dynamics: Theory, Research, and Practice*, 6: 89–100.

Het onderzoek over het oplossen van problemen bij internetonderhandelingen is afkomstig uit: D.A. Moore, T.R. Kurtzberg, L. Thompson en M. Morris (1999), 'Long and short routes to success in electronically mediated negations: group affiliations and good vibrations', *Organisational Behaviour and Human Decision Processes*, 77: 22–43.

Het onderzoek naar geslachtsgebonden verschillen bij overreding via internet is afkomstig uit: R.E. Guadagno, en R.B. Cialdini (2002), 'Online persuasion: an examination of gender differences in computer-mediated interpersonal influence', *Group Dynamics: Theory, Research, and Practice*, 6: 38–51.

De onderzoeken die aantonen dat we overschatten hoe goed onze berichten via de e-mail worden begrepen, is afkomstig uit: J. Kruger, N. Epley, J. Parker en Z. Ng, 'Egocentrism over e-mail: can we communicate as well as we think?', *Journal of Personality and Social Psychology*, 89: 925–36.

Het onderzoek over diffuse verantwoordelijkheid is afkomstig uit: J.M. Darley, en B. Latané (1968), 'Bystander intervention in emergencies: diffusion of responsibility', *Journal of Personality and Social Psychology*, 8: 377–83.

Het onderzoek over de voordelen van het laten zien van de prijzen van de concurrentie op een winkelwebsite is afkomstig uit: V. Trifts, en G. Haubl (2003), 'Information availability and consumer preference: can online retailers benefit from providing access to competitor price information?', *Journal of Consumer Psychology*, 13: 149–59.

De subtiele maar krachtige invloed van de achtergrondbeelden op webpagina's is afkomstig uit: N. Mandel en E.J. Johnson (2002), 'When web pages influence choice: effects of visual primes on experts and novices', *Journal of Consumer Research*, 29: 235–45.

Het onderzoek over de invloed van cultuur op managementpraktijken staat in: M. Morris, J. Podolny en S. Ariel (2001), 'Culture, norms, and obligations: cross-national differences in patterns of interpersonal norms and felt obligations toward co-workers', in *The Practice of Social Influence in Multiple Cultures*, red. W. Wosinska, D. Barrett, R. Cialdini en J. Reykowski, Mahwah, NJ: Lawrence Erlbaum, pp. 97–123.

De onderzoeken die aantoonden dat de effectiviteit van reclames in verschillende culturen uiteenloopt, zijn afkomstig uit: S. Han en S. Shavitt (1994), 'Persuasion and culture: advertising appeals in individualistic and collectivist societies', *Journal of Experi-*

mental Social Psychology, 30: 326-50.

Het verhaal over Jack Nicklaus, inclusief de citaten, is afkomstig uit: Ferguson, D. (2005), 'Grieving Nicklaus meets press', *The Golf Gazette,* 7 maart 2005, van internet geplukt op www.thegolfgazette.com.

Het onderzoek over interculturele consistentie van Amerikanen en Aziaten is afkomstig uit: P.K. Petrova, R.B. Cialdini en S.J. Sills, 'Consistency-based compliance across cultures', *Journal of Experimental Social Psychology,* 43, nr 1, 2007, p. 104-111.

Het onderzoek over consistentie in verschillende culturen vs. sociaal bewijs met Amerikaanse en Poolse deelnemers is afkomstig uit: R.B. Cialdini, W. Wosinska, D.W. Barrett, J. Butner en M. Gornik-Durose (1999), 'Compliance with a request in two cultures: the differential influence of social proof and commitment/consistency on collectivists and individualists', *Personality and Social Psychology Bulletin,* 25: 1242-53.

Het onderzoek over het antwoordapparaat is ontleend aan: Y. Miyamoto en N. Schwarz (2006), 'When conveying a message may hurt the relationship: cultural differences in the difficulty of using an answering machine', *Journal of Experimental Social Psychology,* 42: 540-47.

Het idee dat mensen uit collectivistische culturen groter belang hechten aan de relationele functie van communicatie dan mensen uit individualistische culturen wordt uitgebreid besproken in: R. Scollon en S.W. Scollon (1995), *Intercultural Communication: A Discourse Approach,* Cambridge: Blackwell.

Het onderzoek waaruit blijkt dat Japanse luisteraars doorgaans meer respons geven is afkomstig uit: S. White (1989), 'Backchannels across cultures: a study of Americans and Japanese', *Language in Society,* 18: 59-76.

Ethisch verantwoord beïnvloeden

Meer over de benzinetekorten in Groot-Brittannië in 2000 is te vinden op: http://news.bbc.co.uk/2/hi/in_depth/world/2000/world_fuel_crisis/default.stm.

Dankwoord

Overtuigingskracht – 50 geheimen van de psychologie van het overreden is in feite een verzameling inzichten ontleend aan de boeiende wetenschap van de sociale beïnvloeding. We zijn de talloze wetenschappers die het in deze tekst beschreven onderzoek hebben uitgevoerd buitengewoon dankbaar. Zonder hun werk zou *Overtuigingskracht* geen boek zijn maar een folder.

Bij het samenstellen van *Overtuigingskracht* hadden we tevens het geluk toegang te hebben tot nog een hele verzameling inzichten, namelijk die van onze collega's, partners en studenten. Onze dank gaat met name uit naar Vladas Griskevicius, Leah Combs, Jennifer Ottolino, Miguel Prietto, Stuart Shoen en Chandra Wong voor het in de beginfase beoordelen van en feedback geven op diverse hoofdstukken uit dit boek. Tevens danken we Dan Norris, Nick Pope, Dil Sidhu, Brian Aheam, Kathy Fragnoli, Christy Farnbauch, John Fisher en Tim Bachelor voor het aanbieden van hun eigen voorbeelden van de manier waarop ze hun overtuigingskracht met succes hebben ingezet.

Verder willen we onze dankbaarheid uitspreken jegens onze redacteur bij Profile Books Daniel Crewe voor zijn energie, zijn enthousiasme voor dit boek in al zijn stadia, en zijn waardevolle suggesties van voor- tot achterplat.

Voor hun medewerking aan de Nederlandse editie willen we graag Rick van Baaren, directeur van de masteropleiding Gedragsbeïnvloeding van de Radboud Universiteit Nijmegen, bedanken, en Janine Himpers, luisterconsultant bij Altuïtion bv (Cialdini Method Certified Trainer).

Verder hebben we het geluk dat we Bobette Gordon hebben, die ons leven in alle opzichten zoveel eenvoudiger maakte door ons in de gelegenheid te stellen ons op het boek te concentreren in plaats van ons te moeten bezighouden met alle details eromheen. Ze heeft zich met haar harde werken en haar inzet voor het succes van dit project volkomen onmisbaar gemaakt. De voortdurende steun van en de samenwerking met zowel Gary Colleran als Anne Buckingham van ons kantoor in Groot-Brittannië stellen wij buitengewoon op prijs. En ten slotte zijn we Jenessa Shapiro en Bernie Goldstein oprecht dankbaar voor hun kritische commentaar op alle aspecten van het boek, maar in de allereerste plaats voor hun niet aflatende steun.

Noah J. Goldstein
Steve J. Martin
Robert B. Cialdini

Index

ABCNews.com 178
Actieplan, belang van 41, 42
Actieve vs. passieve
   commitments 70-72
Adverteren
   artdirectors 143
   averechts effect 142, 143
   concrete vs. abstracte
     afbeeldingen 143
   copywriters 141, 143
   en eerlijkheid en
     betrouwbaarheid 102
   en ontroering 23
   in verschillende culturen 191
   met angstaanjagende
     boodschap 41
   overheidscampagnes 162
   verplichtingen van adverteerders
     tegenover hun producten 141
   zwakheden uitbuiten 102, 103, 105
Advocaat van de duivel 97, 98
Afleiding, effect op gevoeligheid voor
   beïnvloeding 173
Ahearn, Brian F. 205
Aids-voorlichtingsproject 70
Alcoholmisbruik onder jongeren 161
Alter, Adam 144
Amerikaanse
   presidentsverkiezingen 67
Amway Corporation 70
Angst 40
   en invloed 40
Angstaanjagende boodschappen 40
   bij onveilig vrijen 42
   bij overgewicht 41
   bij rijden onder invloed 42
   bij roken 42
   in advertenties 41
   verdringen of ontkennen 40, 41
Antwoordapparaat-onderzoek 196, 197
Artdirectors 143
Assortiment, verkleinen 33
Attributiefout, fundamentele 84
Australisch rundvlees, onderzoek 131
Authenticiteit 126
Autoriteit 93
   captainitis 92
   en opschepperigheid 84
   gevaren van 92
   principe van 13, 92, 93
Autowasserette-onderzoek 154
Avis 103

Baaren, Rick van 121
Bargh, John 121
Batchelor, Tim 209
Bateson, Melissa 166
Baum, L. Frank 137
BBC 44
Beaman, Arthur 164
Bedrijfsnamen, eenvoudige vs.
   moeilijke 144
Beoordelingsfouten,
   minimaliseren 100, 101
Beroepskeuze
   invloed naam op 119
Beslissen
   afleiding vermijden 173

'beslisplek' 174
brandweerlieden 101
en groepsdenken 95
foute beslissingen 92, 93, 96,
  100, 108
frustratie bij te veel keus 30
gezamenlijk 90
goede beslissingen 101
heiligverklaring 97
na emotionele ervaringen 168,
  171
Beurssymbolen, eenvoudige vs.
  moeilijke 144
BMW of Mercedes-onderzoek 141,
  142
Bonusgeschenken 34. *Zie ook*
  weggevertjes
  verminderde waargenomen
    waarde 34, 35
  wijzen op de werkelijke waarde
    van de aanbieding 35
Brandweertrainingonderzoek 100
British Airways 130
Broodmachines,
  compromisstrategie 37-39
Brown, Stephanie 73

Cafeïne 175
Captainitis 91, 92
Challenger, spaceshuttle 94
Charles, prins of Wales 128
Chartrand, Tanya 121
Cialdini, Robert
  Invloed, Theorie en praktijk 13
Cioffi, Delia 70, 71
Citibank 189, 190
Coca-Cola
  gehechtheid aan originele
    cola 134
  introductie New Coke 132
  marktonderzoek 133, 134
Cochran, Johnnie 150
Collecteren 79
Collectivisme. *Zie* individualisme vs.
  collectivisme
Columbia, spaceshuttle 94
Commitment
  goede voornemens 71

in de detailhandel 71
op het werk 71
opschrijven 70, 72
van kiezers 67, 68
verzuimbeheersing 72
Commitment en consistentie 61
  principe van 13
Communicatie
  e-mail vs. face to face 177, 180-182
  informatieve vs. relationele
    functie 196, 197
Compromisstrategie 37, 38, 39
Computerperikelen, technische vs.
  menselijke fouten 111
Concorde, het principe van
  schaarste 130
Confucius 63
Consequentheid, en ouderdom 73
Consistentie
  en individualisme-
    collectivisme 195
  en ouderdom 73
Contrastonderzoek. *Zie* perceptueel
  contrast
Copywriters 141, 143
Crick, Francis 88, 90
'Cupcakes'-onderzoek 173
Curriculum vitae 103

Darley, John 184
Darth Vader (*Star Wars*-
  personage) 64
Davis, Barbara 173
Diener, Ed 166
Diffuse verantwoordelijkheid 184
Directe beïnvloeding 180
Doen wat de meesten doen 24
Doyle, Dane & Bernbach,
  reclamebureau 102
Dreze, Xavier 154, 155
Duracell 159
  Bunny 159, 160

eBay Inc. 81, 82
Echo Bay Mines 81
Echo Bay Technology Group 81
Economie 12
'Elke cent is meegenomen'-

strategie 80
Ellison, Jay 177
E-mailverkeer
   communicatiestoornissen 183
   diffuse verantwoordelijkheid 184
   emoticons 183
   groepsmail 184
   invloed op teamwerk 178
   misverstanden 181
   niet op vrijdag 177
   onderhandelen 179, 180
   onpersoonlijkheid van 179
   storing in 112
Emerson, Ralph Waldo 73
Emoticons 183
Emoties. *Zie ook* stemming
   cursus emotionele vaardigheden 126
   en onderscheid tussen getallen 170
   invloed op koop- en verkoopgedrag 167
Energieverbruikcampagne 27
Energizer 159, 160
   Bunny 160
Enquête-onderzoek 48, 49, 61, 115
Enquêtes
   en klanten vasthouden 140
Etiketteertechniek 64-66

Farnbauch, Christy 207
Feedback 27, 28, 140
Fischer, Bobby 43-45
Fisher, John 205
Flynn, Francis 57
Focusgroepen 143
Fooienonderzoek 51-53, 121
Fouten toegeven
   externe factoren aanwijzen 109, 110
   interne fouten toegeven 108, 109, 110
Fragnoli, Kathy 206
Franklin, Benjamin 76, 77, 126
Franklin, Rosalind 89
Fraser, Scott 60, 61
Freedman, Jonathan 60, 61

Garner, Randy 48, 49, 70, 71, 115
Gebruikersgroepen 143
Geheugensteuntjes 160-163
Gelijkenissen, invloed van 114
Geloofwaardigheid 106
Gilbert, Daniel 172
Glimlach
   authentieke 126
   onechte 126
Grandey, Alicia 125
Greenwald, Anthony 67
Groepen
   besluitvorming binnen 95, 96
Groepsdenken 95
Guadagno, Rosanna 180

Halloween-onderzoek 164
Handdoekhergebruik-onderzoek 9, 10, 17, 18, 20, 21, 55, 56
Handschrift, kwaliteit 145
Han, Sang-Pil 191-193
Häubl, Gerald 186
Head & Shoulders 32
Heinz Corporation 148
Heinz, Henry John 148
Hersenspoeling 172
Hippocrates, eed van 141
Hofling, Charles 92
Homeshopping-programma's 15
Hsee, Christopher 170
Huxley, Aldous 73

IJsland, en Bobby Fischer 43, 44
Individualisme vs. collectivisme 190-198
Influence At Work 211
Infomercials 15, 174
Inside Influence Report Newsletter 211
Iyengar, Sheena 30, 31

Jamdisplay-onderzoek 31
Janis, Irving 95
Jecker, Jon 77
JetBlue Airways 108
Johannes Paulus II 98, 128
Johnson, Eric 187, 188
Joung, Wendy 100

Kahn, Barbara 157
Kahneman, Daniel 134
Kallgren, Carl 165
Kankerbestrijding, collecteren voor de 79
Katholieke kerk 98
Keep America Beautiful 23
Kennedy, John F. 95
Keough, Donald 133
Keus
    compromisstrategie 37
    maximaliseren aanbod 31
    stroomlijnen aanbod 32
    te veel 30-33
Kinderen
    eetproblemen 158
    en huiswerk maken 156
    leren lezen 120
    leren van fouten 101
    overhalen met voet-tussen-de-deur-techniek 62
    redenen geven bij verzoeken 139
    rijmpjes voor het slapengaan 150
    schoolverzuim 29
    snoepdiefstal 164
    stimuleren 65
    te veel keus 33
Kissinger, Henry 44
Klantenservice
    glimlachen 125
    omgang met 46
    spiegelen 123
Kleurnamen-onderzoek 157
Knishinsky, Amram 131
Knowles, Eric 173
Kopieerapparaat-onderzoek 138, 139
Kruger, Justin 181
Ku, Gillian 82
Kurtzberg, Terri 111

Landy, David 77
Langer, Ellen 137, 138
Latané, Bibb 184
Laughlin, Patrick 89
Lee, Fiona 108
Leeftijd
    voorkeur voor consequentheid 73
    weerstand tegen verandering 73

Leiderschap 93
    beslissingen nemen 93
    coöperatief 93
    duidelijke communicatie 147
    eenzame beslissers 90
    en groepsdenken 96
    en sociaal bewijs 22
    en tegenspraak 98
    motiveren 155
    omgang met dwarsliggers 22
Lepper, Mark 31
Lerner, Jennifer 167, 168
Leventhal, Howard 40
Light cubes 163
Listerine 103
L'Oréal 103
Loss aversion (verliesvermijding) 136
    beleggen 134
    besluitvorming op het werk 135
    marketing 135
    misbruik 136
Loyaliteitsprogramma's 154, 155
Luke Skywalker (*Star Wars*-personage) 64, 65

Maddux, William 122
Magnetisch middelpunt 27
Maio, Gregory 140
Mandel, Naomi 187, 188
Martin, Pearl 175
McGlone, Matthew 149
Mercedes 142
Milgram, Stanley 16
Miller, Elizabeth 157
Misceo, Vince 31
Miyamoto, Yuri 196, 197
Mondale, Walter 106
Moore, Don 179
Morgan, J.P. 144
Morris, Michael 179, 189, 190
Motivatie
    bij veel keus 31
    en uitputting 173
Mullins, Gay 132
Multitasken 174

Naam
    invloed op beroepskeuze 119

Namen, eenvoudige vs. moeilijke 144
Naquin, Charles 111
NASA 94
National Health Service,
    onderzoek 72
Negatieve informatie 103
Nemeth, Charlan 98
New Coke 132
Nicklaus, Jack 193
Nixon, Richard 95
Nunes, Joseph 154, 155

Office, The (tv-serie) 117
Ogen, effect op gedrag 166
Old Cola Drinkers of America 132
Omidyar, Pierre 81
Online veilingsites 81
Openbaar vervoer
    omgang met vertragingen 113
Oppenheimer, Daniel 144
Oprechtheid 125
Overheidscampagnes 161
Overtuigen als wetenschap 11

Parker Bowles, Camilla 128
Pelham, Brett 118, 119
Pensioenregelingen 30
Pepsi 132
Perceptueel contrast
    als middel om mensen te
        overtuigen 151
    definitie 151
    onderzoek 151
    toegepast op de verkoop 152
Petrified Forest 24-26
Petrova, Petia 143, 194
Petty, Richard 151
Pfeffer, Jeffrey 85
Plakmemo's. *Zie* Post-its
Politieke partijen, en apathie van de
    kiezer 24
Pope, Nick 203
Post-its 48
Principes van sociale beïnvloeding 13
Procter & Gamble 32
Progressive Auto Insurance 185, 186
Psychologisch onderzoek vs.
    intuïtie 12

Quincy, Illinois 114
Quincy, Massachusetts 114

Raghubir, Priya 34, 35
Reagan, Ronald 106
Rechtspraktijk
    en rijm 150
    zwakke punten toegeven 103
Reclame
    en sociaal bewijs 24
    ideële 23, 41
Reclamecampagnes
    Avis 103
    Listerine 103
    L'Oréal 103
    Volkswagen 103
Regan, Dennis 44
Rijen, in de rij staan 137
Rijmonderzoek
    correctheid rijmende
        uitspraken 149
    Heinz 149
    opvoeding 150
    rechtszaak O.J. Simpson 150
    verwerkingsgemak 149
Rochefoucauld, hertog François de
    la 105
Roosevelt, Franklin Delano 40, 42
    angstaanjagende boodschap 40
Rottenstreich, Yuval 170

SARS (Severe Acute Respiratory
    Syndrome) 170
Schaarste, principe van 13, 129-135
    Australisch rundvlees 131
    bezinetekort 200
    introductie New Coke 133
Schaken, wereldkampioenschap in
    1972 43
Schultz, Howard 175
Schultz, Wes 27
Schwarz, Norbert 196, 197
Sex and the City (tv-serie) 167
Shavitt, Sharon 191-193
Shelley, Marjorie 135
Sidhu, Dil 207
Sills, Stephen 194
Simonson, Itamar 37

Slaapdeprivatie 172
Sociaal bewijs
  aanbevelingen 18, 21
  en collectivisme 196
  handdoekhergebruik 17, 20, 21
  internetbiedingen 82
  negatief 23, 24, 26
  op het werk 22
  overheidscampagnes 162
  schoolverzuim 29
  te laat komen 29
Spaarzegels 154
Spasski, Boris 43, 44
Spiegelen van gedrag 122, 123
Spiegels 164
  en diefstal 164, 166
  en gedrag 165
Sport-franchises 204
Starbucks 175
Star Wars-films 64
Stemming, invloed op koop- en verkoopgedrag 167, 168
Strohmetz, David 51
Sunk costs 136
Sympathie
  door spiegelen 122
  ondergeschikt aan wederkerigheidsnorm 45
  principe van 13
  winnen van 77, 85
Szot, Colleen 15, 16

Taalgebruik, eenvoudig vs. ingewikkeld 146
Tetanusprik-onderzoek 40
The Champ (film) 167
The Return of the Jedi (film) 64
Toezicht, en sociaal wenselijk gedrag 165
Tofighbakhsh, Jessica 149
Tormala, Zakary 151
Trifts, Valerie 186
Trimeth-labs 175
Tversky, Amos 134
Tybout, Alice 64

US Cellular 177, 178

Vancouver, La Casa Gelato 31
Varkensbaai, invasie van de 95
Vaticaan, het 128
Verkiezingscampagnes 64, 67, 106
  en apathie van de kiezer 24, 67
Vertrouwen
  en klanten vasthouden 140
Verwerkingsgemak 142, 144, 149
Voet-tussen-de-deur-techniek 61
Volkswagen 102
  Wänke, Michaela 141
Watergateschandaal 95
Watson, James 88, 89, 90
Website-ontwerp 185
Websites
  achtergrondkeuze 187, 188
  prijsvergelijkingen 186
  tarieven-tickers 186
Wederkerigheid, principe van 13. Zie *ook* wederkerigheidsnorm
Wederkerigheidsnorm 44-46, 51, 55
  en Klantenservice 46
  in werksituatie 45
Weggevertjes
  sport-franchises 204
  voorbeelden 204
Werk
  beslissingen nemen 98
  compromisstrategie 38
  'elke cent is meegenomen'-benadering 80
  en commitment 71
  en communicatie 177
  en cultuurverschillen 189, 190
  en diefstal 166
  en *loss aversion* 135
  en naamplaatjes 166
  en sociaal bewijs 18, 22, 26, 29
  etiketteren 65
  gezamenlijke beslissingen 90
  onduidelijke communicatie 146
  overhalen tot samenwerken 56
  steun vragen 78
  technische vs. menselijke fouten 112
  te veel keus 30
  trainingsprogramma's 100
  wederkerigheidsnorm 45, 57, 58

Whyte, William H. 95
Wijnkaart, rangschikking wijnen 38
Wilde, Oscar 73
Williams, Chuck 37
Williams, Kip 103
Williams Sonoma Kitchen Outlet 37, 38
Wizard of Oz, The (film) 137

Yelch, Richard 64
Youngman, Henny 9, 14, 21

Zelfonderzoek 12

Over de auteurs

Dr Noah J. Goldstein is verbonden aan de UCLA Anderson School of Management. Van zijn hand verschenen artikelen in diverse vooraanstaande psychologie- en businesstijdschriften. Hij verichtte onderzoek gefinancierd door onder meer de National Science Foundation en de National Institutes of Health en adviseerde bedrijven en overheidsorganisaties als Accenture, de United States Forest Service en de United States Census Bureau.

Steve J. Martin is directeur van de Britse vestiging van Influence At Work, dat trainingen verzorgt en adviseert op basis van de strategieën die in dit boek worden gepresenteerd. Hij is co-auteur van het boek *Sold!* en schreef artikelen voor diverse businesstijdschriften. Bovendien geeft hij trainingen over de gehele wereld en houdt hij regelmatig lezingen over beïnvloeding en overtuiging aan een aantal business schools, waaronder Cranfield University en de Sir John Cass London Business School.

Dr Robert B. Cialdini is Regents' professor Psychologie en Marketing aan de Arizona State University. He is de meest geciteerde auteur op het gebied van beïnvloeding en overtuiging en auteur van het baanbrekende boek *Invloed: Theorie en praktijk*, waarvan meer dan één miljoen exemplaren werden verkocht. Zijn onderzoek is gepubliceerd in diverse wetenschappelijke en economische tijdschriften. In 2003 ontving hij de Donald T. Campbell Award voor zijn bijdragen op het gebied van de van sociale psychologie.